孩子需要爱，更需要规矩！

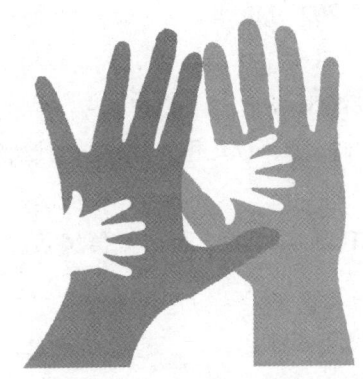

左手爱孩子
右手立规矩

爱的管教和管教的爱

静涛◎著

现代家教新理念　亲子成长正能量

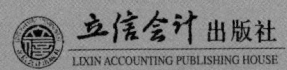
立信会计出版社

图书在版编目（CIP）数据

左手爱孩子　右手立规矩/静涛著. -- 上海: 立信会计出版社, 2015.1（2021.1重印）

（去梯言）

ISBN 978-7-5429-4382-8

Ⅰ.①左… Ⅱ.①静… Ⅲ.①家庭教育—通俗读物 Ⅳ.①G78-49

中国版本图书馆CIP数据核字（2014）第263579号

策划编辑　蔡伟莉
责任编辑　徐小霞
封面设计　久品轩

左手爱孩子　右手立规矩

出版发行	立信会计出版社			
地　　址	上海市中山西路2230号	邮政编码	200235	
电　　话	（021）64411389	传　　真	（021）64411325	
网　　址	www.lixinaph.com	电子邮箱	lxaph@sh163.net	
网上书店	www.shlx.net	电　　话	（021）64411071	
经　　销	各地新华书店			

印　　刷	北京柯蓝博泰印务有限公司
开　　本	720毫米×1000毫米　　1/16
印　　张	18　　　　　　　　　插　页　1
字　　数	230千字
版　　次	2015年1月第1版
印　　次	2021年1月第8次
书　　号	ISBN 978-7-5429-4382-8/G
定　　价	36.00元

如有印订差错，请与本社联系调换

前　言

把规矩和爱同时给孩子

俗话说："不以规矩，不能成方圆。"这句话最多是用在如今大多数的家庭教育上。的确，家庭教育有家规，学校教育有校规，五花八门的各类规矩把我们的孩子捆绑得结结实实，让他们在课堂上必须遵守纪律，在家长面前必须乖乖听话。

事实证明，规矩的力量和作用力十分强大，能够将一个顽皮的孩童变成天才，能够将一个令人伤脑筋的"问题学生"塑造成一鸣惊人的优等生。可以说，因为规矩，一切皆有可能。

但是，当规矩变成了刻板的教条，变成了顽固的思维方式和做事方式，当规矩变得过分严苛、十分严肃，那么家长应当警惕，立下不当的规矩会事与愿违。当家长的规矩遇上孩子的不满足，那么孩子所有的叛逆心理、抵触情绪以及反抗行为就像潘多拉盒子里的魔鬼全都飞了出来。到那时，即便家长再怎么定规矩，发号施令，也无济于事，因为孩子已变得难以管教。

那么，有没有一种有效的方法能让孩子心悦诚服地听从父母的规矩，兴高采烈地按规矩学习、做事呢？资深儿童心理教育专家金韵蓉认为，一边爱孩子，一边立规矩，孩子最愿意接受和服从。

1. 爱在自由中生长，规矩在爱中建立

每一个孩子都渴望关爱，渴望呵护，渴望自由，不喜欢大人的冷面孔，讨厌严厉的老师。因此，家长在定规矩之前，要先把爱给孩子，让孩子感受到温暖、亲切和积极的力量，而非各种的"不许""不能""不对""不行"。

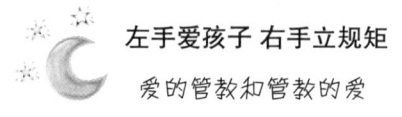

2. 陪孩子一起按规矩说的去做，而不是把规矩标签贴在墙上

给孩子定立简单、明确、可操作性强的规矩，具体告诉孩子应该怎么做，引导孩子按着自己的要求路线走，而非让孩子被一些条条框框所限制。

3. 真善美是人生最难遵守的规矩，做最好的自己是做人最宽松的规矩，用爱和规矩提高孩子的情商最重要

教育的根本目的是将孩子培养成人，而这一切都离不开爱和规矩。父母给予孩子宽大的爱，孩子就会成为一个心中充满爱、善良、美好的人；父母给予孩子好的规矩，孩子就会被塑造成一个成功的、严谨的、优秀的人。

所以，规矩重要，爱更加重要。两者相辅相成，缺一不可。家长要想培养出一个高智商、高情商的孩子，就要将爱和规矩同时给孩子。

本书融思想、智慧、创新于一体，向我们讲述了耳目一新的家庭教育方法与原则。本书通过阐述爱和规矩的关系以及重要性，以期改变千万家庭中国式传统教子观念和模式，纠正家庭教育中普遍存在的种种误区，是家长和老师不可或缺的良师益友。同时，书中列举了诸多具体可行的方法和策略，为父母解决管教孩子的难题提供了有效的指导和帮助。其思想独特，视角新颖。家长如何给孩子立规矩，孩子不按着规矩去做怎么办，孩子不喜欢被规矩所缚怎么办，怎样让孩子学会将规矩变成习惯，怎样让孩子从规矩中感受父母博大的爱和良苦用心……本书都会告诉你答案。

希望通过阅读本书，天下父母在教育孩子的问题上能有所顿悟，有所启发，并通过有章可循的方法培养出一个优秀、乖巧、讨人喜欢的孩子。在此，祝愿每位家长有所收获！

目 录

第一章 爱里有规矩：父母做表率，孩子懂规矩
- 父母的形象影响着孩子的成长 2
- 父母要传承给子女优秀的品质 5
- 榜样的力量 9
- 用行动做表率 12
- 避免消极性格对孩子的影响 15
- 换掉性格中的那块"完美"短板 18
- 以身作则，培养孩子的优良性格 20
- 父亲和母亲的影响力有所不同 27

第二章 好习惯就是好规矩，培养孩子的自控力
- 培养习惯从小做起 34
- 培养习惯，疏导很重要 37
- 影响孩子一生的做人、做事和学习习惯 40
- 帮助孩子改掉不良习惯 44
- 锻炼身体，强健体魄 48
- 培养健康的饮食作息习惯 50

第三章 课内立规，课外筑梦，学习游戏得双赢
- 分数不是孩子的命根 56
- 学海无涯"乐"作舟 61

培养孩子学习的能力 …… 63
培养动手能力，让你的孩子心灵手巧 …… 67
培养孩子实践能力的具体方案 …… 71
玩是孩子不可忽视的权利 …… 75
"贪玩"的孩子智慧多 …… 77

第四章　天才在左教育在右，让孩子的潜能自由驰骋

世上没有不聪明的孩子 …… 82
具体分析孩子具有的不同才能 …… 86
根据孩子不同的特点采取个性化教育 …… 89
"天才孩子"的智力应当这样开发 …… 92
教孩子学会审美 …… 96
培养有艺术气质的孩子 …… 98
和孩子一起迈进艺术殿堂 …… 101
尊重和培养孩子的兴趣 …… 103

第五章　让孩子自己立规矩，让孩子自己做决定

事事包办，让孩子没有自理能力 …… 110
让孩子做自己能做的一切 …… 114
培养孩子的责任感 …… 118
独立思考能力是孩子必备的素质 …… 122
先做到独立，再学习思考 …… 123
在思考中家长要给予孩子引导 …… 125
独立性决定孩子能做什么事 …… 127
说"不"是另一种聪明 …… 130

第六章　友谊无价，交往有度，教孩子社交守规矩

提高孩子的交往能力 …… 136

朋友多了路好走 ·················· 139
鼓励交往，从培养社交品质开始 ·········· 143
团队合作精神，孩子成功的基础 ·········· 148
教孩子学会分享 ·················· 153
培养孩子的领导能力 ················ 156

第七章　把握与孩子沟通的尺度，孩子才肯听

沟通从家庭开始 ·················· 162
与孩子交流时应当少说多听 ············ 164
和孩子沟通，讲究方式很重要 ··········· 168
幽默的力量大无穷 ················· 170
别让打骂孩子成为一种习惯 ············ 173
赞美给予孩子奇特的力量 ············· 176

第八章　最宽松的规矩，走出最优秀的孩子

让孩子有一片自由的天空 ············· 182
要欣赏和肯定自己的孩子 ············· 185
多给孩子一些关注 ················· 188
把时间分给孩子 ·················· 191
爱子需要掌握好"度" ··············· 194
环境是重要的教育环节 ·············· 196
孩子的世界像水晶 ················· 198
让孩子成为最好的自己 ·············· 200

第九章　遵守心灵契约，给孩子一个自由空间

呵护孩子的心灵之花 ················ 206
积极疏导孩子的心理压力 ············· 209
密码锁的秘密 ···················· 212

天外来信是谁 …… 216
　　遭遇"电话" …… 219
　　不可碰触的关闭之门 …… 221
　　女孩男孩的青春期秘密 …… 224
　　尊重孩子的权利，让孩子健康成长 …… 228

第十章　穷养男富养女，让孩子在不同规矩中茁壮成长

　　溺爱是孩子成长的毒药 …… 232
　　让孩子从小经历苦难的洗礼 …… 234
　　教孩子学会乐观 …… 237
　　重视男孩毅力的培养 …… 241
　　勇敢的小孩是最帅的 …… 243
　　让孩子学会自我约束 …… 245
　　塑造女孩的优雅千金气质 …… 247
　　将快乐这种能力传递给女孩 …… 251
　　做优秀的导航手，引导孩子为梦想而努力 …… 253

第十一章　以爱为起点，铺设孩子通向真善美的路径

　　让孩子在爱的环境中成长 …… 258
　　培养孩子感恩的心 …… 262
　　得到和付出友爱，都是一种幸福 …… 265
　　滴水之恩，涌泉相报 …… 269
　　教孩子学会同情和爱护他人 …… 272
　　培养孩子热爱大自然 …… 275
　　教孩子学会善待生命 …… 278

第一章

爱里有规矩：父母做表率，孩子懂规矩

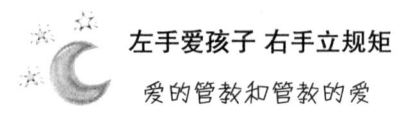

左手爱孩子 右手立规矩
爱的管教和管教的爱

父母的形象影响着孩子的成长

日本一个机构曾对日本1303名高中生、美国1052名高中生、中国1220名高中生进行了一项关于"你最尊敬的人是谁"的调查。结果，中国学生的答案中，父亲排在第10位，母亲被挤出前10位；美国学生的回答第一是父亲，第二是球星，第三是母亲；日本学生的答案是：第一是父亲，第二是母亲。如果不考虑调查本身的科学性，就用调查中得到的数字来推论一般中国父母在孩子心目中的形象，这是不妥的。不过，以上调查结果确实可以给我们一些提醒。

导致一些中国父母在孩子心目中地位低的原因有很多，但主要原因在于父母的形象不佳。

"孩子是看着父母的脊背长大的。"孩子学做人，第一个榜样就是父亲或母亲。可以这样说："家家户户有杆秤，那秤砣是孩子的心。"不同的母亲发出的生命信息，在孩子心中留下了不同的图像。妈妈的好行为、坏行为，孩子都看得清。可是，一方面家长们希望孩子成才，而另一方面家长却不能创造一个有利于孩子成长的氛围。比如，有的父母回到家把饭桌变成麻将桌，把家庭变成赌场、舞厅、酒店、仓库，全然不顾在一旁写作业的孩子；还有一些孩子形成了"享乐至上"的人生哲学，是因为家长整天忙于工作、事业或做买卖赚钱，对孩子不管不问、放任自流，甚至在孩子面前也不检点自己的行为……

俗话说，"身教重于言教""榜样的力量是无穷的"。父母的形象对孩子的影响是巨大的。在孩子的成长过程中，他们与父母相处的时间最长。孩子每天都在用最精细的眼光注意着生活中的一切问题和观察着大人的一举一动、一言一行，于是，父母便成了他们学习的示范老师。由于孩子正处于自觉和不自觉的学习过程中，他们的模仿能力非常强。他们的绝大部分能力和习惯都是从他人的言行中模仿过来的。而且，他们更多的是从父母那里模仿过来的。许多孩子的性格、作风、行为习惯之所以很像父母，并非全是遗传起决定作用，主要是受到潜移默化的影响而逐渐形成的。如果父母在各方面的表现是良好的、适当的，孩子看得见、学得着，耳濡目染、潜移默化，久而久之，孩子就会受到良好的家庭教育，并健康地成长起来。否则，正如鲁迅所指出的："父母的缺点，便是子孙灭亡的伏线，生命的危机。"父母不注意自己的形象就会让孩子对父母失去信任感，也会失去在孩子面前的威信，孩子的思想意识、价值观念、习俗好恶、道德品质和社会公德都会受到不好的影响。

过去，农民的儿子看到父母日出下地、日落而归，自己便学会了劳动；老百姓的女儿每日看到母亲日夜操劳、勤劳俭朴，便学会了关心体贴、不怕重负……父母对孩子的教育，就是这样的潜移默化，这样的"润物细无声"。

"孩子需要榜样甚于批评。"孩子的目光像永不休息的雷达，不停地注视着大人的言行举止，模仿着大人的行为习惯。

父母的所言、所为，就自然而然地成了孩子们的榜样。父母做得好的方面，孩子能学到；父母做得不好的方面，孩子也照样学得到。因此，为了让孩子有一个良好的模仿榜样，父母必须十分注意自己的形象。

父母的言行在很大程度上影响着孩子的成长道路和发展轨迹，影响着孩子的人生观、世界观、价值观的形成。虽然孩子具有很强的模仿能力，但他们的判断能力却还不很强，加上父母在孩子心目中的不可替代的重要地位和与父母的朝夕相处对他们耳濡目染、潜移默化的影响，导致他们不可能也无法准确地判断父母言行的正确与错误。在他们看来，自己的父母所说的和所做的都是自己可以学习也是应当学习的。所以，从这个角度来看，父母也应当十分注意自己的形象。

不用责备打骂、不必苦口婆心，当你意识到孩子存在这样的缺点、那样的毛病时，请您揽镜自照，看看"病根"是不是在您的身上，因为您的形象对孩子就是一种无声的教育。

不少家长习惯以对话的方式让孩子做这做那，和孩子进行交流。其实，有时候试一试用无声的语言，即自我形象来教育、影响孩子，效果可能会更好。

父母要严于律己、身正为师，用善良的品性和高雅的美德熏陶孩子，让他健康快乐地成长。时刻告诫自己，好家长就是一所好学校，孩子是父母的影子，父母要做孩子的好榜样。

家长在教育孩子时务必使自己的体态自然大方、动作讲究得体，让孩子感到父母的稳重、威严却不失亲切、随和。尤其要注意，家长在外面有什么不顺心的事情，绝不可以回家把气撒到孩子身上。否则，久而久之会形成孩子偏执、狭隘的性格，并形成自卑心理。平时，家长对孩子一定要注意多用柔和、温存、真诚的眼光，这将会使孩子产生一种良性反应，使孩子感到心情舒畅、身心愉悦，对生活充满信心，学习也会追求上进。从塑造孩子的正确审美观念上来说，父母穿着得体、整洁朴实，在孩子面前总是保持美观整洁、大方得体的外观形象，孩子就将得到非常具体的美的形象和美的教育。

以下这些行为不要做：

夫妻吵架，互不相容。

带孩子到公共场所去，随地吐痰、擤鼻涕、抢座位、跨越栏杆、摘花草……

不善于与邻居和睦相处，常常因小事耿耿于怀，指桑骂槐，恶语相对。

愤世嫉俗，有很强的"权力欲"和"金钱欲"。

家庭是社会的细胞，孩子是祖国的明天，每一个家庭实际上都担负着不可推卸的培养教育祖国下一代的责任。把孩子培养成为有出息、有作为的人，有各种条件、因素和方式，但最直接、最重要的就是家长自身的表率作用。如果每一位家长都能以身作则，把自己的孩子教育好，那么这个家庭就是一个幸福的、有希望的家庭。如果每个家庭都是健康幸福的家庭，那我们的社会就会安定祥和、充满朝气。

第一章 爱里有规矩：父母做表率，孩子懂规矩

父母心语

父母的形象对孩子的影响是巨大的，在孩子的成长过程中，他们与父母相处的时间最长。孩子每天都在用最精细的眼光注意着生活中的一切问题和观察着大人的一举一动、一言一行，于是，父母便成了他们学习的示范老师。

父母要传承给子女优秀的品质

比尔·盖茨出生在1955年10月28日。那天晚上9点刚过，在美国西北部西雅图市的"瑞典人医院"里，伴随着一声响亮的啼哭，比尔·盖茨出生了。但没有人能够想到，这个出生时显得并不起眼的孩子日后竟然成为了全球首富！

比尔·盖茨的父亲威廉·亨利·盖茨是美国著名的大律师，母亲玛丽·马克斯韦尔是一名中学教师，都是受人尊敬的知识分子。由于身份的原因，他们需要常常活跃在交际场上，并在一些社交和政治集会上引人注目，从而闻名于西雅图市。不过，虽然父母都是受人尊敬的知识分子，但还不能说具有天才级的智商。所以，如果认为比尔·盖茨的天才是父母所赐的，那你就错了。所谓代代相传的"血统论"，在盖茨家族中是站不住脚的。

说到比尔·盖茨的父母，还必须说说他们的家族。毫无疑问，这是一个勤奋的家族，如果说这个家族中没有遗传天才的智商，那么在每个家族成员的身上涌动着的，都是勤奋的血液和狂热的精神。

在比尔·盖茨的家族里，父系和母系方面都没有称得上大富大贵的人，但在双方的家庭中却都有相同的东西——那就是勇敢、创新、独立、谦逊等精神和无穷无尽的活力。没有这些精神的一代代传承，比尔·盖茨就不会具有超人的才干，并最终造就微软帝国。

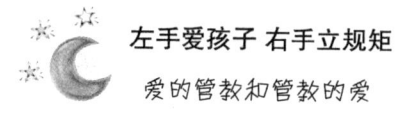

比尔·盖茨在20岁那年创立微软,并已连续十多年蝉联为《福布斯》评比的世界首富,这实在是一件值得高兴的事。然而,比尔·盖茨的母亲却从来没期盼过自己的儿子是世界首富。对于母亲来说,她心中真正的期盼是,比尔·盖茨也能像她那样成为终身慈善家,用自己通过努力创造的财富来帮助更多需要帮助的人。比尔·盖茨也深深理解母亲的心意,他已于2008年卸下微软职务,全身心地来实践母亲的梦想。

由此可见,母亲对于比尔·盖茨的影响不可谓不深刻。这一点也可以从比尔·盖茨家族历史得出结论。因为比尔·盖茨的父亲和母亲家族中的人都不墨守成规,虽然他们性格温文尔雅、和蔼善良,但是都有一种相同的东西——那就是冒险精神和创新精神。现在,很多人都认为,家族中的这两种精神对比尔·盖茨的事业所产生的影响很大。也许,正是因为这两种精神才造就了后来的微软帝国。

父母从来都是孩子的榜样,比尔·盖茨的成长经历也印证了这点。显而易见,在他的身上经常会体现出父母的许多不同一般的素质,他已经继承了父母以及家族的野心、智慧还有竞争精神。比尔·盖茨这些素质的形成,有家庭环境熏陶的因素,甚至还有遗传的因素,但不可否认,父母的教育在其中起到了决定性的作用。

比尔·盖茨的父母在质朴的处世生活中,对于盖茨的未来倾注了极大的热情和耐心,把更多的精力用在了关心孩子的成长与教育上。比如,他们虽然总要忙于各自的工作,但在工作之余总是想办法尽可能地与孩子们呆在一起。平时,一家人只要一有空,就会聚在一起进行各种游戏,从棋类到拼图比赛,几乎玩遍所有的益智游戏。盖茨天资聪慧,特别是在数学和自然科学上,他表现得更为出色。他早早地表现出来的计算和想象的天赋,甚至让老师和校长都吃惊不已。而盖茨的父母更加了解孩子的优点,很快就认识到他的智慧,并且及时送他到更合适他成长的湖畔中学学习。湖畔中学是一所私立学校,而且是那种以热烈的学习环境而闻名的私立学校。后来的事实证明,父母的这个决定对比尔·盖茨的一生具有长久的影响。

第一章 爱里有规矩：父母做表率，孩子懂规矩

相对于关心盖茨的学习，盖茨的父母更关心他的心理成长。比如，在慈善方面，比尔·盖茨的父母乐善好施，是天生的慈善家。而比尔·盖茨则并非天生的慈善家，他的乐善好施在很大的程度上源于父母的影响与熏陶。父母不仅自己一直支持慈善事业，而且在比尔·盖茨很小的时候就经常鼓励他做出一些善举。儿时的比尔·盖茨曾是西雅图童子军的一员，为了给童子军筹集资金，曾在街上卖坚果。当比尔·盖茨的微软公司开始挣钱的时候，他的母亲就开始鼓励他考虑慈善事业。为了促进盖茨真正大力支持慈善事业，母亲常常要求他多接近那些社会底层的、生活困难的人。1993年秋天，比尔·盖茨作了一次非洲之旅。在当地，他看到了许多让他难以想象的、极度贫困的人，这让他不禁扪心自问："我能为他们做些什么？"回来后，他把自己的所见所想一股脑儿倾诉给父母。老盖茨对儿子说："孩子，你应该建立基金会，开展慈善工作。"盖茨欣然答应，立即建立了启动资金达9400万美元的慈善基金会。现在，比尔·盖茨做了多少慈善事业，可能连他自己也无法记清了。因为仅是他启动的全球健康计划，就已为全球医疗保健业捐赠了40亿美元。

所有这一切，都与父母本身做出的榜样和对盖茨孜孜不倦的教导密不可分。那么，盖茨到底从父母那里学到了哪些优秀的品质呢？

1. 伟大的目标

任何成功的人内心中都有一个强大的动力，这个动力就是伟大的目标。伟大的人生来自伟大的目标。同样是成功，为什么有的人成就大，有的人成就小？有的人事业如日中天，有的人事业如履薄冰？这除了与每个人能力大小有直接关系外，还与每个人制定的人生目标大小有直接关系。没有远大的抱负和目标，就不会成就伟大的事业。

2. 经商的头脑

商业头脑是商业知识的积累和生意经验的总结。一个孩子长大后形成的特质，跟自己的家庭环境有很大的关系，艺术世家的孩子可能就有艺术天分，企业家的孩子可能就有经营天分，政治家的孩子可能有政治天分。因此，判断一个人的天分所在不能忽视成长的环境。

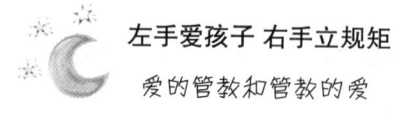

3. 出色的人际交往能力

在现代社会中，人际关系不仅是生活的一部分，也是重要的资源和财富，要想取得成功就应该重视这一重要的资源。因为人类的发展已经说明社会性是人的本性之一，所以生活并不是一个人的，人不能独自存在。而家庭环境、父母的培养、态度和方式，对孩子交往能力的发展具有巨大的作用。

4. 冒险精神

世界上任何领域的成功人士，都是靠着勇敢面对他们所畏惧的事物，积极进取才能最后成功的。处处小心谨慎，难以有所成就。缺乏一定的冒险精神，梦想将永远都只是梦想。那些利用投资致富实现梦想的人也都是如此，每个人都需要以冒险的精神作为后盾。然而，冒险精神并非是与生俱来的，多半要经过长期的实践和宝贵的经验教训而得来，是经由冒险、失败、再冒险、再失败……一步一步地得来的。

5. 不达目的不罢休

目标是方向，是动力，也是人生道路上最大的选择。人们常把目标比作灯塔，这再恰当不过。大海里如果没有灯塔，航船会驶离正常的行道，迷失前进的方向，就有被暗礁吞噬的危险；人生中如果没有目标，就犹如大海里没有灯塔，会迷失自我，失去奋斗的方向。对于有目标且正为目标而忙碌的人来说，只要确定的目标是适合自己的，那么盯住目标、坚持到底才能体现自己忙碌的意义。同时，有伟大的目标，还要有坚定的信心、坚持不懈地工作、不达目的不罢休的意志。轻易放弃不会得到任何结果，因为也许下一个转弯处就可以看到绚丽的风光了，但过早地掉头却使这一切轻易地失去了。

6. 宽容仁爱的慈善之心

问到世界上钱最多的人是谁，有人马上会说，是比尔·盖茨。那么，世界上捐钱最多的人是谁？还是比尔·盖茨——他只给孩子留下2%的遗产，其余将全部回馈社会。人们都知道比尔·盖茨是微软帝国的"开国之君"，却不一定知道，他还是世界上最大的基金会的创始人。他把自己的钱大部分用

第一章 爱里有规矩：父母做表率，孩子懂规矩

在慈善事业上。而这些，都是深受善良的父母影响的结果。

父母心语

良好素质的形成，有家庭环境熏陶的因素，甚至还有遗传的因素，但不可否认，父母的教育在其中起到了决定性的作用。

榜样的力量

汤姆习惯在每天工作之后、回家之前，先去附近24小时营业的酒馆喝上一盅。虽然知道这是个不好的习惯，妻子一直劝他戒掉，但是他想，反正只是自己的一个坏习惯而已，又不影响别人。

一天，天降大雪，汤姆穿好棉袄，戴上手套，和往常一样吹着口哨向酒馆走去。没走多远，他觉得有人跟在后面。回头一看，竟是自己年幼的儿子。

儿子踩着父亲留在雪地上的脚印，边跑边兴奋地喊："爸爸，你看，我正在踩你的脚印！"

儿子的话令汤姆心中一震，他想："如果我去酒馆，儿子踏着我的脚印，将来他也会去酒馆的。"

从那以后，这位父亲再也不光顾酒馆了。

为人父母，请走好你们的每一步，要知道，孩子正"踏着你们的脚印"呢。

父母的品质、人格对孩子有潜移默化的作用，它会影响孩子今后的成长。如果父母的行为出现了偏差，孩子的思想行为就会出现偏差。在今后的生活中孩子也就会放松自律，做出有损社会公德的事情，从而会使他失去高尚社会性人格的发展机会。

家长日常生活的一言一行无不对孩子产生影响。有一位男人这样谈及他的父亲："我记得我的爸爸。在工会保护制度还没有建立起来以前，他每周有五天要为他的本职工作干很长时间，星期六还有另外的工作，也要干很长

时间。我还能记得每天天还没亮的时候就依稀听见父亲起床并悄悄地出去上班，而此时家里其他人都还在睡觉。我不记得他生过病，请过一天假。他唯一不工作的一天是星期天，他总是和我们一起做些事情来消磨这一天，比如探望亲戚、和我们一起骑车等等，这一天他的家庭就是他的生活。他的工作信念和他对家庭的全力投入给我留下了很深的印象，而且至今影响着我。"

许多人还记得他们的父母是怎样向家庭之外的人伸出援助之手的。一位母亲说："萦绕在我脑海中的是那种对家庭之外的其他人的真诚关心的氛围。我的父亲直到60岁时仍然是一位志愿消防员和救援工作者。我的母亲则一直做各种志愿工作并时常帮助社区中的其他人。即使自己并不富有的时候，父母对别人仍很慷慨。因为父母的友善，许多人在我和姐姐面前常常称赞他们。"

父母对孩子的影响是无时不在的，尽管你也会经常给孩子讲道理，但你的行为却会对孩子产生更深的影响。当我们友好而和善地对待他人时，我们的孩子就会学到我们的善；当我们心胸狭窄、自私自利时，我们的孩子也同样学到了这些东西。如果我们为了推掉一个不愿参加的约会而说谎，或者我们因为不想听电话而让孩子告诉人家我们不在家时，我们便在孩子的心灵中播下了撒谎的种子。受过骗的孩子会去骗人。孩子若看到家长从工厂里偷工具或在旅馆里偷毛巾，便会以为偷窃不是错事。在家里看不见家长笑脸、得不到爱抚的孩子，将来很难开朗和对人友爱。

我们的孩子在注视着我们的生活，我们是什么样的人要比我们说什么样的话更有力量。

我们做出了率直的榜样，我们的孩子就会诚实。

我们用爱环绕着他们，他们就会去爱。

我们善于谅解，他们就会宽容。

我们对体育显示出兴趣，他们就会在绿茵场叱咤风云。

我们用微笑和闪烁的眼睛对待生活，他们就会懂得幽默。

我们感谢生活的祝愿，他们就会对生活满怀欣慰。

第一章 爱里有规矩：父母做表率，孩子懂规矩

我们表示出友好，他们就会变得和善。

我们的言辞充满进取的意志，他们就会振奋他人。

我们勇敢地面对挫折、失败和不幸，他们就能学会顽强地去生活。

我们的人生肯定了我们对于生命长久而深沉的信念，他们将不再迷惘。

我们用真善美维护着他们，他们将会发现生存的真谛。

我们的行为像个英雄，他们就会成为勇士。

不要只是站着，只用手比划或指点着你企望你的孩子征服的高度。攀援吧，他们就会跟上来！

此外，家长在对孩子的教育中，在深化孩子道德行为时，既要关注行为结果，又要关注行为过程的合理性和适当性，给孩子们营造一个诚信、激励、乐观向上的好环境，以确保孩子在生活中不至于偏离社会轨道。

作为家长，我们应该认识到：

父母在孩子的眼里就是模范和表率，父母的一举一动、一言一行都在潜移默化地影响着孩子。

身为父母应注意自己的品德修养，如孝敬老人、诚实守信等。

家长勤于钻研、勇于探索的榜样，无形之中，也会深深地影响孩子的行为品质，促进孩子的求知欲，使孩子在耳濡目染中养成刻苦钻研、执著追求的优良品质。

模仿是孩子特别突出的一个心理特点。父母在教育孩子的同时，也要以自己的言行举止做表率。

在现实生活中，父母要给孩子树立怎样的榜样？

（1）有博爱之心，怜悯、同情人，能尽力而为地关心、帮助他人。

（2）尊重他人的人格和生命、健康，不东家长、西家短地乱议论人和事，信任基本了解的人并与之共事。

（3）孝敬老人，爱护年轻人。

（4）要让人实实在在地看得出你家里的东西是用自己的劳动和智慧赚来的，不是今天这个送来的，明天那个送来的。否则，孩子会觉得不用劳动和智慧照样可以获得，可以过好生活。

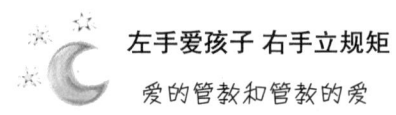

（5）你永远是个爱学习和勤于思考的人。

（6）你是一个大智若愚的人，不大喜大悲；你冷静沉着，对事对人智慧、宽容、拿得起、放得下。

（7）你的生活目标明确、热情向上、意志坚强、坚定而坚持、敢于直面矛盾和困难。

（8）你的行为严谨、办事干练、实事求是、作风检点、语言干净、礼貌待人、谦虚谨慎。

（9）你的举止庄重、衣着整洁，住房内整齐有序、清洁卫生。

（10）你身体力行，注重以行为和言语影响人，善于鼓励和批评孩子。

这是十个主要方面，做的程度要有层次和境界，不管怎样，你都要去尽力而为。

父母心语

父母的品质、人格对孩子有潜移默化的作用，它会影响孩子今后的成长。如果父母的榜样出现了偏差，孩子的思想行为就会出现偏差。

用行动做表率

想让孩子健康地成长，成为一个有用的人才，除了供孩子吃、穿、学习之外，还应该时时注意为孩子增加一份精神营养，即良好的教育。或许有的家长不以为然。关于孩子的教育，父母在家经常讲，老师在学校天天讲；广播里说，电视里说，报纸杂志上也不断地宣传，难道这样的影响力还不够吗？答案当然是否定的。对孩子的教育，不仅仅要靠学校、靠社会的宣传，更要靠孩子的父母，把它实实在在地落实到实际行动上，落实到每一件小事上。孩子本没有什么大事情，但是孩子终究要长大成人，小事做不好，大事也难成；小毛病不注意，大毛病很快就会找上门。从小事做起，学做人，学

第一章 爱里有规矩：父母做表率，孩子懂规矩

做事，是孩子人生之路自始至终都要学的一门最重要的基础课。无数成功人士的经验证明：从小养成的好习惯会伴随人的一生，终身受用。而父母在孩子良好的行为习惯形成方面起着至关重要的作用，直接影响孩子行为习惯的养成，影响孩子对社会和人生的直接看法。

当你的孩子一脚踏入绿茵茵的青草坪，或者随手将一块果皮扔在了地上，作为家长的你，这时应该怎么办？毫无疑问，立即劝阻孩子不要践踏小草，告诉孩子要将果皮拾起来扔进果皮箱，并告诉他这样做的好与不好。这就是对孩子道德观的一次最直接的影响和教育。古人说得好：勿以善小而不为，勿以恶小而为之。孩子年龄小，判断是非的能力还不强，在是与否的认识上还很模糊。俗话说，树大自然直。然而，事实并非如此。人的道德水平与人的年龄并不同步增长，不是有很多成年人，其道德水准仍保持在幼稚的以自我为中心的幼儿时期吗？！不是有许多人，早已过了弱冠之年，仍伸手向父母要这要那，或者随意破坏公共卫生和秩序吗？！

父母是孩子的榜样，若要受到孩子的尊敬，需要自己以身作则。

有个男人结了婚，生了个儿子。他十分疼爱孩子，却很讨厌自己的老父亲。他的老父亲连路也走不稳了，到处磕磕绊绊的，除了吃饭和抽烟之外，什么事也干不了。所以，他很想把老父亲打发走，便对自己的妻子说："让老头到外面的世界去闯闯吧。"

妻子恳求他让老人留在家里，但他连听都不愿意听。所以她只好说："那你就让他带上一条毯子走吧。"

他心里只想给老人半条毯子，但嘴上却说："好吧，就让他带上一条毯子走吧。"

正在这时，他自己的儿子——四五岁的小孩子，突然说起话来了："父亲，你不必给爷爷一条毯子，给他半条就行了，剩下的半条请你好好地收藏起来，等我长大以后可以把它送给你，让你也到外面的世界去闯闯。"

大吃一惊的男人赶紧留住了他的老父亲，因为他已经知道自己的儿子为他准备了什么。

社会已发生了日新月异的变化，新科技、新思想、新观念，无时无刻

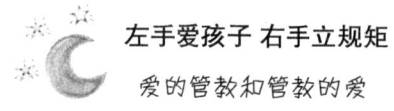

不在冲击着我们的传统道德观。电脑、网络、基因、克隆等技术越发达，就越需要高水平、高素质的人们去参与、去管理、去使用。没有优秀的道德品质，没有良好的行为习惯，一个品德低下、性格扭曲的人很难成为高素质、高水平的人才。他不但不能有大的作为，也难以立足于社会。养成好的道德习惯，是孩子的立身之本，也是孩子走向成功之路的第一张人生通行证。

当然，有一条十分重要：想要孩子养成好的道德品质，家长首先要规规矩矩做人，勤勤勉勉做事，为孩子做出表率。

林凤娇曾是台湾影坛上与林青霞平分秋色的电影明星。曾以一部《小城故事》夺得金马影后桂冠。在林凤娇短暂的十余年银幕生涯中（1972—1982年），她一共演过70余部影片，成为台湾一名不可多得的红影星。

林凤娇原籍福建，1953年6月出生于台北，她在家中排行老二，从小就承担照顾三个弟妹的责任，上小学的时候曾经因为交不起学费而被老师罚站。

林凤娇遇上成龙的时候，已经是电影红星，为了爱情，她甘愿放弃一切。她是"龙嫂"，但为了丈夫的事业，甘愿当个"隐形人"。

房祖名是成龙和林凤娇的儿子，从小受林凤娇熏陶，是个热情成熟的大男孩，现在是演艺圈炙手可热的人物，而且房祖名一出道就大红大紫，难道仅仅是借助父荫庇护？不是，"龙子"表现得有礼节俭、性格可爱的个性绝对不是靠庇护所能获得的，而是受过良好的家教。

"龙太子"没有骄纵的个性，要归功于爸爸妈妈严厉的管教，房祖名表示，自己的个性与处事待人深受父母的影响。他觉得自己的个性比较像爸爸，固执且喜欢钻牛角尖，而他眼中的爸爸既挑剔又霸道，还有些洁癖，连儿子的袜子或笔放在什么地方都要管！

不过，房祖名也喜欢听爸爸说些人生的经历，父子俩就算10年不见面，也还能一见如故。妈妈在房祖名的眼中则是很传统的一个女人，从小也以很传统的方式教导他，房祖名没少吃她的拳头。

不过，房祖名和妈妈还是很亲，什么事都交给妈妈打理，现在他赚的钱也全交妈妈管理。妈妈则给他一张信用卡，他要买什么都可以，如果金额较高，房祖名还得征求妈妈的意见。

房祖名说,妈妈林凤娇曾告诉他,儿子可以把她当成敌人,但希望全世界都是儿子的朋友。妈妈平时也不断教导儿子待人要有礼貌,看来"龙太子"家教甚佳,林凤娇功不可没!

谁都知道演艺圈里很乱,但房祖名却能在很乱的演艺圈里保持自己清纯的形象,这与他受到良好的家教是分不开的。房祖名在做人上深懂礼貌,在生活上注意节俭,这些都是母亲给他树立的良好的榜样。

父母心语

父母是孩子的榜样。若要受到孩子的尊敬,需要自己以身作则。

避免消极性格对孩子的影响

不管是在文学上还是心理学中,人们把儿子喜欢母亲讨厌父亲的性格称为"恋母情结",也称为"俄狄浦斯情结"。与之相对应的,把孩子讨厌母亲喜欢父亲的性格称为"海明威情结"。

"海明威情结"凸显了家庭教育中母亲对孩子的影响,强调了母亲的性格和言行对孩子性格形成的重要作用和意义。

海明威是蜚声20世纪文坛最优秀的美国作家之一,但最终却选择自杀结束了生命。

海明威曾经是一个极度自卑的人,"既然不能像正常人一样活着,还不如死掉"的想法一直萦绕在他脑海中。他的自卑,让他无力和这个强大的世界抗衡,无奈之下选择了终结自己的生命。那么他的这种自卑情结是与生俱来的吗?答案是否定的,这与海明威从小生活的环境有着千丝万缕的联系,与他的家庭环境,尤其与他母亲的影响有很大的关系。

海明威的母亲格蕾丝是一个很懒散的女人,购买各种食品、下厨、洗衣服、管理下人、打扫房间、洗碗、做菜……这些事情她一次也没有做过。母

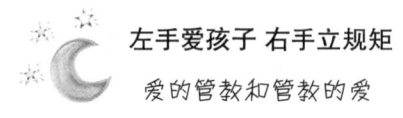

亲格蕾丝懒散的样子遭到了海明威的厌恶。再加上母亲的强势管教，总是强迫他严格遵守日程计划表、随时接受检查，还要求他保持端庄整洁的形象，更加让海明威憎恨。

母亲的强势性格对海明威是一种压制，让海明威一直处于一种弱势的自卑地位。这种自卑和对来自母亲强势的厌恶，使得他成年之后极为讨厌试图干预他的任何一位女人。

可见，母亲在孩子性格形成的过程中会产生极为重要的影响。母亲的性格取向总是有一种很神秘的力量在支配着孩子的言行和性格的养成。有时候母亲对孩子的影响并非总是积极的，母亲的性格以及性格决定下的言行会给孩子造成负担。如果我们的性格过于强势或过于软弱，对孩子过于溺爱或漠不关心，都会让孩子形成自卑懦弱、无情冷漠的性格取向，从而影响孩子的一生，甚至给孩子造成致命的伤害，这样的伤口一辈子都不会愈合。

如果母亲能有一种相信他人的人格，就不会表现出对孩子的不信任，就不会在孩子端着一个水杯的时候，担心孩子会烫伤或者摔坏杯子，然后从孩子手里把杯子拿走。如果母亲这样做了，孩子会产生一种挫败感，长期受到这样的对待，他们就会认为自己连力所能及的事情都做不好，就更没有信心去做更重要的事情了。

对孩子成长影响极大的母亲们要改变不良的性格，做一个阳光母亲。把赞美和欣赏，把自信和坚强，融入自己的性格中，才会让孩子在阳光中沐浴，才能让孩子阳光、健康地成长。

身为爸爸，更是起着关键作用。一个好爸爸应该具备开朗活泼、善良的性格，这种性格才适宜教育孩子。孩子们多半不喜欢父亲内向多思、沉默寡言、慢条斯理的性格。父亲开朗的性格，对孩子有着长时间的熏陶作用。

如果爸爸是严厉粗暴、专制性的，经常训斥、打骂、批评孩子的，就会使孩子感到家庭没有温暖，很少得到父爱，因此从小就会养成孤独、抑郁、执拗、反抗、情绪不安定，或依赖、服从的性格。而这种性格会直接陪伴到孩子的终身，这是不利于孩子以后成长的。

相反，如果爸爸过分地溺爱、娇养孩子，往往会使孩子产生任性、骄傲

第一章 爱里有规矩：父母做表率，孩子懂规矩

的性格。有些孩子身上有消极的性格特征，如自高自大、自私自利、固执任性、缺乏独立精神，就是由于父亲过分迁就、溺爱而造成的。俗语说："溺子如害子。"这是一个世人皆知的道理，但真正面临到父亲的头上时，却往往失去了对孩子关爱的水准。

另外，家庭不和睦或者存在家庭暴力的，孩子长时间生活在父母经常争吵、打破家中物品或者毫无生气的环境中，就会使孩子倍感迷惑不解、无所适从，极易养成掩盖自己的缺点和错误、两面讨好、投机取巧、爱说谎的毛病，甚至会走向另外一种极端。

如果爸爸是支配型的性格态度，孩子的性格特征就会是消极的、顺从的、缺乏主动性的，有依赖性的；如果爸爸的态度是冷漠的、不关心的，孩子则会出现攻击的、情绪不安定的、冷酷的、自立的性格特征。

在日常生活中我们看到，孩子往往会静悄悄地学习成年人的言行举止：母亲爱打扮，女儿也爱打扮；母亲多嘴多舌，女儿也唠叨个没完；母亲对邻居关心，女儿也会对小伙伴倍加爱护；父亲对工作、对他人、对自己的态度，对公物和劳动的态度，也都是子女最早的学习榜样，这对孩子性格的形成是有一定影响的。所以，每个父母要注意自己的性格对孩子的影响。

今天我们知道，孩子除了不可或缺的各种照顾之外，他还需要温暖、关爱、适当的刺激，例如安静稳定的成长环境，这样他才能够自信、活泼，有责任感。其中最重要的是要给孩子足够的身体接触，让他感受温情。

若是孩子初始的世界让他害怕不安、空洞、被侵扰，他就会畏缩、被吓退了。太早以及过于强大的不信任经验，使得他无法信心满满地迎接世界。孩子经常长时间独处，世界空茫一片，刺激太强或印象过于繁杂，都可能影响到心理健康。

作为呵护孩子成长的父母，要给孩子安全感，当孩子感到孤独无助的时候，用温柔、鼓励的眼神关爱孩子。一个拥抱、一句话语，都能在默默之中告诉他们："宝贝，我爱你。"

此外，还要保证孩子人格的公平。父母不应该因子女年纪小而漠视他在家中的地位。平等是营造良好的家庭氛围的前提，也为孩子的成长提供了一

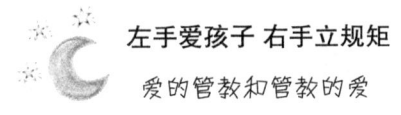

个良好的平台。在家中不被漠视的孩子，才不会因自我漠视而封闭自己。

总之，父母尽自己所能为孩子开启一片蓝色的天空，让其茁壮成长吧！多关心孩子的情感需要，孩子内心深处对于爱和亲密关系的渴望就会得到满足。在这个过程中，充分体验到身为父母的幸福感，何乐而不为呢？

父母心语

把赞美和欣赏、自信和坚强融入自己的性格中，才会让孩子在阳光中沐浴，才能让孩子阳光、健康地成长。

换掉性格中的那块"完美"短板

有一只木车轮因为被砍下了一角而伤心郁闷，它下决心要寻找一块合适的木片重新使自己完整起来，于是离开家开始了长途跋涉。不完整的车轮走得很慢，一路上，阳光柔和，它认识了各种美丽的花朵，并与草叶间的小虫攀谈；当然也看到了许许多多的木片，但都不太合适。终于有一天，车轮发现了一块大小形状都非常合适的木片，于是马上将自己修补得完好如初。可是欣喜若狂的轮子忽然发现，自己眼前的世界变了，自己跑得那么快，根本看不清花儿美丽的笑脸，也听不到小虫善意的鸣叫。车轮停下来想了想，又把木片留在了路边，自个儿走了。

有时，失也是得，得即是失。当我们有所失落的时候，生活才更加完整。从这个故事我们也可以体会到，许多苦恼的根源来自我们追求完美的性格，子女教育的失败也源于此。

现在的独生子女越来越多，独生子女就意味着100%的成功或失败。这就使得许多家长心态改变很大，不能再以平常心养育子女。他们不能接受孩子失败，由于受到攀比心理的影响，希望自己的什么都是最好的，都是完美的。他们接受不了孩子的任何失败和闪失。

第一章 爱里有规矩：父母做表率，孩子懂规矩

其实，孩子在成长过程中遇到失败并不是一件坏事情，要多想想失败所带来的好处。以生产汽车、摩托车而闻名于世的本田公司的创办人本田宗一郎上小学时，在班里是"后进生"。无论让他做什么，总是失败，学习成绩也不理想。然而，对这段经历，本田先生本人是这样认为的："正是因为当时的失败，才培养了我能进行独立思考，具有灵活性和创造性的大脑。"他说："从别人那里学到的东西与自己经过深思苦想得来的东西相比较，其价值和应用的广泛性是不一样的。"

另外，具有"完美"性格的父母在潜意识中深深地浸透着一种无法驱除的"望子成龙"情结，他们对孩子有一种"超值期待"。从生下孩子的那天起，父母就希望孩子是个天才，当孩子想做某件事情时，过高期待良好结果的他们便会在事前经常对孩子说"弄错了可不行""别弄错了"。事实上，这样做不但没有起到鼓励的作用，反而给孩子增加了心理压力，让他们也对自己产生过高的期望，就这样，无形当中父母和孩子就一起陷入了完美的误区。日久天长孩子也会染上完美主义的特质，会严重影响孩子健康成长。

父母在教育孩子的过程中，一旦将其不健全的"完美"的性格特质传达给孩子，就意味着向孩子开启了一扇痛苦之门，带有完美主义特质的孩子，心里一定住着一位严厉的批评家，这个批评家时刻在提醒他们："失败是你自己的责任！"这让孩子的心灵备受折磨甚至产生焦虑，不少完美型、理智型的孩子最难受的不是考试前和考试中，而是考试后。他们考前小腿抽筋的原因是担心自己万一考不好怎么办？而让他们最为痛苦的是考试后的复查：又犯错了！这次我不能原谅自己！

因为这种类型的孩子记忆力普遍高于其他类型的孩子，自己做过的每道题是什么答案可以记个大概。于是估分的时候一旦发现很简单的题被自己做错了就捶胸顿足地说："怎么又少了一分！""我真笨，这么简单的题也做错！"这种懊悔不迭的情绪一直要保持到考试成绩出来后很久才会散去。

受其家庭的影响养成完美特质的孩子，也极其容易把别人的错误拿过来折磨和惩罚自己。

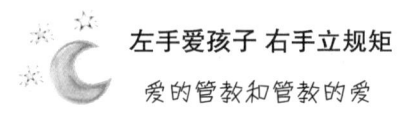

小颖正在备战钢琴九级的考试,妈妈的朋友是这方面的专家,于是妈妈就把女儿送去请人家指导。结果下午小颖闷闷不乐地回来了,问其原因,说:"老师不喜欢我。"

原来,那天接受指导的孩子很多,老师便让基础较好的小颖自己练习,偶尔给点意见。结果小颖看老师光顾着指导其他孩子,便认为是自己的水平不过关,把别人的错误引申为是自己不够好、不完美,从而陷入不必要的自我反省和自我否定中去。

"完美"的性格特质无端给孩子的成长增添了很多灰暗的色彩,给他们的成长经历增添了不必要的苦恼。所以为了孩子的健康成长,做父母的要时常回头看看自己的言行,检验一下是否把自己完美的追求潜移默化地传给了孩子。一旦发现孩子有追求完美的倾向,要及时地给予疏导,避免孩子陷入完美的误区而不能自拔。

相信善于改善自己"完美"特质的父母,不会要求孩子每次都考100分;相信不过分追求尽善尽美的父母,不会要求自己的孩子每次都能在竞赛中获得第一名;相信以平常心来看待孩子成长的父母,不会要求孩子成为样样都行的"怪才"。只有父母们及时去掉性格中"完美"的短板,孩子才会在一种正常的教养下快乐地成长。

父母心语

为了孩子的健康成长,做父母的要时常回头看看自己的言行,检验一下自己是否把自己完美的追求潜移默化地传给了孩子。一旦发现孩子有追求完美的倾向,要及时地给予疏导,避免孩子陷入完美的误区而不能自拔。

以身作则,培养孩子的优良性格

父母是孩子的第一任老师,也是孩子最亲近的人,父母的性格特质将影

第一章 爱里有规矩：父母做表率，孩子懂规矩

响孩子品性的养成。父母的所作所为容易被孩子认为是合理的，并且，孩子知识经验贫乏，辨别是非能力差，对父母的言行会不加选择地模仿。因此，父母要求孩子做到的，自己必须要以身作则。例如，要求孩子孝敬长辈，自己首先要敬老；要求孩子尊重别人，自己首先要尊重别人，对所有人一视同仁。

1. 父母一视同仁，孩子才能学会尊重

这是一个多元化的时代，每个人都有自己的生活方式和价值。在这样的社会中，我们要懂得去理解他人，尊重别人。每个人都有自己的优点和不足，不能因为别人一点的不足就贬低别人，也不能因为一个人某一方面做得好就恭维他人，而贬低自己。我们需要有一颗一视同仁的心。

作为父母更是如此，如果你不能一视同仁对待别人，在孩子面前恃强凌弱、嫌贫爱富，这样的父母很难在孩子的心中留下好品格的印象。

孩子的成长过程中，不仅需要学会基本的生存技能，更需要学会如何与他人相处、协作。只有懂得尊重别人的孩子才能赢得友谊，只有懂得尊重别人的孩子才会赢得自尊。自尊是促使孩子不断向上发展的原动力。自尊是自信的源头，一个孩子不尊重自己，就不能激发出内心的勇气和自信，当然也不会取得什么大的成就。屠格涅夫说过，自尊自爱，作为一种力求完善的动力，是一切伟大事业的渊源。孩子只有尊重自己，才会珍惜和看重自己，才能够实现自己人生最大的价值。

孟子说："威武不能屈，贫贱不能移，富贵不能淫。"这是作为君子应该有的气节，也是有品格的父母应该追求的境界。只有当父母做到一视同仁、尊重他人、尊重自己，孩子才能把这种美德深入到灵魂中，在人生的道路上赢得更多的尊重和友谊。

2. 父母悉心爱护，孩子才会快乐而真诚

鲁迅是我国伟大的文学家，他对儿子的爱和教育却是鲜为人知的。

鲁迅教育孩子有自己独特的观点。他和许广平结婚后，生下一个男孩，名叫海婴。鲁迅写过一篇题为《我们现在怎样做父亲》的长文，主张对于孩子，要天然相爱，愿他生存；尽力教育，使之向上；完全解放，育为新人。

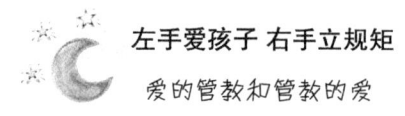

要以"俯首甘为孺子牛"的积极态度抚育新一代。

海婴幼时，母乳不足，身体瘦弱，频频生病。鲁迅经常抱海婴去医院，或者延医来寓为之诊视。此外，为儿子买药、洗澡、种痘、补牙、理发乃至晒太阳、量体重、过生日等，他总是亲自过问。总之，凡是孩子的事他都件件操心，经心办理。

海婴生性活泼，经常缠住父亲。鲁迅喜欢饭后靠在藤躺椅上，把零食放在桌边，一边慢慢地吃，一边悠闲地看书。海婴往往从藤躺椅下钻出来，毫不客气地抢父亲的糖果、饼干。鲁迅只是微笑地看看儿子，从不训斥他。海婴也从来不惧怕父亲，有时还会挤在他的身边，轻轻揪他的胡子玩，更喜欢的是骑马一般坐在他的身上，亲昵地伏在父亲胸前，小嘴说出一个又一个天真的问题。鲁迅喜欢孩子"敢说、敢笑、敢骂、敢打"的天性，愿他做一个活泼而真诚的人。

和一切调皮的男孩一样，小海婴也很淘气、顽皮，家中时时响着他的吵闹声。有时，鲁迅在写作，小海婴从背后悄悄上来，用小手在笔的顶端一拍，稿纸上立刻黑成一团。鲁迅只得搁笔说："唔！你真可恶。"他却早已一溜烟似地逃跑了。在外面玩，他也常常闯祸，不是玻璃刮破了手指，就是同别家的孩子冲突。回到家中，也不肯静坐片刻，有时模仿士兵，开枪射击，杀声盈室；有时模仿演员，挤眉弄眼，放声嚎唱，闹得鲁迅不能静心工作。不管他倒也罢了，如果声严色厉地批评，他就会以不吃不喝来消极反抗。然而，虽是如此，鲁迅还是在工作的间隙，以深情的父爱满足着孩子的种种要求。

海婴五六岁时，鲁迅就常常对他说："海婴，爸爸希望你将来做一个活泼、真诚的人。"当小海婴用懵懂的大眼睛看他时，他会微微一笑，把爱子搂在怀中。此时的小海婴，虽然听不大明白父亲的话，但他却从父亲真诚的眼神中看出，父亲对他的一种殷切的期望。

鲁迅认为，要教育好孩子，必须理解孩子。"如果不先行理解，一味蛮做，便大碍于孩子发达。"有一次，鲁迅从饭店里买了几个菜，请客人们吃饭。有一盘鱼丸子，海婴一吃就说不新鲜，可是别人吃了都说是新鲜的，以为海婴在瞎说。许广平又给海婴一个，海婴吃，又说不新鲜。别人都不注意，鲁迅就把海婴碟子里的鱼丸拣一个来一尝，果然不新鲜。鲁迅说："他说不新鲜，一定有他的道理，不加以查看就抹杀是不对的。"

鲁迅的做法当然不是偏袒自己的孩子。他尊重孩子，努力了解孩子的心理活动，只有这样，才能够实事求是地、恰如其分地、有效地教育和引导孩子健康地成长。

多年以后，海婴长大了，就像鲁迅所期望的那样，性格活泼、待人真诚。

3. 父母负责，孩子才能学会有责任心

一个人要想跨进成功的大门，就必须持有一张门票——责任心。责任心是每个人都必须具备的一种性格，同时也是一个人走向成熟的重要标志。

负责是性格养成的一部分，也是一个人成长的动力。那么，作为孩子的父母怎样才能把孩子的责任意识植入到他们的性格之中呢？

首先，在日常生活中改掉孩子依赖的习惯。孩子小的时候，对父母、长辈有所依赖是自然的，也是正常的表现。随着年龄的增长、自立能力的增强，做父母的就要锻炼他们的自理能力，渐渐帮助他们改掉依赖的习惯。

帮助孩子改掉依赖的习惯，做父母的就应该从自身做起，严格要求自己，不要什么事情都代替孩子做。因为孩子本身就是一个独立的个体。孩子也有独立的人格、尊严和决定自己未来的权利和能力，只有相信孩子，才能让孩子在做的过程中成长起来。

其次，要想让自己的孩子成为一个有责任心的人，就应该告诉孩子要勇于为自己的过错负责。犯了错误要勇于认错，承担犯错带来的一切后果，而不是推卸责任，责怪别人。这样，孩子才能承担大任，才能在激烈的竞争中独领风骚。

4. 父母悉心教导，孩子才能学会刻苦

"书圣"王羲之共有七子，在他的影响下，七个儿子都善书法，尤以七子王献之的成就最大。他的书法集诸体之精华，改古拙之书风，英俊豪迈、气势磅礴，有"破体"之美称。王献之在书法上的成就，与父亲的精心培养和指导是分不开的。

王献之七八岁的时候，就跟着父亲学习书法。他对父亲写的字非常羡

慕，很想有一天能赶上父亲。开始，他的热情很高，劲头也很足；可是时间长了，觉得天天同笔墨打交道，有点乏味。于是他想，要是有什么窍门就好了。一天，他向父亲提出了这个问题。王羲之明白儿子的心思，他指着院子里的18口大水缸，郑重地对儿子说："写字的秘诀，我全留在这些水缸里面了，你把这18缸水写完，就知道了。"

父亲的话激起了王献之的好奇心，他很想看看水缸底下的秘诀究竟是什么。于是，王献之的热情又高了起来，他面对一口大缸，蘸水磨墨、挥笔临帖，开始了漫长的书写生涯。

王献之写完一缸水，就感到自己的字写得不错了，有点飘飘然了。一天，他很得意地把自己写好的字拿给母亲看。王夫人端详了好久，指着一个"太"字的下面说："只有一点像羲之。"王献之一听惊呆了，原来母亲指的这一点，正是父亲在指教他写字时，加在"大"字下面的那一点。

王献之感到很惭愧，他走出家门，到街上散步，看到一个老婆婆在街头上烙饼卖，老婆婆烙好一张，就用竹筷挑起，顺手一撩，就放进背后竹筐里，而且每张都叠得很整齐。王献之见了很惊奇，便上前请问老婆婆："你头也没回，怎么能撩得这么准呢？"老婆婆回答："这没啥，也不过像王羲之写字，熟练罢了。"这句话使得王献之猛然醒悟了，大获启发，于是回家继续下苦功了。

王羲之还告诉儿子：除了练字本身要下苦功以外，还要认真读书，加强道德修养，完善人格。这些基本素质，都是成为一个大书法家不可缺少的。父亲的这些教导，使王献之很受启发。

就这样，王献之坚持不懈地勤学苦练，终于写干了18缸水，也成了有名的大书法家。

王羲之教子学艺的方法至今仍有现实意义。现在不少父母为了让孩子有一技之长，送他们进各种书法、绘画、钢琴、舞蹈等辅导班学习。一些孩子缺乏毅力和恒心，一遇到困难就打退堂鼓；也有些父母存在浮躁心态，对孩子的要求过高过急，若孩子学艺不能立竿见影，就见异思迁，让孩子改学别的，浅尝辄止，结果收效甚微。试想，王献之习字10年不见成效，如果他因此就半途而废，又怎能成为一名书法家呢？要精通一门知识，掌握一项精湛的技能，非一时之功，而贵在专注、锲而不舍，切不可急功近利、急于求成。这些就是王羲之的家教故事给我们的启迪。

5. 父母坚强，孩子才能培养勇气

知心姐姐卢勤说过："吃苦是一种心理承受力。"人在艰苦的环境中，战胜的不是环境，而是自己。21世纪是充满竞争的世纪，要做到敢于竞争、善于合作、富于创造，就必须从小加强心理素质教育，着力培养品格健全、意志坚定的精神。

孩子不是温室里的花朵，他们也会遭遇成长过程中的寒风冷雨。当他们能够勇敢面对的时候，他们便会获得成功，当他们在困难面前一蹶不振的时候，就失去了继续向前的勇气。因此，父母要告诉孩子，跌倒了不要怕，勇敢地站起来就能看到一片蓝天！

在锻炼孩子勇气方面，英国人的做法是值得父母们学习的。英国西南部的瓦伊河畔，有一所由少年探险组织建立的河流探险训练中心，专门为孩子们提供探险机会，培养他们的勇气和坚强的意志。

在那里，孩子们每天一早就来到河边，由专门的人负责教他们游泳和划船。训练是艰苦而紧张的，每一次练习都有孩子落水或受伤。在激流中拼搏，需要有坚强的意志和勇气。孩子们在这里不仅仅学习了划船等技术，还锻炼了意志，培养出了勇敢的精神，同时也懂得了互敬互爱和团结合作。

英国人的这种做法是值得提倡和推广的。培养孩子的勇敢精神，先要求父母是勇敢的人。只有勇敢的父母，才能培养出勇敢的孩子。

6. 父母仁爱，孩子才能懂得爱人

天下所有的父母都深深地爱着自己的孩子，可以说，世上任何一种爱都比不过母爱。当然，胡适的母亲也不例外，她给孩子的爱是温柔的，但却从不盲目。

每天，天刚蒙蒙亮，胡适还在睡梦中，母亲便起床了。她给儿子一边准备好东西，一边叫醒儿子，让他起床上学堂。对于孩子来说，早起是一件很痛苦的事，可是，小胡适很懂事，虽然他很想多睡一会儿，但是一想到母亲

的操劳,就能立马从床上坐起来。当他赶到私塾老师家门口时,老师家人都还在睡觉。他轻轻地敲门,里面就会有人把私塾的钥匙从门缝里递出来。拿了钥匙,他跑到私塾把门打开。这时,同学们都还没有来,他一个人坐下,打开书本,开始读书。

他天天都这样早起苦读。母亲看着儿子这么辛苦,也很心疼他。但是,她明白,如果想让儿子成为像他父亲那样知识渊博、人品端正的人,就一定要吃苦。其实,儿子读书早,她为了准备早饭,要比儿子起得更早!胡适把母亲的这份爱藏在心底,用自己的刻苦来回报。平日里很听话,不想让母亲多为自己费心。

但是小时候的胡适很调皮,总有犯错误的时候。每逢这时,小胡适心里总会忐忑不安,善良仁爱的母亲从来不在人前责备他,因为仁爱的母亲懂得保护孩子的尊严。

生活中母亲点点滴滴的关爱,成了胡适心中挥之不去的温暖。母亲的仁爱之心让每次的回忆都充满了感动。成名之后的胡适更懂得把这份仁爱和关怀写进自己的作品中。他在《我的母亲》一文中这样写道:"我在我母亲的教训之下住了九年,受了她极大极深的影响。我十四岁(其实只有十二岁零两三个月)便离开她了,在这广漠的人海里独自混了二十多年,没有一个人管束过我。如果我学得了一丝一毫的好脾气,如果我学得了一点点待人接物的和气,如果我能宽恕人,体谅人——我都得感谢我的慈母。"

胡适就这样在母亲的言传身教下养成了善待他人的好脾气,也学会宽容和关爱。

可见,母亲仁爱的性格,对孩子的爱心教育有很重要的影响。爱心教育是妈妈培养孩子的重点之一。

父母心语

"冰冻三尺,非一日之寒",性格的养成不是一朝一夕就能够形成的,富有爱心性格的培育也是一个长期的过程,这就需要父母在日常的生活中潜移默化地引导孩子,培养他们的仁爱之心。

父亲和母亲的影响力有所不同

1. 做身心健康发展的母亲

都说女儿是妈妈的"贴心小棉袄",然而,在女儿没长大之前,妈妈往往扮演着女儿"贴心小棉袄"的角色。

当女孩哭泣的时候,大多数情况下是妈妈在旁边陪着她,并紧紧地拥抱她;

当女孩想说话的时候,往往是妈妈放下手头的事情,认真地跟她交谈;

当女孩想要与人分享自己的心情时,她最先想到的是她的妈妈;

……

有研究表明,女孩在7岁之前会十分依赖妈妈,她们与妈妈关系最好;但7~10岁之间,女孩更乐意模仿爸爸,更愿意与更有权威的爸爸交流。但当女孩进入青春期后,因为妈妈的"贴心",女孩与妈妈的关系在一点点地升温。

上帝选择女人来完成孕育工作的同时赋予了她使命,只有那些身体健康、心理健康、有着高尚信仰和修养的女性才能完美地完成这项工作。

孩子是在母亲体内孕育的新生命,因而母亲的身体素质决定了孩子的健康基础。最新的科学统计表明,母亲的智商对孩子的智力有更为明显的遗传优势。母亲创造人类,这是对上帝的工作的延续,也是文明得以不断进步并充满希望的基础。

人们都说女孩是妈妈的影子,有什么样的妈妈就有什么样的女儿。的确如此,不管妈妈们是否已经意识到,大多数的女儿都会把自己的母亲当作模仿对象。仅仅在日常生活的接触中,母亲就可以在生活的各方面影响着女儿。女儿也正是在生活的各个细节中感受到母亲所传递给她的对于自我、女人、男人,以及生活的一般观念。

一个合格的母亲必须具备健康的心理素质。一项研究发现：母亲心理健康水平可以直接影响幼儿，母亲的心理健康水平越低，幼儿的焦虑症状得分越高，发生各种焦虑障碍的可能性也越大。如一位心理学家的一项追踪研究发现，在心理健康存在问题的母亲照料下的儿童，比其他儿童表现出更多的外化问题和内化问题（包括焦虑）。

分析原因可能是，心理健康水平较低的母亲经常会表现出一些特定的情绪与行为，如心神不定、害怕空旷的场所、情绪易紧张、易激惹、胆小、坐立不安等，这些情绪与行为的表现比较明显，容易被孩子觉察，从而导致孩子较高水平的焦虑；另外，这些情绪与行为也可能会影响到母亲的教养观念与行为，破坏了母亲与孩子之间的良性互动，引发孩子的焦虑。

另一项研究发现，母亲的心理健康在养育孩子的过程中会影响孩子的心理健康状况，比如一个焦虑或者是长时间抑郁的母亲，她在抚养孩子的过程中，会产生一种消极的抚养行为，这样潜移默化的消极心理行为会影响孩子的健康。

作为一个母亲，除了身体健康以外，还必须有另外一种特质——就是要有一个良好的精神面貌。这种精神面貌体现在道德修养和情操上。

母亲的善良、勤劳、温柔，填充了女孩在父亲影响下形成的思维世界，让她的精神在正义、勇敢等的筋骨下，充满情感的血肉。母亲不仅仅是生养了孩子，她还是孩子精神的避风港。在女孩遇到挫折、失去信心的时候，给她鼓励和安慰，让她重新鼓起生活的勇气，勇往直前。母亲在道德情操上的影响是全面和深远的。

善良温柔的母亲让女孩懂得为他人着想。精神的冷漠是可怕的，很多感情木讷的人，在童年时代往往缺少母亲温柔善良的感染。若从小就没有一个善良的母亲，女孩往往性格粗暴，对人没有耐心。"悲天悯人"的情怀虽然由后天的修养与教育形成，但它仍然是来源于女孩母亲的善良根基。

耐心细致的母亲教会孩子做事。再粗心大意的女孩，一旦变成母亲，就会变得坚强和细致。大作家雨果就曾说过这样的名言："女人固然脆弱，但母亲却是坚强的。"这也许就是常言的母性。每一个女孩都有自己的成长节奏，只有耐心等待和观察，才能很好地捕捉到女孩的步调，让她在适当的时间里做适当的事情，事半功倍。不仅教育如此，在平时的生活中，如果一个母亲连听完女儿的话的耐心都没有，就别指望孩子会有耐心倾听别人的意见，向别人虚心求教了。希望女儿养成良好的生活习惯，没有耐心是不可能成功的，作为女儿的启蒙老师，母亲的耐心是她成长中最重要的礼物。

母亲就是女孩的一面镜子，有什么样的母亲就会养育什么样的女孩。身心健康，精神面貌良好，是作为一个母亲必备的特质，只有这样的女性才能称得上是完美的，才能为孩子营造一个温暖的家，让女孩绽放自己独特的魅力。

2. 让爸爸的称赞和支持伴女儿一生

有资料显示：有43%的女儿从父亲那里继承了艺术天赋；超过25%的女孩子成年后认为自己对于服装的品位来源于父亲，因为她们小的时候，父亲经常为她们的着装出谋划策；53%的女儿成年后回忆，她们在父亲那里获得了更为丰富的知识，尤其是在历史、自然科学以及国际关系等女孩子通常不感兴趣的学科方面。

以上都是母亲无法像父亲那样给予女儿的。这时带给女儿令其生活成功和幸福的重要因素：一是她的自信，一是她对自己女性特质的认识和认同。

一般来说，妈妈表达爱的机会更多，妈妈给予女儿的是一种无条件的爱。而爸爸则不同，他只有在女儿取得成绩的时候才把爱作为一种奖励给她。然而女孩的心灵是细腻敏锐的，如果女孩有一位关注她、并善于表达自己情感的父亲，那么女孩在父亲的关注和鼓励下，就会变得自信、乐观，做任何事情都充满积极向上的动力。

教育专家们发现：父亲比母亲更理解孩子，对孩子的培养目标更明确、更实际，要求更严格，方法更适宜，更有利孩子的发展。父亲通过促进女儿人格中男性气质和女性气质的平衡，给女儿一种均衡感。这是母亲所无法给予女儿的。

父亲是女孩生命中重要的男性榜样。在父亲和女儿面前有许多重要的任务。女儿将从父亲那里了解到权威、权利、能力、金钱以及自尊等。在女孩

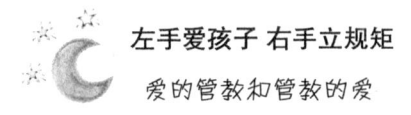
左手爱孩子 右手立规矩
爱的管教和管教的爱

子的关系网中，她们通常给父亲的定位是理解者和支持者。从呱呱落地的那一刻开始，女儿就需要父亲去理解和支持她们的雄心和梦想。父爱为女儿提供了满足她们心灵需求的信心和才能榜样。男人的勇敢、大度对于女孩子来说是她们娇弱的矫正器，是她们能在跌倒后重新站起的扶手。父亲既要正确评价女儿成为女性的方式，又要描绘他们的男性品质和能力。比如勇气、冷静的智慧。

独立是来自父亲的礼物。"富养女孩"，作为父亲，就应该认识到自己的责任，鼓励女儿进行独立的思考。作为父亲，还要让女孩子学会自我约束。由于性别的差异，父母对于训练的要求往往是不同的。父亲会用强加的方式教会女儿自我克制。由于女孩的大脑负担了更多的感情和感觉因素，帮助女孩学会控制感情非常重要，而父亲往往更重视感情的"控制"。因此，对于女孩子来说，了解和控制感情是保持女性精神需求平衡的重要内容。

对于女儿的感情发展来说，父亲同样占据着重要的地位。父亲是女儿的第一位"男朋友"，父亲对女儿的自我评价会产生重大的影响。父亲有助于使身为女孩的女儿和日后身为女人的女儿感到坦然。我们的女儿作为孩子只有很短的时间，然而，在以后的人生中，她会永远觉得自己是爸爸的女儿。

父亲可以留给女儿的最大的财富，就是理解和尊重。如果父亲能够理解和尊重自己的女儿，那么这个女孩也会期望她未来的伴侣理解她、善待她。但是，如果父亲对女儿的爱表现在对她们具有很高的期望值时，女儿会因为父亲的原因而变得很疲惫，虽然她们会成为很优秀的女生，但是她们却难以体会到欢乐。

对于注重关系的小女孩来说，别人一句怀疑她的话，都会使她自己怀疑自己。此时，来自爸爸的肯定则会让她重新审视自己，会让她重新为自己定位。

事实也正是如此，当父亲开始关注女儿的一言一行时，她就会知道在她的生命中，有一位重要的男性——她的父亲在关爱她，这种关爱甚于其他任何人。当父亲开始注重女儿的言语和心声以及与女儿之间的交流时，女孩就会因此而变得自信且坚强。

第一章 爱里有规矩：父母做表率，孩子懂规矩

父母心语

母亲就是女孩的一面镜子，有什么样的母亲就会养育什么样的女孩。

父亲是女孩生命中重要的男性榜样。在父亲和女儿面前有许多重要的任务。女儿将从父亲那里了解到权威、权利、能力、金钱以及自尊等。

第二章

好习惯就是好规矩,培养孩子的自控力

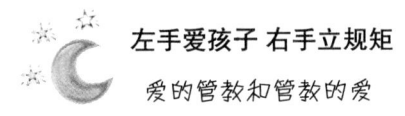

培养习惯从小做起

习惯的好坏可以影响人的一生。美国心理学家威廉·詹姆士说："播下一个行动，收获一种习惯；播下一种习惯，收获一种性格；播下一种性格，收获一种命运。"这就是说：习惯可以决定一个人一生的命运。所以说，我们有必要让我们的孩子从小养成许多好的习惯。

叶圣陶曾说：教育就是培养习惯。那么，培养习惯的最佳时期在什么时候？答案是在幼儿阶段和小学阶段。在幼儿阶段家长要特别重视孩子生活习惯的培养。比如：按时起床，自己穿衣，自己洗脸、刷牙，吃饭不掉饭粒，做事不磨蹭、动作要快等等。在孩子小学阶段时，则要尽可能多地培养孩子养成好的学习习惯。比如：做完作业自己检查，不会的字自己查字典，按时学习，写完作业后自己整理好书包，在外面要留心观察等。

美国的家庭教育是主张开放式教育的，平时很尊重孩子的意见，但这并不意味着事事都依着孩子。其实美国孩子的父母要求是很严的，规矩也很多。在美国家庭里，孩子可以不同意父母的观点，但是必须在规定的时间上床睡觉，这是没有条件可讲的。公共场所不能大声喧哗，吃饭时不要大声咀嚼，父母都会有明确的要求。美国父母非常注重在孩子小的时候就培养他们养成良好的习惯，随着孩子的长大，父母管理反而越来越松，孩子到了高中以后就放手让他们自己去闯荡。

有一个美国孩子，妈妈想从小培养他做事的好习惯，就要求这个孩子负责洗碗，孩子不同意，就是不肯洗碗，妈妈说了很多次，孩子就是不配合。这个美国妈妈做得也真绝，她见跟孩子说理无效，当天就在家门上贴了一张纸条，上面写着四个字：罢工通知。理由如下：因为妈妈工作很辛苦，想让孩子给帮帮忙，洗洗碗，但因为孩子只知道享受权利，却不肯尽义务。所以，从今天起，妈妈不做饭了，各人自行解决吃饭问题。当天妈妈就一个人

第二章 好习惯就是好规矩，培养孩子的自控力

在外面吃，连着几天不肯做饭。这个孩子真急了，不可能天天啃面包呀，自然投降，主动跟妈妈承认错误，要求洗碗。妈妈说：不是洗一天，要洗就得洗一年。孩子说：行呀，只要你做饭，洗碗我包了，甭说洗一年，洗十年也成呀。

总的来说，抓习惯，小时要严，大了就可以放松一点。习惯一定要从小培养，因为孩子越小，可塑性越强，越容易塑造。家长还要尽量避免在青春期强迫孩子纠正不良习惯。

做家长的，培养孩子习惯要把握一个原则：多做塑造工作，少做改造工作。这句话是什么意思呢？就是说要让孩子从小到大养成各种各样的习惯，在孩子还没形成习惯前，就要注意纠正和引导孩子，多形成好习惯，这就是多"塑造"，因为这样容易。但有时一不留神孩子形成了许多不良习惯，等家长意识到时，要想改，这就难了许多，这就是"改造"。

看完下面的一个故事，大家就知道小时养成好习惯有多么重要！

从前，有一位富翁，年近五十才生了一个儿子。老来得子，岂有不爱之理？在富翁眼里，他的小儿子就像天赐的"无价之宝"，富翁是看在眼里、喜在心头，成天笑眯眯地看着，乐得合不拢嘴。对儿子，他总是迁就放任，什么都依着孩子，从来不管不教，任其自然发展，生怕严格管教会伤害孩子幼小的心灵。

过了几年，儿子有四五岁了。由于父亲的娇惯，孩子慢慢滋长了一些毛病，不许人管，只要一不高兴，不是张口骂人，就是动手打人，简直是横行霸道。而那富翁还觉得挺好，心里想：孩子长大了肯定吃不了亏。而且，他也总觉得儿子年纪还小，不懂事，从不认真管教，敷衍两句就拉倒，对儿子一直是采取宽容、放任甚至纵容的态度。

随着年龄的增大，儿子的恶习不断膨胀，胆子越来越大。到了十七八岁的时候，他竟常常私自偷拿他父亲的钱，到外面去吃喝嫖赌。他常常一掷千金，输得干干净净，可他毫不介意。他觉得，反正父亲有的是钱，输了再去偷啊！

后来，他父亲终于知道了，非常生气，觉得再不管就不行了。于是，有

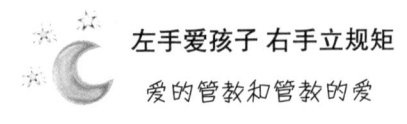

左手爱孩子 右手立规矩
爱的管教和管教的爱

一天，他找到赌场，当着众人的面，把儿子破口大骂了一通。没想到，儿子不但不怕，反而恶狠狠地指着父亲的鼻子，张口大骂："你这老东西，该死不死，还敢骂我？你当心点儿，我迟早要弄死你！"

父亲听了儿子的话，气得浑身发抖，差一点没背过气去。他心想：儿子这话虽说是在气头上说出来的，也不能不防着点。当天晚上，富翁便把一只小木桶放在铺好的被窝里，就像是有人在睡觉的样子。他自己呢，则静悄悄地躲在床的后边，屏息静气，偷偷地看儿子的动静。

过了没多久，只见儿子轻手轻脚推开房门，蹑手蹑脚地走进屋来，手里提着一把锃亮的大斧头。一到床前，就怒气冲冲、咬牙切齿地举起手里的大斧头，狠狠地向床上的被子乱砍了一通。只听"啪"地一声，小木桶碎了，儿子以为是他父亲的脑袋被砍碎了，丢下斧头仓皇地逃走了。

光阴似箭，一晃过去了10多年，这位富翁已经80多岁了。暮年孤独，苦不堪言，睹物兴怀，百感交集。他虽恨儿子，但仍希望儿子能改邪归正、重新做人，回到自己的身边来。

有一天，老人家正在一个桑园里独自散步。忽然，有一位年逾30的农夫径直朝他走过来，手指身旁的一个很粗的老桑枝，礼貌地对他说："老人家，请你把这株老桑枝弯过来。"

那老人家笑笑，摇着头对眼前的农夫说："老弟！老桑枝已经那么粗了，哪里还能弄得弯呀？"

那农夫说："不错，不错。桑枝要从小弯，儿子要从小教呀！"

老人家听了这句话，不由自主地想起了自己的儿子，很后悔自己小时没有好好塑造自己的儿子，禁不住老泪纵横。

这时，只听那农夫又对老人说："你仔细看看，我是谁？"

老人上下打量，这才发现站在自己面前的就是失散多年的不孝之子。

时过境迁，往事虽然不堪回首。但父亲宽宏大量，不计前嫌，还是原谅了自己的儿子。

这个故事告诉我们，孩子的好习惯要尽早培养，不要等到孩子年龄大了，已经养成了许多不良习惯了，再想着去改，那就晚了。

第二章 好习惯就是好规矩，培养孩子的自控力

父母心语

抓习惯，小时要严，大了就可以放松一点。习惯一定要从小培养，因为孩子越小，可塑性越强，越容易塑造。

培养习惯，疏导很重要

在对孩子的教育上，有的家长时常感到困惑，在方式上难以抉择，往往不知道怎么办才好。有的家长在孩子很小的时候，就开始对孩子采取近于放任的态度，然而完全放任一个孩子，他会怎么样呢？很少有人敢做这样的试验，因为人生没有重新来过的可能。古时候斯巴达人的做法正好相反，几乎是严酷地对待自己的后代，倘若不能长成一个强健的人，甚至不惜置其于死地。现在中国人普遍骄纵孩子，而骄纵与任其发展的差别是家长自己也不易区分的。

传统的中国教育近于严酷，私塾先生是拿着板子上课堂的，这在20世纪初被革命者当成一种压迫。如今当我们再回过头去看的时候，不能不感到，传统教育中的许多方法，即使对革新来说，也未必没有一点好处。那么，如何在放任与规范之间寻找一个恰当的平衡点，恐怕需要一番更加慎重的研讨。

傅雷先生的儿子傅聪是一位国际级的钢琴大师，傅聪幼年是被父亲逼迫着学习钢琴的。傅雷对儿子的管教非常严厉，他在楼上翻译作品，孩子在楼下练琴，中间稍有停顿，他就下来抓着儿子的头往墙上撞。这种做法不仅使孩子受到摧残，也使傅聪的母亲在精神上受到刺激。

傅雷对孩子的强制教育完全是一个中国式的强权父亲的形象。这一点不但表现在他逼迫幼年傅聪学习钢琴上，也包括在生活上，他凡事都跟孩子说应该这样应该那样，规定得清清楚楚，没有讨论的余地。从这样的意义上

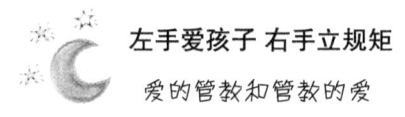

说，傅雷教子的教育方式是值得反思的。然而，由于傅雷先生在学术上的造诣是众所周知的，也由于傅聪的成功，傅雷先生的家教方法至今仍然被无数家长效仿。

其实，傅雷对于自己的教育方式有过深刻反省，晚年他在给儿子的信中说："我也知道，从小受些挫折对你的将来多少有些帮助。然而，爸爸毕竟犯了很多很大的错误。自问人生对朋友无愧，唯独对你和你母亲感到有愧良心，这是我近年来的心病。这些天它一直像噩梦一样在我脑海里徘徊。可怜我过了45年，父性才真正觉醒。"在傅聪回信表示已经原谅了父亲的过失之后，傅雷又激动地在第二封信中写道："我感到难以置信的高兴，儿子终于和我成了朋友，天下还有比这更幸福的事吗？我为我的儿子感到骄傲和自豪！"

当无所拘束时，恐怕大部分孩子会本能地趋于偷懒、享乐，而学习并不总是能够在愉快中完成的。一个人活在世上如果可以无须谋生，凭性情任意作为，多数人会堕落。过去说"君子之泽，五世而竭"，除了说明社会变迁往往很快之外，其中也含着这么一层意思，即可以纵情任性的子孙通常无法像他们苦难中磨炼出来的先辈一样，仍能充当国家的栋梁之材。所以教育有一个很重要的功能，就是制造砥砺与磨难。这一点今天做得比较好的是日本人，他们的幼儿园大冬天也让孩子穿着短裤出操。中国人也许因为上一代的磨难太多，又因为"不吃苦就成材"对多数人来说仍然是一种没有完全破灭的梦，难免还存着一种幻想。这从某种程度上来说正在戕害下一代。

我国著名教育家陆士桢曾经说过，教育孩子要学会一手接纳，一手控制。因为孩子毕竟只是孩子。对于孩子，适度的控制是必要的。但教育的核心毕竟是"心"育，一切教育应从"心"开始，想方设法唤起孩子的内心动力才是主要的，再适度辅之以外部的控制（内因为主，外因为辅）。控制与疏导相结合。就像大禹治水一样，在孩子的教育中，光靠"堵"不行，光靠"疏"也不行。要堵疏结合才行。

但是这个堵疏的比例怎么控制呢？这里面大有学问。

在孩子的学龄前期要"管"和"教"为主，越小的孩子其行为越应该管

第二章 好习惯就是好规矩，培养孩子的自控力

束和规范，对小孩子的无理行为不能迁就。如果在孩子幼年时期父母就不能制服孩子的对抗行为，那么孩子以后的每一次对抗，父母都不会获胜。假如父母无法让一个5岁的孩子拾起他的玩具，那么就不可能在孩子具有逆反心理的青春期进行任何有效的管和教。

到了小学阶段除了要继续管、教外，也要重视疏和导，做到管、教、疏、导同时并用；孩子越是长大，管和教就应该逐渐减少，而疏和导就越来越处于重要地位。孩子越大，就越要增加"疏"和"导"的分量。

孩子进入初中，父母对孩子的"疏"和"导"就应该占据重要地位了。进入初中阶段的孩子已经有了较强的独立意识，尤其是这个阶段的孩子的逆反、对抗心理较强，他们已经不再屈从父母的管束和说教，希望父母尊重他们，与他们平等沟通。这时，激励和引导就应成为教育孩子的主导原则和方法了。

总之，如果父母能综合运用管、教、疏、导四个原则，注意在孩子的不同成长阶段采用侧重点不同的教育方式，就能使自己对孩子的教育收到理想的效果。

当然，以上四原则要想有效实施，必须建立在父母对孩子的尊重和关爱之上。没有对孩子的尊重就不会有对孩子的有效教育。没有对孩子的关爱之情，就不会有对孩子良好的情感沟通和良好亲子关系的建立，当然也不会有有效的教育。而且，一个教育水平越高、越有教育智慧的家长，越善于"疏"和"导"，"管"和"教"的成分用得极少。因为他们总能抓住孩子的内心需求，总能把握孩子的内心感受，伺机进行引导。

父母心语

一个教育水平越高、越有教育智慧的家长，越善于"疏"和"导"，"管"和"教"的成分用得极少。因为他们总能抓住孩子的内心需求，总能把握孩子的内心感受，伺机进行引导。

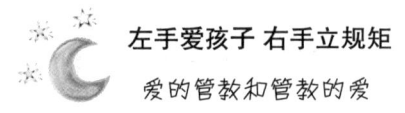

影响孩子一生的做人、做事和学习习惯

父母们认为培养孩子习惯应该集中在三大块，即做人、做事和学习。

做人：真诚待人、诚实守信、认真负责、自信自强；

做事：遵守规则、讲究效率、友善合作、合理消费；

学习：主动学习、独立思考、学用结合、总结反思。

1. 培养孩子良好的做人习惯

先说一则真实的故事：

1995年12月27日上午，某市郊中心学校有名一年级学生放学回家，路过某大桥时，不小心从4米高的桥上摔了下去，小腿骨摔断昏迷过去。约摸过了1个小时，上百名围观者多是议论无人去救。

路过此地的一位中学生李红华，见状推开人群，去桥下抱起已经苏醒在雪中向堤上爬的小孩，大声说："小弟弟，你别哭，我来救你！"他使尽力气把小孩抱上了桥，叫来一辆三轮车，可车主见他没钱，不拉。无奈，他含泪背起小孩找到小孩的家，小孩脱险了。

先别去议论谴责某些人的行为，我们要赞颂李红华的见义勇为这种道德上形成的"本能"行为。它体现了做人最重要的一个品格——关心他人的精神和仁爱良心的风尚。这种精神和风尚不是一朝一夕可以形成的，它必须从小抓起、从小培养。

对孩子来说，家庭美德主要是尊敬父母（长辈）。要尊敬父母，真诚地体味父母一片爱心，从心底激起孝敬父母的纯真亲情。要尊重父母的劳动，尽力为父母做一些事。要孝顺父母，如有好吃的、好穿的应先请父母吃，先给父母穿。父母遇到不顺心的事，孩子能善解人意地加以劝慰。过年过节，特别是父母生日应向父母祝贺。父母生病能悉心照顾。对父母不提过分的要求，注意节约不乱吃乱用。同时兄弟姐妹之间要互相谅解，与邻里和睦相处。

第二章 好习惯就是好规矩,培养孩子的自控力

宋人编的《弟子规》在今天仍有意义和作用。如《弟子规》中讲到"父母呼,应勿缓""父母教,需敬听""兄道友,弟道恭""或饮食,或坐走,长者先,幼者后""称尊长,勿呼名"等处理子女关系的教诫。

2. 培养孩子做事有条理有计划的习惯

孩子做事没条理、没计划,说明孩子的逻辑思维能力不强,处理问题缺乏系统性。如果不加以培养和纠正,可能导致孩子做事鲁莽草率,成人后对自己的人生缺乏整体的规划,一生浑浑噩噩。那么,怎样培养孩子形成做事有计划的习惯呢?

茗茗一直是奶奶带大的,奶奶对她了如指掌。刚上小学,奶奶就发现茗茗有些不对头,常常是想起什么做什么,做不到3分钟,又想做别的事情。结果所有事情都是乱七八糟的,没有一件事情能做好,有时候还会把奶奶折腾得焦头烂额。

有一天,茗茗正在看电视,见电视里的小朋友玩电动娃娃,就跟奶奶嚷着要电动娃娃,非要奶奶去买不可。奶奶费力地买回电动娃娃,茗茗只玩了一会儿,又跟奶奶说要画画。奶奶翻箱倒柜找出画笔和纸,她胡乱涂了两下,又说要吃巧克力,逼得奶奶不得不再次下楼。那一天,奶奶楼上楼下跑了十多趟,腿都软了。奶奶想,茗茗这样"想一出是一出"可不行,一定要让她学会做事有计划,不然在学校里麻烦会更多。奶奶没退休的时候曾经在图书馆工作,对于查资料非常在行。奶奶觉得需要让孩子学会系统思维,把一天要做的事情理清楚,然后提前做好方案,并且按照方案去做事。

于是,每天晚上睡觉之前,奶奶都会来到茗茗房间,问她明天准备做些什么。开始茗茗摇头:"等明天再说吧。"她总是这样说。奶奶做茗茗的工作,说:"明天再说可不行,如果你明天想吃冰淇淋,奶奶买不到怎么办?你把想做的事情都提前想好了,明天奶奶好替你安排。"奶奶这么一说,茗茗开始认真去想,但总是想起这个忘了那个,不够全面。奶奶说:"这样吧,今天奶奶先帮你计划一下,明天晚上你再照着奶奶的计划想后天的。"茗茗也觉得这样比较好,答应了。接着,奶奶帮助茗茗制定了第二天的计划:早晨8点起床,10分钟穿衣服,收拾卧具,10分钟刷牙洗脸,20分钟吃早

餐。吃完早餐正好可以看半个小时"奥特曼"……奶奶说着，茗茗听着，小脑袋一个劲儿地点。

第二天，在奶奶的监督下，茗茗有计划地做了一天事情。晚上睡觉的时候，奶奶问她："茗茗，这样有计划地做事是不是很好？"茗茗由衷地点头。奶奶就说："那好，现在你就把明天要做的事情想好，然后告诉奶奶。"茗茗想了一会儿，把第二天想要做的几件事罗列出来，然后把每天需要做的事情加在一起，就形成了一张计划表。

后来，茗茗渐渐养成晚上睡觉之前，把第二天要做的事情想一遍的习惯，第二天再做起事来，非常有条理。现在她已经不用奶奶提醒了。

开学以后，茗茗做事有计划的习惯依然保持，还竞选上了班里的生活委员。班里的很多活动都由她来安排，而且安排得井井有条。因为茗茗做事有计划，时间利用率很高，虽然与学习无关的工作很多，但是学习成绩依然很好。说起这个，奶奶从心底里高兴，这都是计划做事的结果，而要想让孩子学会计划做事，就得让孩子先有系统的思维。

家长的经验告诉我们，做事有计划，是一个人工作、学习、生活的良好习惯，也是一种积极的生活态度。父母应该从小对孩子进行培养，让他们养成系统思维、计划落实、检查反思的良好习惯，这也是计划做事的保证。

3. 孩子学习习惯的养成

孩子认真地学习、及时预习和复习、上课注意力集中、笔记工整清楚、遇到问题善于思考、积极应对等等，都是学习的好习惯。良好的学习习惯是学习活动顺利进行的保证。如果一个孩子没有养成良好的学习习惯，这个学生的学习是不可想象的，学习成绩也一定不会好。著名教育家叶圣陶说过："中小学的根本任务就是培养学生的习惯。"作为教师和家长的重要任务之一是要培养孩子良好的学习习惯，抑制和消除不良的学习习惯。

日本心理学家曾调查过从小学一年级到高中三年级学生的学习习惯，结果表明，学生随着年龄的增长，其学习习惯的得分并不增加。据此认为，学习习惯是在小学一年级就形成了，以后如果不给予特别的教育，形成的习惯难有多大改进。那种认为树大自然直的观点是不可取的。因此，尽早培养孩子良好的学习习惯是非常重要的。孩子年龄越小,越容易养成良好的学习习惯,形成的良好习惯也越容易巩固。不良的学习习惯发现得越早,也越容易纠正。

孩子的不良习惯积累越多越不容易建立良好的习惯,因为任何习惯都是比较牢固的暂时的神经联系,要想改变它,必须做出巨大的努力,花费很大的气力。例如,有的孩子形成上课不注意听讲的坏习惯,即使在教师的教诲下有了改正的决心,有时好了几天却又犯了。犯了又改,改了又犯,这需要长期的意志锻炼,有时是非常痛苦的。所以,那种认为小学一年级要让孩子放纵一些,到了高年级再来培养孩子学习习惯的做法是不正确的。

学习习惯形成的标准一般有三条:一是动作的速度,指经过多次反复练习,组成学习习惯的一系列动作的敏捷性逐步提高;二是动作的质量,指动作的精确性和协调性应该不断提高;三是学习者本身的体力消耗和脑力消耗要不断维持相对平衡。如果学生某种学习活动达到上面三条标准,说明他某种学习活动的习惯已经养成。

"冰冻三尺,非一日之寒。"良好学习习惯的养成并非一日之功,需要有一个循序渐进的过程。要使孩子养成良好的学习习惯,并不是轻而易举的,家长应在掌握学习习惯形成的过程与心理规律的基础上,做耐心细致的工作。

首先,必须向孩子讲明养成良好习惯对学习的重要性,指出要养成这些良好学习习惯,必须克服哪些毛病,让孩子心中有数,做起来能联系自己的实际,落到实处。

其次,要根据孩子实际情况,逐步提出要求。良好的学习习惯不是一朝一夕养成,要区分主次、难易,从孩子的实际出发,逐步提出具体的切实可行的要求,有计划地逐步扩展。

再次,要指导具体的学习方法。为了使孩子养成良好的学习习惯,必须加以指导。例如,为了培养孩子阅读现代文的好习惯,把比较科学的读书步骤编成"看、查、划、读、摘、想、记"的七字诀,要孩子熟记并照着去做,然后及时督促、检查,这样便会逐渐使孩子形成良好的读书习惯。

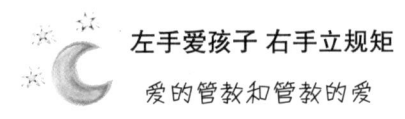

另外，良好学习习惯的形成，要靠孩子多次反复实践，必须有一定的时间作保证。这就需要及时检查和督促。经过课内若干时间的练习，孩子良好的学习习惯初步形成了，再逐渐由课内向课外发展，良好的学习习惯就会巩固下来。

实践证明，良好的学习习惯，不仅能促进孩子的学习，而且会使他们终生受益。良好的学习习惯可以使孩子成为学习的主人，越学越高兴，越学越主动，这不但有助于当前的学习，而且对今后的学习工作也将发生影响，甚至受益终生。在这一方面，作为家长，也可以像学校老师一样，通过督促以及在家里形成学习气氛，建立学习型家庭，培养孩子正确的学习态度和良好的学习习惯。

父母心语

培养孩子习惯应该集中在三大块，即做人、做事和学习。

帮助孩子改掉不良习惯

孩子的许多不良习惯都是在不自觉中形成的。习惯一经形成，如不及时加以纠正，重复出现一次便是一次强化，慢慢便会成为极难改变的恶习。儿童时代形成的不良习惯，如不及时纠正，到了成年才想去改变就很难了。不良习惯会给人一生带来许多不利，不仅妨碍工作和生活，还会损害人的形象。孩子年龄尚小、可塑性大，是培养良好习惯的好时机，也是纠正不良习惯的好时机。

不良生活习惯对孩子成才的危害是非常严重的，这主要表现在三个方面。

1. 精力分散，学习受干扰

儿童应当通过学习、游戏、锻炼身体、劳动等活动全面发展自己的身心素质。而有好吃懒做、滥用化妆品、看电视和玩电子游戏入迷等不良生活习惯的孩子却没有心思去做应该做的事情，反而对那些低级趣味的活动津津乐道、兴致盎然。他们没有理想的追求，价值观念很乱；他们没有心思学习，多数是学业上的落伍者。

2. 身体受损害，精神不振奋

儿童身体发育是有规律的，人体自有"生物节律"。可是有爱睡懒觉、挑食等不良习惯的孩子却根本不顾身体发育的需要，随心所欲。身体素质差、精神萎靡不振、烦恼和失望时时相伴、贪婪症、焦虑症等便随之而来。

3. 生活能力脆弱，经不起风雨

人生道路是不平坦的，生活中并非都是歌声与微笑。对于养成良好生活习惯的孩子来说，他们不怕困难，能够开拓前进。而那些存有无病呻吟、小病大养、离群索居、任性固执、花钱如流水等毛病的孩子，小时候得不到克服各种困难的锻炼，将来脱离父母的监护后就会感到事事不如意，到处是麻烦，甚至失去生活的勇气和信心。

娇生惯养是孩子形成不良生活习惯的直接原因，因此家长必须注意改进家庭教育的方法。

（1）帮助孩子深刻认识不良生活习惯的危害。一般来说，有不良生活习惯的孩子都没有正确的生活价值观，他们觉得生活就是享乐，怎么样舒服、快活就怎么样做，有的甚至自以为了不起，别人都是傻瓜，对于成年人的批评毫不在意。这种错误认识不改变，就不可能改正不良习惯。为此家长要注意用生动、具体的事例说明不良生活习惯的危害，真正打动孩子的心灵。民间有一个故事很能说明懒惰的危害。这个故事说的是有一对兄弟非常懒，整天什么事也不做。他俩长大后，父母要他们到外地投奔一个亲戚，临行前烙了许多圆饼套在他们脖子上，叮嘱他俩路上饿了就吃饼子，可这两个懒汉半路吃完了嘴下边的但竟不愿挪动一下另外几个圆饼，结果被活活饿死。许多孩子听了这个故事，都深受教育。当然家长如果采用现身说法，教育孩子效果就会更好。

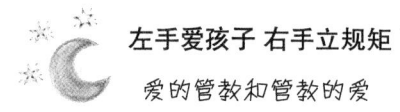

(2) 采取针对性的措施制止孩子的错误行为。不良生活习惯一旦形成,就会反复地出现。为此,家长应当采取一些具体的措施来帮助他们克服。如花钱无度的孩子要钱时,必须问清楚用途和数目,再决定给不给和给多少,过后还要追问孩子是怎样花钱的,收回孩子剩余的钱。让有严重不良生活习惯的孩子到较艰苦的地方去锻炼,更换其居住、生活的条件,也能促使他改掉坏习惯。现在北京等大城市的不少家长,把孩子送到条件艰苦的县城求学,也意在通过改变环境、克服惰性。对有些孩子还可以用"激将法"。巴西球王贝利童年时曾染上吸烟的恶习。有一次他正在抽烟,爸爸过来看见了,吓得他把烟头捂灭。然而,父亲却像老朋友似地对他说:"你踢球有点天分,要是吸烟损坏了身子,球就踢不好了,这事你自己决定吧!要是你还要抽,最好抽自己的,老讨别人的烟很丢人!"说着把仅有的几张钞票递给了他。小贝利感动极了,从此他在绿茵场上驰骋了几十年,再也没有吸过一根烟。

(3) 通过制定家规来约束孩子的行为。儿童时期孩子的自我控制能力较弱,有的已经改正的坏习惯还可能再犯。为了巩固孩子纠正不良生活习惯所取得的成绩,促使其沿着正确的方向不断进步,可以制定一些家庭生活规范,使孩子的行为有所约束。比如有一家的孩子有边吃饭边看书的不良习惯,边吃饭边看书往往既耽误了时间又影响了消化。怎么劝说也不能彻底改变;一时改了,过时又犯。这说明在这方面他已形成一种很坏的习惯。于是有的家长就全家一起讨论这个问题如何解决,家长给孩子指出这种坏习惯既影响消化又损害眼睛,读书效果也很差,必须彻底改变。然后一起制定了整改时间和方案,限1个月必须改变,否则以后再也不购买新书了。这个孩子爱书如命,每个月都要多次逛书店购买新书,玩具不买可以,零食不吃可以,书不买他是怎么也受不了的。为此他下决心改正边吃饭边看书的坏习惯,家长也按约定1个月未购买新书。孩子通过1个月的锻炼,终于改变了这一坏习惯。还有的孩子喜欢吃饭剩碗底,不管饭多少,都是那样。经过家长的正确引导,指出粮食来之不易,并用一些具体事例引导,使其认识到粮食的宝贵,浪费粮食就是犯罪。在这个基础上再制定严厉的规定,如果剩饭,再吃饭时必须先把剩饭吃掉，否则不能吃新做的饭菜。这种坏习惯经过一段整治一般也能改变了。还有诸如每天不能按时刷牙、走路爱踢石子、不按时洗澡、随便弄坏文具、乱撕作业本等坏习惯，也通过制定家庭规范给予限制，并坚决让其更改，做好了就及时表扬。家规的制定要发扬民主，由全家人讨论制定，对孩子既要有约束作用，又要符合实际情况，使孩子经过努力可以做到。家规制定出来后，一定要严格执行，定期总结；还要在执行家规的同时，改善家庭的软环境，家庭成员之间要互相尊重、互相关心。

（4）择友辅导法。男孩俊俊从小在爷爷身边长大，爷爷什么都顺着他。上学以后也没有回到父母身边，只有双休日才到父母那儿过两天。等到考试成绩很不理想，父母这才发现孩子学习不专心，一边做功课，一边玩，这是在爷爷那儿养成的习惯。父母把孩子接回身边读书，但纠正这些坏习惯已非一日之功，而且，孩子在父母身边总是情绪急躁，没有心思学习，怎么办？

妈妈想到俊俊非常喜欢和同伴交往，和朋友在一起似乎有说不完的话，能不能用朋友来影响孩子，改正他的坏习惯呢？在周围邻居中，妈妈物色了一位和俊俊有共同兴趣、爱好，学习认真、踏实的男孩彬彬，有意识创造条件让他们在一起学习，一起玩耍。两个小朋友在交往过程中产生了友谊，同时，妈妈要求彬彬帮助俊俊改正做作业拖拉、坐不住的坏习惯，鼓励自己的孩子向彬彬学习，也开展友谊赛，比一比谁的进步大，谁的成绩好，慢慢地俊俊改掉了那些坏习惯，学习成绩提高了，养成了良好的学习习惯，生理和心理都得到了健康发展。

父母心语

孩子年龄尚小，可塑性大，是培养良好习惯的好时机，也是纠正不良习惯的好时机。

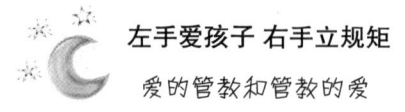

锻炼身体，强健体魄

锻炼身体当然能让小家伙身体结实健康，不仅如此，锻炼还能磨练孩子的意志。参加运动对任何年龄的儿童都非常有益，无论小家伙参加的是像曲棍球、足球这样的团队运动，还是像体操、跑步这样的个人运动。在运动中，儿童能学到新的技能，懂得体育精神，增强自信，这些都对孩子终生有益。

家长带孩子进行体育锻炼，应该根据孩子的年龄特点，选择适宜的锻炼内容和方法。比如，家长可以带孩子到室外晒太阳、拍皮球、做体操、游泳、跳绳或做体育游戏等，都能使孩子得到锻炼。

适当地让孩子晒太阳，对孩子健康有益。阳光里含有红外线和紫外线。红外线能使身体发热，促进血液循环，使新陈代谢旺盛，增强人体活动能力，紫外线能使皮肤里的麦角固醇转变成维生素D。维生素D进入血液以后，能帮助孩子吸收食物中的钙和磷，预防和治疗佝偻病和骨软化。紫外线还可以刺激骨髓制造红血球，防止贫血，并且能杀灭皮肤上的细菌，增强皮肤的抵抗力。

所以，家长应该适当地带孩子晒晒太阳、吸收新鲜空气，发挥阳光浴、空气浴的锻炼作用。孩子长大到2个月以后，就可以到室外晒太阳。晒太阳的时间，冬天最好在上午9点到12点之间，下午3点到5点之间。夏天晒太阳不要在中午晒。气温在32℃以上，家长可以给孩子戴顶白帽子，不要让太阳光直照头部。会走路的孩子，可以散步、做游戏等方式晒太阳。

气候适宜的话，家长可以带孩子去游泳。游泳对孩子身体是一种全面的锻炼，能使身体匀称、协调地发展。同时还可以培养孩子勇敢坚强的意志。

家长带孩子做体操有利于锻炼孩子的动作灵敏性和增强机体抵抗力。1周岁左右的孩子可以由家长拉着上下肢做各种动作。两三岁时，孩子动作发展比较平稳了，又喜欢模仿，可以让孩子学做模仿操。如，可以让孩子跟大人学"鸭子走路、鸭子游泳"一摇一摆的，一边走（或游），一边发出"嘎嘎嘎"的声音；还可以学"小鸡啄米"，头一点一点的；也可以学青蛙跳跃，一蹦一跳地发出"哇哇哇"的声音。四五岁的孩子可以教他做徒手操，或拿着红花、小哑铃等做操。这样不仅有益锻炼，也能培养孩子按时起床的好习惯。

在带领孩子锻炼身体的过程中，家长们需要注意下面几点。

1. 先做初步的运动

发展儿童走、跳、钻、爬、攀登之类的基本动作，使儿童动作协调、灵活、敏捷。如果条件允许的话，用录音机放一些轻音乐，让孩子模仿你伴着音乐做连续的各种练习动作，如伸展、扩胸、腰、臂、腿绕环等。为了发展孩子的柔韧性，可带孩子弯弯腰、踢踢腿、翻翻斤斗等。

2. 儿童不宜做强度大的体育锻炼

儿童的心脏发育还不完善，容积小，心肌纤维细，不适应心肌负担过重的运动。因此，宜采取以发展有氧代谢功能为主的运动项目，如强度中等的慢步长跑、球类活动、体操、跳绳、滑冰以及各种游戏等。

3. 儿童时的体育锻炼，宜由缓到急，由简到繁，掌握运动量很重要

正确掌握强度、时间，会使儿童的健康得到较大的提高。父母最好帮助孩子建立锻炼日记。记录每日的锻炼时间、运动项目、进展情况以及儿童的身体反应等，以便做到循序渐进，逐步调整。

4. 合理安排儿童的生活

儿童处在长身体的时期，需要充足的睡眠。安排儿童体育活动，一般宜在清晨。清晨空气新鲜，室外活动能使大脑皮层迅速消除睡眠时的抑制状态，又可获取大量的氧气，对一天的学习、生活都有益处。早晨活动，不要起得过早，锻炼时间也不宜过长，一般半小时就可以了。锻炼后的饮食也应给以额外的补充。

5. 学会观察儿童锻炼后的身体变化

从孩子的呼吸、脸色、汗量、声音、动作等情况，掌握儿童的运动效

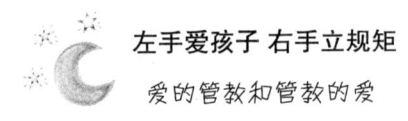

果,以便灵活安排他们的锻炼内容和程序。此外,父母还应鼓励儿童学点体育知识,有计划地让儿童看点体育表演和体育杂志,培养儿童锻炼的兴趣。节假日还可带孩子出外郊游、登山、跑步,跟大人一起活动,孩子的兴致会更浓。

父母亲最好和孩子一道进行锻炼,这是对孩子最好的鼓励。父母如果不仅天天与孩子一起锻炼,还抽出时间定期检查孩子的锻炼情况,并给予及时的鼓励、表扬或批评,孩子就会渐渐养成锻炼身体的好习惯。

父母心语

家长需要督促孩子坚持进行体育锻炼。多数孩子的自觉性不高、毅力不强,需要家长督促孩子坚持体育锻炼。如果家长不严格要求,就可能出现"三天打鱼,两天晒网"的情况,就达不到锻炼身体、增强体质的目的。

培养健康的饮食作息习惯

随着经济的发展和物质生活的改善,我国城市少年儿童的饮食质量有了较大提高,但是中小学生情绪化进餐、饮食速度过快、"垃圾食品"等问题也比较突出。

一份调查发现,城市中小学生吃零食的高达95%,"从不吃零食"的仅为2.3%。零食中糖果、巧克力是孩子们的最爱,也有饼干、蛋糕等甜点和瓜子、花生等干果。尤其值得关注的是,方便面、羊肉串等烧烤或油炸食品、膨化食品也成为孩子们的零食,麦当劳、肯德基……这些"洋快餐"受到孩子们的普遍欢迎。

随着社会现代化进程的加剧,城市生活节奏越来越快,不仅成年人忙忙碌碌,连孩子们吃饭也在赶时间。调查发现,中小学生们普遍进餐过快,尤其是早餐和午餐。20.3%的被调查者在5分钟之内吃完早餐,有85.5%的少年儿

第二章 好习惯就是好规矩，培养孩子的自控力

童在15分钟以内能够吃完早餐；午餐也是速战速决，18.3%的少年儿童在10分钟之内吃完午饭，72.5%的少年儿童吃午餐所用的时间不超过20分钟。只有晚餐可以稍微从容一些，但也有将近一半的少年儿童在20分钟内吃完晚饭。

营养学家们认为，少年儿童进餐时间每顿饭最好不要少于20分钟。进餐过快，会使食物得不到充分咀嚼，不仅加重胃肠的消化负担，降低食物营养消化吸收的比例，而且也无法激起孩子们对饮食的兴趣。进餐过快，还容易导致饮食过量，造成肥胖。

1. 良好的饮食习惯的养成

少年儿童时期是人生发育的高峰期，这一时期摄入的营养，不仅需要维持机体新陈代谢，还需要有适量的储存以保证继续生长发育的需求。一旦错过了这一重要时期，将给少年儿童的身体发育和健康成长造成不可弥补的损失。

如何让孩子养成正确的饮食习惯呢？下面支点招数：

（1）定时定量均衡安排一日三餐。为避免孩子进食过度，不要在孩子的饭里拌上太多的肉汁及调味酱料，并叮嘱孩子细嚼慢咽。孩子的早餐不可缺，晚餐不宜吃得过饱，宵夜更是不宜吃。一定要控制孩子对零食的摄取量。

（2）家长在烹调食物时注意以下几个方面：

要给孩子一个营养搭配合理的膳食结构，不能一味的大鱼大肉，而要"一把蔬菜一把豆、一个鸡蛋加点肉"。

多用蒸、焗、白灼的方法，少用煎、炸、炒、焖。

减少油、糖的分量。

烹饪原料多用鱼类、蔬菜、去皮家禽等，不用肥肉，以减少脂肪含量。

不要将肉类整块烹调制成原只鸡腿、猪牛扒等，而应切细，改成肉片、肉丝或肉粒的方式，配合其他素菜做出不同的菜式，这样的菜肴既美味爽口，又可以避免孩子吸收过多的脂肪。

让孩子们每天饮牛奶或奶制品，是最佳的选择。因为牛奶含有丰富的优质蛋白质和人体各种必需氨基酸，还有脂肪、乳糖、多种维生素及钙、磷多

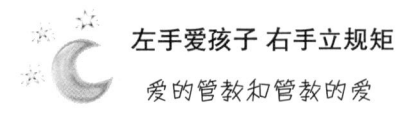

种矿物质，营养价值较为全面，容易吸收。因此，牛奶被人们誉为"完善的食品"。经常饮用既有利于儿童体质的发育，也有助于智力的发展。

（3）扩展娱乐活动。孩子无聊时最喜欢做的事，一是守着电视机看，懒得动弹，二是大把大把地往嘴里塞零食，这两件事都容易导致孩子肥胖。家长不妨多陪孩子做一些有益身心健康的运动或游戏，如集邮、绘画、唱歌、打球等，使他们的生活变得丰富多彩，这样既能把孩子从电视和零食的诱惑中解救出来，还能使家庭亲情得到浓化，家长何乐而不为呢？

儿童肥胖是许多因素作用的结果，不良的生活习惯是引起儿童肥胖的主要原因。只有家长帮助孩子建立健康的生活模式，才能恢复并长期保持正常体重。

帮助孩子减肥不要急功近利，千万不要让孩子尝试那些对他们的生长发育有害的药物或断食的措施，而应着重于帮助他们建立健康的饮食习惯和生活规律，动员孩子树立减肥的信心及坚持才能胜利的信念。

2.良好的作息习惯的养成

人的一生中有1/3的时间是在睡眠中度过的。缺少睡眠或睡眠过多，都会对智力发育产生不良的影响；而正常的睡眠，则是人体解除疲劳、恢复体力和脑力、有利于工作与学习的一种生理现象。

繁重的学习任务和对孩子不切实际的期望，很容易给孩子带来巨大的心理压力。有的家长让孩子每天课内课外学很多东西，常常让孩子搞到晚上十一二点才睡觉。在紧张和压力下，不少中小学生出现睡眠不足、失眠、梦魇、遗尿以及磨牙、夜惊加重等睡眠障碍，所以，家长应当尽可能减轻孩子的负担，适当安排休闲时间，这样不仅能保障孩子健康的睡眠，也能让孩子学习有效率。

在熄灯睡觉前的半小时到1小时内，可做入睡前准备，读篇优美文章，听段柔和乐曲，这样可以帮助产生睡意。千万不能在睡前从事兴奋性活动，比如打电子游戏、看恐怖片等，在卧室躺在床上看电视也不提倡。

有些家庭喜欢开灯睡觉，也有些家庭父母喜欢看电视到很晚，让孩子听着电视发出的声音睡觉。但这些声光刺激一定会对孩子的睡眠造成干扰，大大影响孩子的睡眠质量，应予以避免。另外，营造舒适的睡眠环境也很重要，过热、过冷、空气差、噪声都应尽可能消除。

有的中小学生喜欢睡前或深夜进食，这是一种影响睡眠的坏习惯，应加以纠正。夜间不可喝过多的饮料，不喝咖啡、茶，养成这些良好习惯才能有益睡眠。

锻炼能够促进睡眠，每天坚持固定时间的体育运动，可大大帮助增进睡眠质量。但是，不提倡夜间睡前进行体育锻炼，因为这样做会造成夜间兴奋，延迟睡眠。

增进孩子的睡眠质量，要注意以下几点：

（1）充足的睡眠时间。孩子究竟睡多少时间最佳？一般来说，5~9岁的儿童每天要睡10~11小时，10~13岁儿童要睡9~10小时，14~18岁儿童要睡8小时左右。不过，其中也有个体性差异，不可机械地套用。如果一个孩子虽然没有达到上述睡眠时间，但白天精力充沛，注意力集中，无嗜睡表现，就不应认为其存在睡眠不足。

（2）正确的睡姿。关于睡眠的姿势，中医很讲究，强调"卧如弓"，其标准姿势为：身体向右侧卧，屈右腿，左腿伸直；屈右肘，手掌托在头下；左上肢伸直，放在左侧大腿上。认为这种姿势能"不损心气"，而睡醒之后要改为仰卧，伸展四肢，即所谓"觉须手足伸舒，睡则不嫌屈缩"，这样可使"精神不散"。

（3）温馨的前期准备。孩子睡眠之前，一定要用温热水洗脚。这能使身体上（脑）下（足）保持协调，从而清心安神，使睡眠安宁。

（4）舒适的枕头。枕头对智力和大脑的保健也很有讲究。由于孩子睡熟之后会辗转滚动，因此枕头要长一些。枕头不宜过高，"高枕无忧"这句话是错误的。因为过高的枕头会使颈部的肌肉紧张，通往大脑的血液循环不通畅，第二天会昏昏沉沉，头胀头痛。孩子们的枕头，一般以10~15厘米的高度为宜，幼儿园的孩子不宜超过10厘米，新生儿则可以不用枕头。

某些智力障碍或智力不全的儿童可以试用药枕（请医生开出针对病情的装枕药物），也可以选一些具有治疗作用的枕芯填充物，如荞麦皮、桑叶、

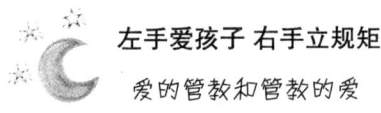

菊花、绿豆皮（即发豆芽时剩下的绿豆壳），这些药物有清脑安神、除热宁心的作用。

父母心语

孩子饮食调养的责任在父母，父母应该精心观察孩子的食欲、精神状态、睡眠和大小便等状况，发现异常及时调整。

家长应当尽可能减轻孩子的负担，适当安排休闲时间，这样不仅保障孩子健康的睡眠，也能让孩子学习有效率。

第三章

课内立规，课外筑梦，学习游戏得双赢

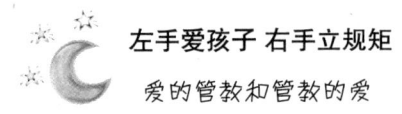

分数不是孩子的命根

家长关心孩子的学习分数是无可厚非的,但并非每一位家长都能使自己的关心变为孩子学习的动力。调查表明,目前社会上家长对学习分数的态度以及由此引起的某些行为,确有不科学的现象存在。这些现象的存在直接影响了孩子的学习。

如果对孩子的学习分数采取理智的科学的态度,则会对孩子的学习产生巨大的动力。一般说来,家长对孩子分数认识的误区有以下两个方面:

一方面,片面夸大分数的功能,以分数高低为判断学习优劣的唯一标准。

家长看到孩子考试分数比前次考试高了,就喜上眉梢,认为孩子学习下工夫了、成绩进步了,进一步推论孩子懂事了,在学校各方面表现肯定优秀,于是乎各种奖励接踵而来。更有甚者,放松对孩子的要求,对孩子的缺点也睁一只眼,闭一只眼。反之,若分数下降了,就认为"不争气""没出息",枉费了老师、家长的一片苦心,进而推论出孩子"太笨""没有希望",甚至认为孩子分数既然不高,那么在道德品质、行为习惯方面肯定表现不好。因此在批评帮助时容易失去耐心,甚至恶语相讥、拳脚相加,伤害孩子的自尊心与自信心。有一位小学生因考试分数未达到家长的要求而被家长活活打死的惨痛事件,就是家长片面夸大分数功能而导致的恶果。片面夸大分数功能的另一典型现象为:有部分家长将孩子的考试分数作为在单位同事、亲戚朋友面前"露脸""争面子"的重要内容。若孩子得了高分,就感到光彩,有面子,很自豪。若分数不如人,则觉得脸上无光,认为自己的孩子没有教育好,出门矮人半截。以上这些行为,均不考虑分数的多重功能,迫使孩子以获取高分为学习的唯一目的,忽视思想品质、性格修养、身体素质等方面的全面发展,忽视孩子的个性差异和能力差异的客观存在,无疑会形成对孩子学习的负面压力,导致有的孩子在获取高分无望的情况下,采

第三章 课内立规，课外筑梦，学习游戏得双赢

取作弊、涂改分数等不正当行为欺骗家长。这样不但不能促进学习，反而影响孩子思想品质的健康发展。

另一方面，机械地、片面地分析分数，从而得出错误结论。

产生这一误区的原因，是有些家长不完全了解有许多因素会影响分数的高低，有很多因素会影响既得分数的信度与效度。有的家长，机械比较同一门学科前后几次考试的得分多少，以此来判断孩子此门学科的学习好坏。也有家长机械比较同一次考试中几门学科分数的高低，以图发现孩子学习上的弱点。有许多家长在学期初规定孩子期中和期末考试必须达到的分数，作为本学期学习的"硬指标"，要求孩子完成。

不能正确分析分数，会被表面现象迷惑，最终将使家长、孩子都被误导而进入学习的误区。仅因某次分数的下降就否认孩子学习的进步，会使孩子失去学习兴趣。而仅依据某次分数的表面分析来指导孩子学习时间与精力的分配，无疑会使孩子忽视真正的困难，得不到真正的帮助，使问题长期得不到解决。久而久之，等到问题暴露时，很可能良机已失，悔之晚矣。

有这样一个故事：

有三个女孩子读高三了，在高考的当天她们拒绝参加高考，离家出走，躲起来了。三家父母急坏了。事后三个女孩子很后悔，父母也很后悔，为什么呢？

因为这些父母都犯了多数父母容易犯的错误。有一次，某个女孩子好不容易考到了95分，回家满心欢喜地跟父母说：爸爸妈妈我这次考了95分。她以为爸爸妈妈一定会表扬她，这是第一次啊！没想到她爸爸眼睛一瞪：95分你就翘尾巴了？为什么只考了95分而没考100分？

诸如此类的质问使孩子丧失了信心。在她心里，她尽最大努力也不一定达到父母所要求的理想水平，她怎么能不沮丧呢？有这样心理状态的孩子，学习能学好吗？

孩子只要爱学习就有希望，而且爱学习的孩子才能体会到学习的快乐，才能够持久地学习。孩子的学习方法比分数重要。孩子只要有了好的学习方法，只要热爱学习就一定能够发展下去，聪明的父母、有远见的父母都不会

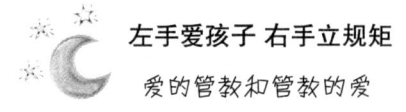

计较孩子偶尔的得失，而是要鼓励他去善待生活，去发展自己的兴趣，寻找适合自己学习的方法，这将使你的孩子能成为一个长期奋斗、不懈努力、向着自己理想目标前进的孩子。

临近学期末，每所学校都要举行期末考试，考分自然就成为教师、家长和学生关心的焦点和热点。有一天放学后，两个学生躲在教学楼后说着悄悄话，恰巧被他们的班主任听到。只听他们说："今天发了试卷，你考得怎么样？""我考得不好。你呢？""我也考得不好。""你敢把试卷拿给你爸爸看吗？""不敢，我爸爸一定会打我的。""我也不敢，上次没考好就被我爸爸打了一顿。我爸爸说这次还考不好，就要狠狠地打。""这次我们把试卷藏起来，不告诉他们，怎么样？""好，保密。"孩子为了免遭家长的打骂，只好撒谎，不是说没有考试就是说试卷没有发。

很多父母都会觉得自己爱孩子足够多，对孩子足够好，可是孩子一个个都是"白眼狼"，把父母当成敌人。同样，很多孩子也觉得自己已经做得足够努力、足够辛苦，可是父母还是一个劲地批评和否定，把他们当成没心没肺的东西。孩子和父母都怀着满腹的委屈，可是父母不知道，自己的爱对于孩子来说可能是一厢情愿的，这正是家庭教育中的冲突——父母一厢情愿地爱，孩子别无选择地接受，然后义愤填膺地反抗。

是什么原因让孩子将成绩视为自己的隐私，又是什么原因让孩子将成绩信息对家长封闭呢？究其根源，还是家长不能正确对待孩子的考试成绩上。

孩子们都想聪明！不幸的是，尽管孩子们想聪明，但由于他们不懂得如何"聪明地学习"，他们不同的学习方式在课堂里不受重视，在家里也得不到家长的理解。很多家长对孩子虽聪明但却成绩不理想，感到迷惑不解。更糟的是，由于在校园里缺少成功，这些孩子常确信自己并不聪明。

其实，孩子可能在一些特定的情形下不能很快地学习，但在另一种情形下却效率很高。成绩差，很多往往是学习差异的问题。有时孩子在学习过程中落了一步或需要把单词读音、概念与图画相联才能记住。然而，我们的家长却给这些孩子贴上否定的标签，而孩子们也渐渐相信这种标签时，他们便对自己的预期降低了，从而发展出"学习无助感"并放弃尝试。

第三章 课内立规，课外筑梦，学习游戏得双赢

每个孩子都有自己的优势。人的智力发展是不平衡的。有的人逻辑思维占优势，有的人形象思维占优势；有的人博闻强记，但不善于融会贯通；有的人虽然记忆力差，但能记住最重要的信息，并且精于思考；有的人智力过人，但意志薄弱，志趣低下；有的人是智力平平，但意志顽强，目标远大，百折不挠。任何一个正常的孩子，总有其独特的潜在优势。

有一个获得学习差异荣誉的人是格里格·洛加尼斯，他是美国著名的跳水运动员、奥运会金牌得主。洛加尼斯开始上学时，由于他的害羞和讲话阅读困难而受到嘲笑和捉弄。这一切使他很沮丧，"我决心集中一切时间和能量去投入我能够精通的某件事上去。"洛加尼斯说。他想向人们表明他能做点什么，他喜欢而且精通舞蹈、杂技、体操和跳水，他因此而磨炼他的运动天才。萨米·李博士，一名前奥运会跳水冠军，在一次比赛中发现了这个有麻烦的13岁男孩，把他带到自己身边，开始训练他。经过长期的努力，洛加尼斯在跳水方面展露才华，16岁时成为美国奥运会代表团成员；28岁时获得了47个国家级奖项、6个世界冠军、3枚奥运会奖牌、3个世界杯和许多其他奖项。当他1987年作为世界最佳运动员获得欧文斯奖时，他以大众能够接受的口吻说："谁会想到一个萨蒙血统的养子，有一天会与杰西·欧文斯以及其他许多被授予该奖的优秀运动员相提并论呢？"

父母要善于寻找孩子的优势，了解孩子不是因为懒惰和愚蠢，应当去寻找孩子的天分和能力，并对他们寄予希望。这些孩子通常需要在学习过程中的某一时期或某一科目得到指导和帮助。他们应该知道自己可能要比别的同学更努力（但在这一过程中，他们将培养毅力和性格上的优点，这些对其一生都受益）。他们需要正确的榜样和导师，在他们擅长和爱好的领域中指导他们。因此，请记住，许多晚熟的孩子是极为聪明的，能在家长和老师的耐心鼓励下获得巨大成功。

1. 摆正考试分数的位子

考试分数固然很重要，它影响孩子的升学、就业，影响孩子的自尊心。但它毕竟是表面的东西，它只是衡量学习成绩的标准之一而不是全部。我们应把掌握知识、发展能力作为孩子的学习目标；我们应把培养孩子具有合理

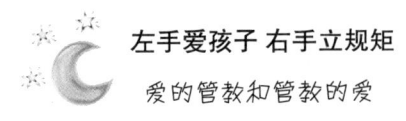

的知识结构、能力结构，发展孩子的全面素质摆在比考试分数更重要的位子。家长需要淡化考试分数的色彩，不仅家长自己要如此，而且要引导孩子也如此。

2. 正确地对待孩子考试的成功与失败

孩子学习、考试比较顺利的时候，应该在对孩子给予适当肯定的同时，引导孩子总结成功的经验，并对孩子提出进一步的目标要求。孩子学习、考试遇到挫折和失败的时候，应该对孩子给予鼓励，帮助孩子尽快地摆脱低落的情绪，帮助孩子寻找失败的原因，改进学习，争取下一次取得好成绩。如果孩子考试一直比较顺利，要在适当时候有意地给他制造一些困境，让他经历挫折和失败，并引导他们培养应付挫折和失败的能力。如果孩子经常遭受考试的失败，应该给他多多鼓励，要帮助他修正学习目标，并帮助他分析失败的原因，改进学习，让他体验成功，增加学习的自信心。

3. 从孩子的实际能力出发确定期望值

对孩子的要求过高或过低，都不利于孩子尽好地发展。给孩子的要求，应该既不是不可及的，又不是轻而易举就能达到的，使他们能取得成功，但必须做出努力。

4. 分析孩子的学习水平和非智力因素

任何一门功课都有三个层面的水平——基础知识、基本概念（词语、定义、定理、公式、基本观点等）掌握的水平；基本技能水平（运用基础知识，基本概念解决基本问题的能力水平）；综合技能水平（解决比较复杂问题的综合能力）。通过考试卷子和平常的作业，可以分析出孩子在这三个层面上的水平，哪方面差，就重点解决哪方面的问题。

学习成绩与非智力因素关系密切，一些孩子学习成绩上不去，有的是学习兴趣问题，有的是学习习惯问题，有的是意志品质问题，有的是情绪问题，有的是责任心问题，还有的涉及与老师的关系问题。应该具体分析，然后找准原因。家长应该主动去请教班主任老师和任课老师，越是找不准孩子学习问题原因的，越要及时找老师讨论，请老师出出主意。

第三章　课内立规，课外筑梦，学习游戏得双赢

父母心语

孩子只要爱学习就有希望，而且爱学习的孩子才能体会到学习的快乐，才能够持久地学习。孩子的学习方法比分数重要。

学海无涯"乐"作舟

"兴趣是学习和求知最大的动力"，这句古老的谚语今天和以后都不会过时。这不仅仅是一种方法，它所包含的是人类知识获取的一个古老而充满智慧的法则。同样，"诱导是教育和培养孩子的最好方法"，这句话今天和以后也不会过时。

兴趣是孩子对事物的主动选择，诱导则是促使和加强孩子的这种主动性，使兴趣变得持久、有目的。

一个在语言、空间、数学逻辑或动觉等方面有潜能的孩子，他也常常在这些方面表现出兴趣。虽然这种兴趣常常因为孩子的好动和注意力爱转移等特点而不能持久，但这种天然的兴趣是不会改变的，除非在这方面遇到来自父母、老师等外部环境极大的压制或厌恶。

几乎所有的孩子都对小动物有浓厚的兴趣。一只蚂蚁、一只小鸟、一群蜜蜂或者一条小鱼，会吸引孩子很长时间去观察。要他们花20分钟去背诵一段名篇或一首小诗，常常是非常困难的，但他们会在没有任何督促和要求的情况下，花上一个下午去观察一群蚂蚁的活动，这几乎是每个父母都熟悉的情景。他们兴致勃勃，心无旁骛，即使太阳把背晒脱皮，或者汗水顺着脖子往下流也不在乎。这就是兴趣的力量。

然而，我们理智地、毫不怀疑地知道，即使让孩子花上一两年时间去这样与蚂蚁玩，他也不能增长多少知识，这时的关键就在诱导。诱导他从中去获得新的知识、方法和对孩子有益的习惯。

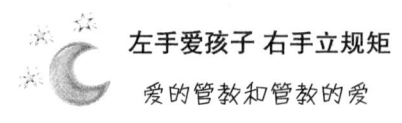
左手爱孩子 右手立规矩
爱的管教和管教的爱

　　许多父母虽然对孩子有强烈的教育和培养的愿望，但常常会指责孩子的一些"没有用"的兴趣。父母们会按照社会或学校既定的模式去设计孩子的未来，并企图把孩子的兴趣与这些模式联系起来，企图保留一些"有用"的兴趣，把一些"没用"的删除掉。而实际上，对于孩子的心智发展来说，很难用"有用"或"没用"去区别他们的兴趣。应该说，每一种兴趣对孩子求知来说，都是有价值的，明智的父母总能利用这些兴趣把孩子引向各类知识的殿堂，并培养出孩子良好的求知习惯。

　　每一个孩子都会对不同的事物产生不同的兴趣，每一种兴趣都会对孩子的某种潜能开发有益；没有笨的孩子，只有方法不恰当的父母或老师。但是大多数父母和老师面临的一个共同问题是，他们毕竟不是教育方面的专家，如何对孩子的兴趣定位，如何利用孩子的兴趣有系统地进行诱导，对许多父母来说是有一定难度的。关于利用孩子的兴趣，通过诱导的方式来开启和培养孩子的智力，希望父母接受以下建议。

　1. 培养兴趣方法多

　　让孩子产生学习兴趣的方法多种多样。如讲述浅显易懂的学习文化科学知识的重要性，伟人、科学家学习的故事，诉说没有文化的困难、痛苦和闹出的笑话，还可借助看画书、猜谜语、唱歌曲、做游戏以及小实验、小制作、小发明、小创造等适合孩子年龄特点的有趣活动，一点一滴、一事一例，围绕其主旨让孩子逐渐明白知识就是力量的道理，受到这方面的启蒙教育，在幼小的心灵深处播下求知好学的种子。

　2. 争强好胜良性竞争

　　当然这种争强好胜绝不能单纯地理解为学业分数第一名、第二名或前几名的竞争，而是要加入到优秀的行列之中，把学习这件事情做好。比如激励孩子注意力集中，写作业字迹工整，说话要大胆，声音要清楚，考试时做题全对，有缺点马上就改等。同时充分注意巧妙地把学习中的竞争有机渗透到孩子的生活、娱乐中去，全方位提高综合素质。

　3. 认真细致从家长做起

　　孩子只有兴趣和争强好胜的心理是远远不够的，还必须培养认真细心的精神，这是取得优异学习成绩的重要保证。孩子的学习，多从观察、模仿开始。因此家长在辅导孩子学习的时候，首先自己要认真细心，做好示范。一个数字，一道算式，一个汉字拼音字母，每个字的一笔一画都要工工整整，讲究规范，切忌潦草，信手涂鸦。

"榜样的力量是无穷的。"只有做出榜样，才能要求和指导孩子。孩子才会逐渐具备认真细心的品质。

4. 快乐学习不可少

快乐的学习方法，既能提高孩子的学习兴趣，又能帮助他们获得学习成功，要多多联系孩子的生活实际，把书本上的知识有机地与生活实际紧密结合起来，千万不要单纯抽象地拘泥于书本。比如家长引导孩子参加动脑、动口、动手的游戏娱乐课、制作、实验课，达到老师、家长、孩子共同地创造性地运用课本教材的好效果。

父母心语

每一个孩子都会对不同的事物产生不同的兴趣，每一种兴趣都会对孩子的某种潜能开发有益；没有笨的孩子，只有方法不恰当的父母或老师。

培养孩子学习的能力

活到老就学到老，理所当然地成为新世纪的学习方式。我们的人生应当是学习化的人生，不断地在实际生活中学习，终身做到事事在学习、时时在学习、处处在学习。

在古代，孟母把有利于子女学习作为选择社区的主要准则；在近代，宋氏三姐妹之父宋耀如，大力开发家庭的学习和教育功能，立志把子女培养成林肯、华盛顿式的伟大人物。

家庭成员间的关系不仅仅是亲子关系，还应是师生关系、同学关系。

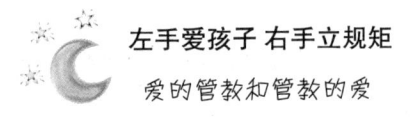

家长,同时应当是教师,向孩子提供学习的最好范式和榜样。前苏联的教育家霍姆林斯基说:"在一个家庭里,只有父亲自己能教育自己时,在那时才能产生孩子的自我教育。"因此,只有父母能够主动学习、热爱学习时,孩子才能同样地主动学习、热爱学习。家长,同时又是孩子的同学,要共同学习,要相互学习,要学会向孩子学习,学习孩子的童真、好奇,对周围一切敏感,与时代同步等有益品质。

培养孩子学习的能力,教会孩子学习的方法,不仅对他的升学很有帮助,而且还会让他受益终生。

1. 和孩子一块儿学习

和孩子一起学习是快乐的,现在的孩子大部分是独生子女,希望有一个伙伴,如果家长和孩子做伙伴,孩子开心家长也会找回童年的记忆,家长是孩子的第一教师,孩子的言行和爱好是在家长的熏陶下形成自己的特点的。和孩子一起学习,在一个书的环境里,在大自然中,你会感到世界真的很美好。

确实,现在的一些家长,往往抱怨孩子不理解自己养家糊口的辛苦,指责孩子泡网吧不学习,一股脑儿地把责任推给社会,而家长自己沉醉在无聊的应酬和消遣里,把学习丢了,缺失了再学习的能力。

学习不光是学生时代的事,也不局限于你的专业领域。为人父母者,更应该善于和孩子一起学习。

学习什么?孩子已经给出了答案:了解国内外大事,跟得上时代步伐,能够和他们一起进步。

说实话,这不是一个很高的要求,很多家长却不能够持之以恒。十年树木、百年树人,我国自古就崇尚教育,中国人以重视下一代的教育而闻名世界,但我们却不得不承认,现实中,我们的许多家长却走偏了路。一些人以为给孩子找个名校,或是一掷千金,让孩子少小离家远赴海外当小留学生,就是对他们教育的大投入,就可以一劳永逸了。殊不知,这种把教育的责任推出去的做法却铸成了很多的错误和悲剧。

怎么学习?孩子也给出了答案:和他们一起学习。我们发现,这个调

第三章　课内立规，课外筑梦，学习游戏得双赢

查结果令人惊异，其实，很多孩子并没有在意家长的收入，而是更看重知识的力量，这无疑是我们这个社会、这个民族的希望。面对这些充满希望的下一代，家长们应该幡然醒悟了，在浮躁和迷失中静下心来，关上电视、撤掉麻将桌，在温暖的灯下，和孩子们一起阅读和讨论，把你们的爱镶上知识的金边，融入孩子纯洁的心灵，呵护他们健康成长。

促进孩子智力发展，父母首先应加强自我学习，并积极投入到孩子的智力活动中去。父母们可以参考以下几点：

（1）读书、看报。读书、看报能接受更多更新的信息。在家庭中传递信息时，父母还要谈谈自己的认识。读书过程中养成划出重点、剪贴感兴趣的文章和记读书笔记等阅读习惯。在潜移默化的教育中，孩子自然也会喜欢上读书、看报。

（2）小型家庭智力竞赛。进行竞赛的方法多种多样：必答、选答、抢答；口述、手写、动作；记分、淘汰、小奖品。这项活动还可以针对孩子在学习中的弱点进行，以激发学习兴趣，扩大知识面。

（3）家庭辩论活动。生活中有许多现象、问题是父母和孩子都感兴趣的，但看法未必一样，就此开展辩论活动，各抒己见，也是一项不错的活动。如果在家庭中形成讨论、辩论的风气，每个家庭成员的水平都会提高，还能矫正有些父母一人说了算的不民主作风。

（4）智力型家务劳动。所有的劳动都有明显的智力因素，如：饭，怎样做能节约时间？菜，怎样做才好吃、好看？大扫除，先干什么、后干什么；拖地板，怎样才能擦干净？等等。在家务劳动中引导孩子开动脑筋，大脑必然得到锻炼。

（5）向孩子请教。父母应有向孩子学习的意识，有些领域父母可以直接以孩子为老师。比如，孩子的英语学得更好了，父母可以多请教请教孩子，这样更会提高孩子的兴趣，如果孩子发现自己不能回答你的问题，孩子就会很自觉地去学习，这样的学习方式难道不比听写、默写更能促进孩子的学习兴趣吗？

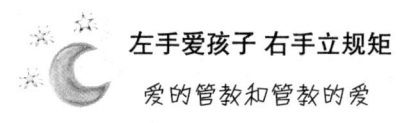

2. 激发孩子的积极性

激发孩子做事的积极性，必须以孩子的兴趣为出发点。孩子感兴趣的事，做起来必然有积极性；反之，影响积极性发挥。在日常生活中，父母激发孩子做事的积极性通常可以采用以下几种方法：

（1）以亲切、活泼、愉快的言语激发孩子。要注意的是，父母的态度极其重要，要站在孩子的角度，以理解孩子的语气，肯定孩子的成绩，继而提出新的要求，这样便会很自然地激发出孩子做事的积极性来。

（2）引导孩子积极活动。孩子在活动或游戏时，父母积极参与，同样也能激发孩子做事的积极性。通过父母的参与，可以使孩子从中得到快乐、获得满足，从而为"下一次"打好基础。

（3）尊重孩子的自尊心同样可以促进孩子做事的积极性。家长必须鼓励孩子做事，即使事情做得不令人满意，也应以鼓励的话语首先肯定孩子的成绩。父母的鼓励，不仅会使孩子受到鼓励，并能使孩子产生一种"连锁反应"——对新知识的学习欲望或对旧知识继续努力巩固的愿望。如果父母用讽刺或训斥的语气教训孩子，只能挫伤孩子的自尊心和自信心，甚至会扼杀孩子的积极性，使其滋生畏惧、逃避的心理，更甚者会影响其一生的进取心。

3. 让孩子养成提问的好习惯

知识的获得是需要有一个认识过程的，而认识又总是开始于不认识的。也就是说，具有渊博学识的人，都是从无知识即有问题开始的。因此，提出问题是学习的起点。

任何思维都从发现问题开始，以解决问题告终。问题往往是思维的向导，具体的思维过程就是不断地发现问题和解决问题的过程。提出问题可有效地培养思维能力。

爱因斯坦得出的结论是："妨碍青年人用诧异的心情去观看世界的，那不是通向科学的阳光大道。"当绝大多数物理学家，完全无所怀疑地使用牛顿的空间和时间的公式时，爱因斯坦却尝试着对它不信任，提出了新问题，从而创立了相对论，在科学史上取得了巨大成就。

鼓励孩子在学习过程中,持续不断地提出问题,就可以使他们的学习由被动接受知识的过程变为主动探求知识过程。这对增强求知欲,集中注意力,提高学习兴趣,培养观察、思维、记忆等能力都是有好处的。

所以,家长要鼓励孩子大胆提问,这是正确的学习态度,如果加以引导,会终生受用。

父母心语

培养孩子学习的能力,教会孩子学习的方法,不仅对他的升学很有帮助,而且还会让他受益终生。

培养动手能力,让你的孩子心灵手巧

罗马人和古希腊人都认为,只有身体健康,头脑才会聪明。他们甚至有句名言:"健全的头脑存在于健全的身体中。"这正是他们非常重视体育运动的原因。

身体协调才意味着孩子能利用肢体来学习和思考,还能用肢体来表达自己和表现技巧。孩子可能对自己的肢体运用自如,可以当一名运动员,或者进行跳舞等艺术活动;或许孩子更喜欢从事用手的活动,例如制作手工艺品、雕塑、建筑、机械或修理。孩子的才能或许还可能表现为足球踢得棒、编织或缝纫轻松自如、能用黏土制作雕塑、在戏剧上演技出众、善于表演魔术或者能修理家中物件等方面。

人类的身体是一件奇妙且多才多艺的杰作:孩子的身体不仅可以进行体育运动或打字,也可以进行创造性活动并表达孩子的感情。舞蹈家、歌唱演员、哑剧演员和雕塑家都利用身体进行艺术活动,音乐家和各种艺术家都利用他们的身体协调才能创造美。

很多富有创造性的思考者在工作中运用身体思考。例如,椅子、沙发或

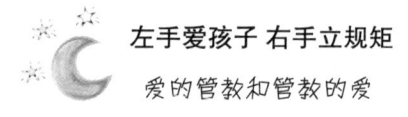
左手爱孩子 右手立规矩
爱的管教和管教的爱

轿车内部设计师们在考虑不同形状椅子坐下去感觉如何时，可能用到身体思考。这是身体帮助孩子进行信息处理的另一种方法，它能让孩子发明出更有趣的游戏，设计出更复杂的科学项目，或者制造更好的汽车。甚至运动员也用这种思考方式来改善动作——无论是体操运动员练习落地还是篮球运动员练习自由投篮。

孩子可能发现当用身体创造头脑所想的事物时，身体协调才能得到最充分的发挥；当孩子阅读文学作品时，家长可以帮孩子考虑书中角色的行为；或者当孩子观察某种动物时，孩子可以在纸上设计制作它的黏土模型。

孩子可以制造理想中房屋的模型，孩子还可以通过五种感官获取和处理信息，尤其是通过触觉。仅仅靠触摸，孩子就能得到关于一个物体的很多信息。孩子能了解它的形状、由多少部分组成、凉还是热、软还是硬、光滑还是粗糙。通过触摸了解事物会提高人的触觉敏感性。如果孩子利用这种方法让自己的触觉更加敏感，孩子就可以无需看到物体而对它了如指掌。

孩子可能发现自己最好的主意是在活动时想出来的；或者发现当孩子手里把玩着什么东西、散步、慢跑或远足时更容易思考。如果是这样，那么孩子并不孤单。很多富有创造力和好奇心的人都发现，活动有助于自己更好地集中精神。

事实上，手是人类身体中最聪明的部位。手上最灵巧的手指其实是大拇指。可对握的拇指——即大拇指能够和一只或更多其他手指处于相对位置——是人类区别于大多数动物的特征之一（当孩子用拇指和食指形成一个OK的手势，就是在利用拇指的可把握性）。拇指使孩子能够捡东西、建造、制作工具，并创造出新发明。能够用手使用工具需要很高的身体协调能力。想到这一点，孩子的可对握拇指（当然，需要和其他手指协作）是人类社会形成乃至运行至今的关键：对于一个最短粗的手指来说，拇指确实干得不错。

用手干活的人们运用的是"精致的"或"细小肌肉"的技巧。这些技巧要求良好的手眼协调能力和灵巧性——或者说进行精确而迅速的细微活动的能力。很多活动都要用到这些技巧；有些活动是实用性的，例如打字，使用锤子和螺丝刀修理东西，或者给衬衫钉纽扣；有些活动是艺术性的，例如用黏土雕塑、制作首饰、拉小提琴或吹双簧管。还有些活动是创造性和娱乐性的，例如制作手工艺品、烹饪或变魔术。

手不用于直接试探情况和解决问题。当修理发动机或手表、烤面包机等机械物品时，孩子在修理过程中用手来感觉和了解出毛病的地方。外科医生和牙医在治疗患者时，也必须用手试探问题部位并几乎用手来"看"。从诊断问题到缝合伤口，医生、护士和兽医还以各种方式利用他们的触觉和灵巧性来协助工作。

手是人重要的感觉器官，让孩子多动手是促进智力发展的重要途径。通过手的活动，可以获取更多的外部信息，这些信息能促使大脑积极活动，促进孩子的大脑发育，使孩子心灵手巧，主要表现为以下两点。

1. 促进大脑发育

心理学家认为，一个人的智力水平高低，创造力的强弱，都取决于大脑机能是否成熟。而让孩子多动手进行实际操作，就能促进大脑发展。当双手活动时，其手指头上的神经细胞就会随时把信息传递给大脑，因而加强孩子的手部活动，即锻炼孩子的动手能力是开发大脑潜在机能的重要方法。

2. 培养孩子的自信心

从小培养孩子的动手能力，不仅可以让孩子获得表现自己创造力的机会，还可以使他对自己的聪明产生足够的信心，养成他敢说敢做的精神和坚持到底的意志品质。这些都对孩子今后的发展起着深远的影响。

孩子经常独立从事力所能及的活动，能促进自身身体发育、智力发展以及性格形成。因此，不管在家庭中还是教学中，与听其自然、凡事包办相比，教育者有意识地培养孩子实际操作的能力其结果是大不一样的。

不少小学生，由于在生活上由父母"包打天下"，6岁的孩子鞋带散了不会系急得直哭；9岁的孩子不会穿衣服，闹出将内衣当外衣的笑话；10岁孩子要妈妈喂饭。在这种"温室效应"下，孩子因娇宠而任性、脆弱，缺乏独立性和克服困难的勇气与能力。这样的孩子是很难成才的，甚至连能否长大成人都成问题。

孩子很小就有"自己来"的愿望，从蹒跚学步开始，尽管跌跌撞撞，也

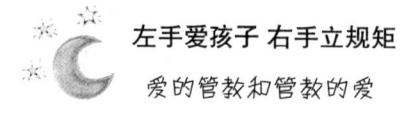

不肯让大人牵拽。到2岁时，孩子就常执拗地说"我自己"，不愿别人干预。通过动手动脑进行探究便成为孩子的一大心理需求。家长只要注意观察就能发现，孩子经常是不知疲倦地在动手操作和探索。

未来是属于孩子自己的，未来的道路要靠孩子自己去走，未来的美好生活也需要孩子用自己的双手去创造。因此，教育孩子时，家长和老师不要只顾及培养孩子的动脑能力，更要注意培养孩子的实际操作能力，让孩子自己去走自己的路。

实验课上，老师讲完电路的安装方法后，自己先演示了一遍，然后让大家自由分组，进行"实战演习"。

因为是初学，老师只让孩子们安装了由电源、电流表、导线、小电灯、电阻器和电压表组成的简单电路。

可是没想到这些孩子七手八脚地组装了10多分钟，好不容易有人说"组装完毕"了，但实验的结果却是小电灯根本不亮。

没办法，老师只好让他们重新组装，可是在一阵烟冒过之后，小电灯就再也不亮了——电阻丝被烧断了。

半节课过去了，一个简单的电路都没能连接好。老师很生气。

为什么会出现如此糟糕的情况呢？就是因为孩子们的动手能力实在太差劲了。

孩子经常动手动脑，做力所能及的事，独立从事一些活动，就能促进他们身体、智力、能力，以及性格、情绪等方面的发展。如果家长过分"关心""保护"，一切包办代替，孩子就会由于缺少锻炼机会而影响他们各方面的发展，造成能力低下、性格怯懦，智力发展也会受到阻碍。

父母心语

手是人重要的感觉器官，让孩子多动手是促进智力发展的重要途径。通过手的活动，可以获取更多的外部信息，这些信息能促使大脑积极活动，促进孩子的大脑发育，使孩子心灵手巧。

第三章 课内立规，课外筑梦，学习游戏得双赢

培养孩子实践能力的具体方案

要有效培养孩子的动手能力，父母应该根据儿童身心发展规律，有计划、有针对性地进行引导和教育。以下几点建议，也许能帮助您给孩子们上好这一门必修课。

1. 积极为孩子创设肢体学习的家庭环境

我们生活和工作的环境从身体上和心理上影响着我们的发展。大多数人都十分注意家庭环境的布置，他们在居所环境、内外墙壁的颜色、家具、照片安置、每个房间的艺术品、室内空间及花园的装修和设计等方面费尽心思。实际上，这样的考虑同样也应该用在家庭里，但家庭环境的设计却常常为人们所忽视。

事实上，当我们把家庭进行了精心的安排或设计以后，这个环境及其所包含的内容将对学习过程产生十分重大的积极影响。实际上，家庭的功能是"一个积极的、立体的课本或教学工具，而不是一个装满零散东西的被动空间"。

家庭可以被家长转变成一个富有思想的、热情的，而又遵循设计计划的促进学习的环境。家长应该在家庭里建立几个具有特定功能的"区域"或彼此分离的空间，这些区域在视觉上和功能上都是各不相同的。通过把家庭重新设计为特定的区域，使孩子们能舒展他们的身体，为他们提供随意移动和活动的环境。

合适的话，可以建立学习中心或学习站。为了使家庭富有审美意味，可以用地毯、孩子艺术作品、好的艺术印刷品或植物等来装饰房间，以创造一个舒适的富有情境的氛围。强化家庭教育的复制的艺术品、海报、照片或标语等可以从视觉上加以展示。传统的嗡嗡响的、一闪一闪的照明灯可以换成全光谱照明灯。如果条件允许的话，家长和孩子可以考虑将桌椅放在工作区

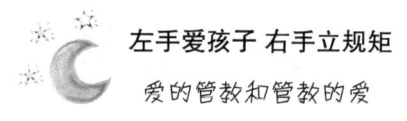

内。如果可能，家长还应该准备诸如画架、大纸垫、座板、记号笔、颜料、铅笔、纸、建筑块等学习材料。

贮藏区：贮藏系统可以包括个别椅子、箱子和彩色的塑料托盘等，以此来充当"家庭橱柜"。需要让孩子清楚地认识并遵循维持家庭环境的责任规则。

展示区：为了避免视觉负担过重，可以在固定的空间里装饰一些艺术品、警世名言和照片。通过使用艺术品的悬挂技巧和阴影空间，以及展示墙或隔板甚至可以达到博物馆那样的水准。

图书区：家庭参考资料、文学作品、打字机和计算机也可以安放在这个区域。这里经常是一个适合个别活动的地方。

放松区：许多孩子喜欢的客厅氛围。在放松区，孩子们可以阅读、懒散地坐着、玩安静的游戏、参与小组讨论或创作戏剧。这一区域对于那些喜欢在地板上或长沙发上展开身体看书的孩子们来说是非常合适的。

运动区：可以划分出一个单独的空间来表演角色游戏、小戏剧，或者是进行热身、放松练习。在运动区，家具应该容易搬动，以适应小组活动或集体活动的不同需要。家长们或许还需要反思家庭现存的交往模式，想想孩子如何从一个地方移动到另一个地方。如果家长能够对孩子的运动进行有目的的计划，那么家庭里的运动效果会更好。

从以上的这些区域设计可以看出，对家庭环境的精心设计能够更好地适应家长及孩子的身体、学业和心理需要。教育者可能需要对他们的家庭进行适宜的设计，通过有意识地预先规划孩子课桌的排列，将家庭空间变为健康的、人性化的和令人激动的学习场所。实际上，如果给孩子们自己提供这样的机会，他们通常非常乐意成为设计师，进而创设出符合自己需要的学习环境。

2. 让孩子参与戏剧表演

戏剧给孩子提供了许多真正的学习机会，它也是一种把学习内容引入生活的有效方式。通过戏剧来进行学习对任何年级的孩子来说都是非常有价值的，尤其在中学里，更是这样。

实际操作中，无论孩子是在观众面前表演正规戏剧，还是参与非演出性的戏剧游戏，结果都会促进他们的学习。

在参与正规戏剧中，阅读剧本、扮演角色、记忆故事情节和动作、制作戏服和道具、排练音乐和舞蹈、最后在邀请的观众前表演等，都会为孩子们带来乐于记忆的经验，增强他们的自信心，并促进他们的心理平衡，进而使学习持续他们的一生。

通过排练和表演，孩子们重要的认知技能得到了发展，学会了与他人合作以实现共同的目标等。

3. 角色游戏

角色游戏使家长和孩子可以自由地根据要学习的主题创作戏剧。角色游戏的过程比结果更为重要。几乎任何学科领域都可以被转变成角色游戏，包括数学应用题、科学过程、演讲言辞或历史事件。

对不熟悉这一过程的家长们来说，在准备角色游戏时有三个主要步骤：计划、排练和演出以及评估。以下提供的指导原则可以帮助家长完成准备工作。

第一步：计划。

（1）为了给孩子准备一个角色游戏，家长首先要确定好教育目标，这是首要条件，并给孩子规定要获得的学习效果。

（2）目标确定后，家长或孩子概述角色游戏，并对情形、问题或基本事项进行识别。

（3）接下来，家长应该为选定的演员发展角色和剧情。

（4）家长应确定，演员们是要记忆已有的台词还是自己编写脚本。

（5）家长对需要的准备时间做出规定。

（6）如果角色游戏中有孩子观众，家长应向观众解释他们的作用及其适宜的行为，同时明确说明，观众应该听什么和看什么。

（7）家长要安排好适宜的物质环境。

（8）维护好必要的资源，如设备、戏服或舞台道具。

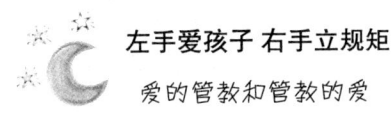

第二步：排练和演出。

一旦设计好剧情，清楚了目标和内容，孩子们就应该开始准备排练。需要有充分的时间来做准备。家长应该提醒所有不参加演出的孩子对演出给予支持和建设性的评价。

当排练完成后，家长应确定演出的时间、日期和地点，并询问演员们是否邀请外来人员观看。如果没有，家长就应该尊重他们的要求，只给家人表演。

有时候，如果演出过程中演员情绪低落或双方互动不当，家长可以介入。在这样的情况下，家长可以就发生的事情做出一个简短反应，然后允许他们重新开始调整后的角色游戏或者另外进行排练。

第三步：评估。

演出结束后，家长应该让孩子讲述他们的体验。讲述的问题可以是学习内容、表演技巧、对自己表演的反思以及观众的反应，并且孩子观众可以提出哪些地方做得好、哪些地方可以再改进。家长在评估中可以选择一个角色，也可以不选择角色仅泛泛而谈。

几乎针对任何科目，家长都可以很容易地设计角色游戏。孩子们可以饰演涉及偏见及受其影响的人们，可以饰演攻破医学难关后举行新闻发布会的科学家，也可以饰演一个在减法重组方面有学习困难的儿童，并与协助者共同解释该过程。生活中的不同角色以及他们对环境的依赖都可以用角色游戏表演，就像有各种社会问题或行为问题的个体一样。并且，他们可以把当前的事件和历史事件都演出来。

4. 模仿

模仿也是一项有效的学习工具，因为，它使孩子置身于一个他们将来必须面对的真实世界的环境或情形中。只要家长手头有适宜的内容，模仿很容易开展，以下是家长们可以使用的一些例子。

参观一个饭店，孩子可以在这里用外语点菜。

用一节课时间，让孩子体验一段重要历史时期的"生活"，如文艺复兴、忆苦思甜等。

在学校、医疗或环境危机等问题上进行决策。

如何设计模仿学习呢？

家长自编的模仿或商业性的模仿都可以用来教授不同的学科内容。以下的步骤概述了家长如何设计模仿过程的一些方面。

（1）像角色游戏一样，首先要确定学习目标。

（2）接下来，认识模仿规则以便能记住真实生活情景中的内在约束。

（3）搜集和组织模仿所需要的一切资源或材料。

（4）提前决定模仿的逻辑顺序，安排工作空间和分配时间。

（5）规划一个讨论或写作会议，让孩子报告他们已经完成的模仿经验。

无论是正式剧院、角色游戏、创意戏剧还是模仿，为避免家庭混乱，计划都是必不可少的。创作自由必须建立在明确的设计与计划指导框架中。家长使用剧院策略的主要目的是鼓励孩子把他们所学的知识演示出来。对一些孩子来说，这将是他们真正吸收和理解学习内容的方式。同时，对大多数人来说，这也是他们进行记忆的好方法。

父母心语

从孩子学会独立行走的那天起，做父母的就要有意识地鼓励孩子去做自己能做的事。培养孩子的动手能力十分重要，也并不困难。广大家长要从孩子小时候抓起。

玩是孩子不可忽视的权利

家长是孩子生活和学习的监督者和管理者。殊不知，放下架子，挤出时间，与孩子一同做游戏，更能密切亲子关系，使你能做个了解孩子内心世界的好家长。

作为独生子女的这一代孩子太缺少玩伴，缺少与人的沟通和交流。放学后，孩子们就被校车送回各自的家中，一个人在屋里看动画片，摆弄玩具娃娃。而家长对孩子有的却是各种各样的期望和要求，很少了解他们的真实心理和想法。

"爸爸妈妈要是能多陪我一起玩当然好了，我一个人闷死了，连找人说话都找不着。""暑假他们能多和我在一起就好了！"

心理学研究证实，儿童与父母早年形成的亲子关系，是其今后与他人建立人际关系的基础。如果儿童在幼年期不能与父母形成亲密和谐的关系，那么孩子长大后就很难与他人建立融洽的关系，人格发展的障碍和社会适应困难就难以幸免。这样的孩子在青少年时期就可能表现出缺乏安全感、自卑、苛求自己和他人、对人缺少信任感、被动、退缩、依赖等人格特点，更是抑郁症、恐惧症和强迫症等心理障碍的高危人群。

心理专家呼吁，父母应该利用寒假、暑假时间，多与孩子共同进行一些亲子活动和游戏，与孩子之间创造一种朋友式的氛围，建立起"温暖理解型"的亲子关系。

很多家庭都有这样的情形：家长看到孩子在学习，就满心欢喜，仿佛读书的不是孩子而是他自己；如果看到孩子在玩，心里就不舒服，总要给孩子加点学习任务，孩子半个小时做完了作业，想出去玩，家长说不行，你再做10道数学题。不一会儿，孩子又做完了，家长说再加1篇文章，结果孩子一整天都在做作业。久而久之，孩子就会觉得，父母说话不算话，即使早做完了也仍然不能玩，还会被多加作业量，不如慢慢做，于是就会养成拖拉磨蹭的学习习惯。

其实，玩是孩子的特点和天性，天天关在屋子里学习会让他感觉憋闷、压抑，旺盛的精力得不到宣泄。在低年级的时候，孩子对父母依赖性强，还不敢反抗父母，他就只能通过边做作业边玩来表达自己的不满。随着年龄的增加，父母的威信逐渐降低，孩子为了躲避作业，就会偷偷溜出去玩，而且玩起来特别疯，仿佛要把前面耽搁下来的玩耍时间在这次全部补偿回来一样。

学习不是搬砖头，不是说时间长了，就能多搬几块的。家长这种做法，一是反映出家长自身缺乏"效率"观念，以为通过延长学习时间，就能让孩子学到知识，谁知延长了孩子的学习时间，却降低了学习效率，导致孩子养成拖拉的不良习惯。二是说明家长不尊重孩子，没把孩子当成一个独立的个体，头脑中还残留着"你是我的孩子就该听我安排"的观念，还是一副家长制作风。对此，联合国《儿童权利公约》有明确规定："儿童有权享有休息和闲暇从事与儿童年龄相宜的游戏和娱乐活动，以及自由参加文化生活和艺术生活。"

玩，对于孩子的成长，就像维生素一样必不可少，是孩子最喜欢的活动，是适合孩子人格健全发展的活动。我们随处可以发现，孩子在玩时都很投入、很快乐。虽然是在玩，但却像认真地做事。由此可见，休息、闲暇、活动对孩子多么重要。而玩，正是孩子们休息闲暇时间里一项主要活动，玩也是儿童的一种不可忽视的权利。

玩是孩子的特点和天性。孩子一生下来，就开始通过玩来了解世界。玩不仅有助于拓展孩子们的想象力和创造力，还可以培养他们坚强的毅力和互助精神，增加他们与人交往的机会，以及学会理解他人、控制自己的本领。作为父母，千万不要以学习为名泯灭了孩子好玩的天性。作家老舍先生特别珍视儿童的天真，认为这是天下最可贵的，万万不可扼杀之。他有一句名言："哲人的智慧，加上孩子的天真，或者就能成个好作家了。"可见，孩子的天真，在他眼里是何等重要，何等神圣！

父母心语

玩，正是孩子们休息闲暇时间里一项主要活动，玩也是儿童的一种不可忽视的权利。

"贪玩"的孩子智慧多

一位母亲苦恼地对老师说："我的儿子上小学二年级，特别贪玩，口袋

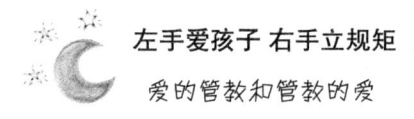

里经常放一些像奇形怪状的石头、废弃的小齿轮等破烂玩意,让他看书学习他没兴趣,可在路上碰到配钥匙、修自行车的,他却在一旁看得津津有味,久久不愿离去。我真怕这样下去会影响孩子的兴趣和学习。"

相信这位母亲的烦恼,很多家长都会碰到,而且,苦恼的程度可能并不比她少。对于这种类型的孩子,我们应该怎么办呢?先来看一则故事:

一位老师有一次在给学生上课时,出了一道智力测验题,题目的内容大致是在屋子顶端隔一定的距离系上两根绳子,并提供少量的工具如钳子、螺丝刀、凳子等,要求学生想办法把两根绳子系起来。这个智力测试题难倒了班上的许多孩子,但却有一个孩子在1分钟之内给出了正确的答案。他的答案就是把绳子的一端系上钳子,然后摆动它,接着再去拿另一端绳子,等系有钳子的那根绳子摆过来时再抓住它,最后将两根绳子系上即可。老师很惊奇地问他是怎么想出来的,这个学生回答说,自己小时候就玩过这种游戏,只是绳子上系的是石头而不是钳子。这就是从游戏中玩出来的智力!

好玩是孩子的天性。孩子与大人不同,他对自然界的人和事物都充满好奇,都想探索,玩就是一种探索。孩子玩的时候需要动手、动脚、动嘴和动脑,需要眼看、耳听、鼻嗅,碰到问题还需要动脑筋想一些解决的办法。集体玩的时候,如果发生纠纷,还需要协商解决,如几个孩子在沙堆里"造桥挖河建房",一会儿大声争辩,一会儿认真协商,俨然一个建筑工程队,这就发展了孩子解决问题及人际协调的能力。这些素质,恰恰是孩子成长过程中不可或缺的。

淘气、调皮的孩子总是贪玩,他们不停地摆弄着各种各样的物品、玩具,从许多相近似的物品中形成自己的判断和概括。他们喜欢玩"逮猫猫"捉迷藏的游戏,认真观察排除假象寻找目标,养成细致的思维习惯。他们会将一根竹竿当骏马、火箭、飞机、机关枪,把眼前子虚乌有的东西想象得活灵活现。他们玩耍时激动、舒畅、愉快的情绪,会激发和调动大脑神经的高度活动能力。所以,贪玩的孩子一般会表现出较多的智慧。

因此,父母应充分利用孩子的玩性,让他走出教室、走出围墙,接触活生生的环境,培养他的动手能力,给他以最直接、可操作的环境,满足他自

第三章 课内立规,课外筑梦,学习游戏得双赢

己动手的欲望,不断积累生活经验,从而加深他对环境中各种事物的理解和掌握,让他在社会实践和周围环境中,去体验和感受这个世界的真善美,使各方面素质得到全面的发展。

教育专家们还认为,环境越丰富,玩耍得越充分,大脑的发育就越好。玩有助于孩子的智力发展,包括许多其他非智力因素。玩耍满足了孩子诸多的欲望,同时也激发了他的求知欲、好奇心和探索精神。和同伴们一起玩耍,可以完善孩子的个性、锻炼他的交往能力。善于玩游戏的孩子一般都有许多优点,如聪明、伶俐、乐观、愉快、朝气蓬勃、有幽默感、乐于与人交往、富于幻想,等等。

一位教育学家说得好:"只有纵情发展孩子们的天性,才能培养出大胆创新、勇敢质疑的头脑。如果一心一意要培养顺从听话的'乖'宝宝,就不要梦想培育出智慧如天马行空的优秀人才。"

父母应把发现孩子的天赋和兴趣,当作发现新大陆似地积极对待,因为在孩子还没有形成自己的人生观和价值观之前,天赋和兴趣绝对是激励孩子进取的动力。

与孩子玩耍的过程中,父母应注意观察,及时发现孩子的天赋和兴趣爱好,并不断给予他支持和鼓励。如果孩子善于背诵较长的诗句篇章,说明他有文学天赋;孩子听到音乐时就翩翩起舞或小声哼唱,说明他有音乐和舞蹈天赋;孩子玩玩具时,能自动按颜色、大小等分类,说明他有逻辑、智能天赋;孩子在玩耍中喜欢异想天开,说明他有良好的观察力和想象力……

达·芬奇的父亲是一名律师,名叫比埃罗。小时候,他的家里还比较富裕。母亲是一位贫苦的农妇。达·芬奇出生后不久,父母离婚,母亲离开了他,他是在父亲的抚育下成长起来的。

儿童时代的达·芬奇,喜欢大自然的景色,经常攀登悬崖,对画画很有兴趣。有时,他独自一人坐在草丛中,用心地观看五彩缤纷的花草树木,饶有兴趣地描绘着那些花瓣和树叶的形状。他喜欢钻山洞,进去探索里边的秘密。他每次从山洞走出来时,身上弄得脏兮兮的,总要捉几个小动物带回家仔细地观看,并且按照小动物的样子进行描绘。开始画得有些四不像,但是,

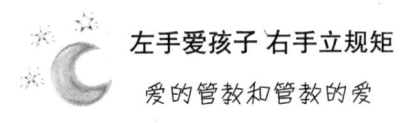

时间久了,他画的那些东西渐渐有了画意,镇上的人们都称他是小画家。

父亲看到达·芬奇的画,有蛇、蝙蝠、蝴蝶、蚱蜢,还有一些叫不出名字来的小东西。不仅数量多,而且结构合理、形象逼真。比埃罗高兴极了,心想孩子是不是真的有画画的天分,他鼓励孩子在玩中寻找自己的兴趣,决心支持孩子去学习艺术,把孩子培养成为一名画家。

为了使孩子取得名师的指导,他同儿子一起来到了佛罗伦萨。罗基奥是当地一位颇有名气的画家和雕刻家。比埃罗带着儿子找到了罗基奥,向他说明了来意,并将达·芬奇的简单情况作了一番介绍。罗基奥看达·芬奇既有画画的才能,又有学画的决心,就答应收下这个小徒弟。达·芬奇高兴极了。从此,他在画家罗基奥的具体指导下,通过勤学苦练,终于成为举世闻名的画家。他的绘画把科学知识和艺术想象有机地结合在一起,使当时绘画的表现水平发展到了一个新的阶段。

玩是孩子智慧的开始和情感发育的地方,也是孩子发现自我的桥梁。达·芬奇就是在玩中发现自己的兴趣所在。孩子在玩的过程中,会发现许多有趣的科学现象、自然规律,并从中得到愉悦和体验成长的快乐。父母可以指导孩子玩电脑、搞小发明、小制作、养小动物等等,将玩与学很好地结合起来,让孩子在玩耍中达到触类旁通、提高技能、开发智慧和提升气质的目的,以及培养细心、耐心、善良、富于同情心等优良品格。

父母心语

玩成了孩子学习的一种方式,孩子在玩的过程中锻炼了肢体、发展了动作、促进了记忆、开发了智力、培养了情绪、认识了世界。

第四章

天才在左教育在右,让孩子的潜能自由驰骋

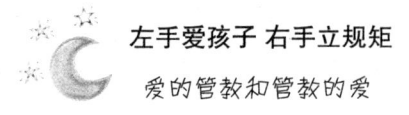

世上没有不聪明的孩子

每个孩子都是独一无二的,并且都能以他们自己独特的方式对人类文化作出有价值的贡献。

儿子还没有生下来之前,老威特就坚信爱尔维修的这一句名言,他常常向别人宣讲这一道理。他认为,每个孩子都可能成为天才。

如何造就更多的天才呢?在老威特看来,培养天才应该从教育开始。

威特的父亲是抱着每个孩子都是天才的信念开始对威特进行教育的。用他自己的话来说,这种教育是与孩子的所谓智力曙光同时开始的。他想,要使孩子的禀赋发挥出八九成,必须这样做。

要造就天才,就应该让孩子的兴趣和热情自然发展。凡是仔细观察过孩子的人都会发觉,幼儿极易对事物产生兴趣和热情。也就是说,幼儿天然就具有对某些方面或某一方面的强烈热情,他们一旦对某一方面或者某些事情入了迷,他会以惊人的勤奋和毅力去从事。一旦他步入这一轨道,就会遵循雷马克所说的"使用就会发达"的规律,使其能力得到惊人的发展。实际上,天才就是这样产生的。

天下的父母除了要认识到爱护和激发孩子的兴趣十分重要外,而且还必须明白孩子越大就越难以具备强烈的兴趣和热情。

这是因为,在孩子的成长过程中,他们的兴趣的幼芽可能会一再遭到践踏,这样,他们年龄越大,兴趣和热情被践踏得越厉害。因此,实施早期教育的必要性就在于此。孩子越大,不仅在性格上越难具有对事物的兴趣和热情,而且他们的潜在能力、天赋得以发挥的余地也会越小。早期教育则恰恰可以弥补这一欠缺。

每一个孩子都具备独特的潜能,只要方法得当、教育及时,孩子都可以具备适应这个社会的多种才能。那么,才能到底意味着什么呢?许多人认为,

第四章 天才在左教育在右，让孩子的潜能自由驰骋

有才能就是在学校里学习优秀、考试得高分。还有很多人认为，有才能意味着能做某些事情，例如：读书读得好，快速解答数学题；能列举许多事实；了解有关计算机的一切等。

那么，孩子是怎么想的呢？

下面是家长会感到惊奇的一个事实：有才能不仅是学习优良、考试得高分和能记忆许多具体事项。事实上，还有很多显示孩子的才能的方式——通过艺术、音乐、体育、认识自然、感情以及怎样与人相处等等。

专家学者经常用IQ测试来辨识人们的才能高低，很多人认为IQ测试是度量人才能的最好方法。然而，IQ测试绝非完美，它们不能预测孩子长大之后会干什么，或孩子一生能取得何等成就。IQ测试通常把注意力集中于语言文字或数学才能，而忽略了其他重要事项，例如音乐、艺术、自然界和处理社会问题的能力。

那么，孩子以什么方式表现他们的聪明才智？

是否有一些孩子能够创作出精美的视觉艺术作品？是否还有一些孩子具有运动天赋能轻松而优雅地完成一些复杂的身体动作？一些孩子可能擅长弹奏乐器以至于能够拨动人们的心弦；一些孩子可能对数学的精确度激动不已；一些孩子可能对自然界有特别的理解，而另一些孩子则可能热爱写作，并且已经体验到了看到自己的故事或诗歌出版时的兴奋心情；一些孩子可能是天生的领导者，能够成为同学们学习的榜样并能为同学们提供值得信赖的指导；还有一些孩子在追求重要的人生目标时，对于他们自己以及他们所追求的目标可能具有敏锐的洞察力。在以上所提到的孩子中，谁最聪明？这个问题很难回答，因为上述这些范例代表了具有不同智力强项的孩子。

为孩子提供最好的教育，是每个父母的最大愿望，是每个孩子的最大需求，也是社会教育体系的最大目标。然而，什么样的教育才是最好的呢？

有这样两个现象：一种现象是，学校里智商很高、学习成绩很突出的孩子，经过十几年的发展，很多人在个人价值及社会价值的体现上并不一定很成功。另一种现象是，当初在学校里智商很低、成绩一般甚至是比较差的孩子，经过十几年的发展，事业上非常成功的却不乏其人。

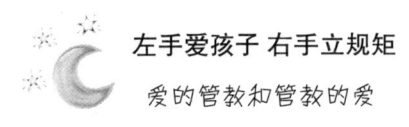

世界上没有不聪明的孩子，只要家长和老师学会以正确方法教育引导他们，孩子都能够在他适合他发展的领域取得突出的成就。

因为IQ测试受到一定的限制，不能测试人们经常表现并使用的各种才能，人们表现所具有的才能的方式不止一种，而是许多种。只有及时应用对于孩子和成年人如何学习的研究成果，才能更好地发现人们似乎以多种方式学习并表现自己的才能。

加德纳曾提出了多元智力理论，并在这一理论中强调了他关于人类认知具有跨文化特色的观点。智力就是所有人都在使用的代码，并且部分地受到个体所处文化的影响。智力是个体毕生用于学习、解决问题和进行创造的工具。

显然，所有的智力都可以用于表现创造力。然而，多数人在某一特定的领域内具有创造性，却并非在所有的领域内都具有创造性。例如，尽管爱因斯坦具有数学和科学天赋，但他在语言、动觉和人际关系方面却未能展示出同样的天赋。多数人似乎只在某一种或两种智力领域表现杰出。

这样的例子很多，一些在测试中并未获得高分或根本没有测试的人，却在其他许多方面非常聪明能干。这可能包括在绘画、爬山、商业交易、探索自然或发明机器等方面的例子。当然，孩子也可以在IQ测试中获得高分而仍然擅长这些事情；但是，测试结果不可能显示孩子擅长的每件事情。

人类具备的智能主要包括以下几种。

1. 语言文字才能（语言智能）

孩子喜欢语言文字以及它们在阅读、写作和谈话方面的应用。孩子可能喜欢有关文字的游戏、外语、讲故事、拼写、写作或阅读。

言语—语言智力：包括用语词思维、用语言表达及洞察复杂内涵的能力。作家、诗人、记者、演讲家、新闻广播员都展现出高水平的语言智力。

2. 音乐才能（音乐智能）

孩子欣赏声音中的音乐、韵律、旋律和模式。孩子能分辨音调和音高。孩子可能欣赏各种不同的音乐，喜欢参加类似唱歌、弹奏乐器、听CD或音乐会之类的活动。

音乐-节奏智力：该智力在那些对音调、旋律、节奏和音色具有敏感性的人身上表现显著。那些能够表现出较高音乐智力的人包括作曲家、指挥家、音乐家、音乐评论家、乐器制造者及对音乐敏感的听众。

3. 逻辑思维才能（逻辑-数学智能）

孩子喜欢做计算，理解数字和数学概念，喜欢寻找模式，对于科学感兴趣。孩子可能喜欢解谜、出谜、解难题、计算机、编创自己的密码或做科学实验。

逻辑-数理智力：是指计算、量化、思考命题和假设及进行复杂的数学运算的能力。科学家、会计师、工程师、计算机程序设计员都显示了较强的逻辑-数理智力。

4. 图形才能（空间智能）

孩子喜欢观察周围世界、寻找其中有趣的图形。也许孩子能在头脑中想象各种事物，也许孩子还能通过艺术、设计、照相、建筑或发明把孩子所看到的和孩子所想象的显示给别人。

视觉-空间智力：是指人们以三维的方式进行思维的能力，如航海家、飞行员、雕刻家、画家和建筑师都具有较强的视觉-空间智力。空间智力使人们能够感知外部的和内部的形象，能够再造、转换或改变表象，能够使自己和物体驰骋于一定的空间，并且能够形成和解译图形信息。

5. 身体协调才能（身体-动觉智能）

孩子身材优美，运动自如，会利用身体来学习新的技能，或利用身体来表达自己的各种情绪。也许孩子善于运动，或者善于艺术舞蹈或艺术表演；也许孩子对做手工更感兴趣，喜欢参加手工艺、制作模型或修理器具的活动。

6. 人际交往才能（人际关系智能）

人际交往智力：是指能够有效地理解他人并有效地与他人交往的能力。这种智力在成功的家长、社会工作者、演员或政治家身上表现明显。正如西方文化开始认识到心智和身体之间的联系一样，西方文化也已经开始重视人际交往的重要性。

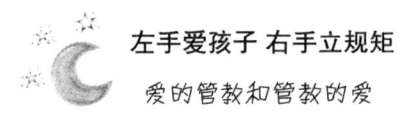

7. 自我认识才能（内心智能）

孩子了解、理解自己的感情、自己的擅长以及有待改进的领域。孩子对自己的了解经常比别人对孩子的了解更准确。很可能孩子还记日记、为将来作计划、反省过去或设置目标。

自知自省智力：是指人们建构准确的自我感知以及应用这种知识规划和指导自己生活的能力。神学家、心理学家和哲学家是具有较强的自知自省智力的典范。

8. 自然才能（自然主义智能）

孩子善于观察，喜欢分辨植物、动物或岩石并为之分类（如果孩子生活在城市，孩子会把其他如激光唱盘、同学的穿着之类的事物分类）。也许孩子喜欢户外活动，对花园、照顾宠物、烹调或生态事业感兴趣。

自然观察智力：包括观察自然界中的各种形态，对物体进行识别和分类以及认识自然系统和人造系统的能力。熟练的自然观察者包括农民、植物学家、猎人、生态学家和园艺设计家。

父母心语

每个孩子都是独一无二的，并且都能以他们自己独特的方式对人类文化做出有价值的贡献。

具体分析孩子具有的不同才能

在考察本节提出的策略之前，家长首先要评价一下自己运用每一种智力对孩子进行教育的情况。要想成功地生活和工作，每个人都需要依靠一种或多种智力。遗传、环境和文化都会影响我们的智力偏好。作为家长，我们教育孩子的方法可能依靠一种或多种智力，注意到这一点也很有趣，家长使用哪种或哪些种智力进行教学的倾向可能是由我们的个人偏好决定的。

第四章 天才在左教育在右，让孩子的潜能自由驰骋

下面是一份多种能力清单：言语-语言智力、逻辑-数理智力、身体-动觉智力、视觉-空间智力、音乐-节奏智力、人际交往智力、自知自省智力、自然观察智力，它能够帮助各位家长确认孩子的优势智力是什么，该清单以发展的模式组织起来，范围从某种智力表现的新手水平到创造者水平。你可以根据这几类智力形式判断你的孩子具有哪方面的特长，例如，一些孩子可能由于是熟练的演讲家而在言语-语言智力方面具有天赋，而另一些孩子则可能具有写作特长。当你为孩子策划发展每种智力时，你可能想要知道，你的孩子拥有哪些天分。按上述方法考察八种智力，直到你获得了关于孩子的认知特征的全面印象。

所以，家长要想真正让自己的孩子成才，首先要学会反思：孩子在日常生活与职业生活中所使用的智力是否存在差异？是否还有其他可以发展的智力？在孩提时代以及成人时代如何培养智力的优势领域？你将如何着手发展你所感兴趣的其他智力？你能建立一个时间表吗？你觉察到你的孩子有哪些智力？你认为一般而言，哪种智力在家长身上得到了高度的发展？对这些问题的反思可能会加深你对自己独特能力的认识，并且将你对孩子的赏识扩展到在多种领域内具有天赋的孩子身上。

对家长而言，不仅辨认心理、身体系统的智力很重要，而且认识到创设积极的学习和生活环境也很重要。新的关于"分布式认知"的研究表明，智力超越了个体，且能通过个人与他人的交往，通过书籍以及用于思考、学习和解决问题的工具，如笔、纸、笔记本、日记、计算器和电脑等获得提高。

请花一点时间来反思你的教育理念。环境是如何表现它的"聪明"的？孩子在配对、小组和学校中是否有充分的与其他同学相互交往的机会？是否有足够的形式多样的资料，包括书籍、杂志、商业性出版物、布告栏、艺术作品、海报、电脑、资料库、网络等？在日常生活中，你可以找到一些建议用于创设能够促进八种智力发展的环境。

一些著名的神经心理学家已经发现了学习和经验能够导致大脑发生结构性和功能性变化——这一变化可能更好，也可能更糟。置身于积极的、具有教育性的、富含刺激和交往的环境中，让孩子可以在生活中不断发展和提高

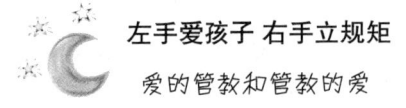

自己的心理能力。

作为一名家长，在教育自己的孩子时，以下几点需要注意。

1.所有的才能都是不同的，但它们也是同等重要的

没有哪种智能比另一种更重要。

2.不管孩子在某种智能方面的能力怎样，都能培养、开拓和发展这种智能

无论孩子是在拼写方面有困难，还是孩子的写作才能突出，孩子都能继续改善自己的语言文字才能。这只是一个例子，但孩子能懂得其中的道理。

3.孩子可能了解自己的长处，但这并不意味着孩子局限于这一种智能

也许孩子具有身体协调才能——祝贺孩子！——但不要仅仅因为阅读利用的是另一种才能（语言文字才能），而让身体协调才能阻碍孩子享受阅读的乐趣。

4.每种才能也有各种表现方式

例如孩子具有语言文字才能，孩子可能发现自己是个杰出的演说家，但写作却不怎么样。又比如在身体协调才能方面，孩子可能发现自己足球不很行，但却是游泳高手。下一些工夫，孩子能发展自己的强项，改善自己的弱点。

5.几乎做每件事情都需要多种才能共同起作用

例如，孩子也许认为绘画只是图形才能。不！绘画也要运用身体协调才能以熟练掌握各种画笔技术，需要观察自然才能以发展孩子观察细节的能力，甚至需要自我认识才能获得绘画的灵感。大部分活动都依靠好几种才能，不只是最显著的那一种。所以，正如绘画需要的不止是图形才能一样，通常做任何事情都需要不止一种才能——不管是表演、写作、打球，还是给计算机编程序。

6.多种智能对于各种文化、各个年龄段都有效

所以不管孩子是谁，孩子在哪里——不管孩子的年龄和背景——孩子都以某种形式具有所有这些智能。能否尽量发展自己的每种才能就取决于孩子自己。

实际上，生活中到处都能看到多元智能正在起作用。孩子可以从拥有美丽花园的邻居身上看到自然才能和图形才能；孩子可以从记日记的兄弟身上看到语言文字才能，从喜爱唱歌的母亲身上看到音乐才能；孩子可以向擅长逻辑思维的学校老师学习数学，或者从擅长人际关系才能的老师那里学习社会科学；孩子可能会有会变魔术的身体协调的朋友，或已开始自己事业的擅长内省的朋友；孩子也可以从每天接送孩子上学的身体协调的公交车司机以及擅长与人打交道的杂货店店员身上看到不同的智能。不管孩子转向哪里（家里、教室或公众场所），孩子都能看到不同的智能在起作用。

父母心语

对家长而言，不仅辨认心理、身体系统的智力很重要，而且认识到创设积极的学习和生活环境也很重要。

根据孩子不同的特点采取个性化教育

从根本上说，有一种教育形式与科学的智力教育理论背道而驰，那就是统一化学校。不幸的是，综观人类历史，可供选择的学校教育一直是这个统一化学校的模式，因此我们有必要了解一下它的优势以及根本缺陷。

统一化学校教育的本质是相信我们应该以同样的方式对待每一个人：以同样的方式学习同样的科目，并用同样的方式进行评估。乍一看，这似乎很公平：没有哪个孩子享受特别的优待。然而，稍一思考，我们就会发现统一化学校在实质上的不平等。统一化学校的前提假设是所有人都是一样的，因此要以同样的方式平等和公正地对待每一个孩子。但是，很明显我们每个人都不一样，孩子有着不同的个性和气质。最重要的是，孩子具有不同的智力结构。

作为一名家长，你面临一个严酷的选择：忽视孩子的这些差异或承认它们。有时候人们忽视了这些差异是因为茫然不知；有时人们忽视它们不是因为家长对这些差异感到心灰意冷，就是因为他们相信孩子接受更相似的教育后就更有可能成为集体中的一员。但这些教育者忽视这些差异的行为本身就是不公平的——他们在学校中主要培养语言、逻辑智力（这或许最能体现在法学教授的智力中）。

在一定程度上说，如果孩子和家长共同享有对语言和逻辑智力的关注，那么孩子会做得很棒，同时认为自己很聪明；但如果孩子拥有完全不同的智力特征，他很可能感到自己愚不可及——至少在学校中情况是如此。

有什么替代性方案吗？一种可能就是个别化教育——一种认真对待孩子个体差异性的教育，这种教育在尽可能的范围内精心设计教育实践以平等地服务于拥有各种不同智力特征的学生。因为个别化教育不是上面所讨论的那种教育目标，因此个别化教育能很好地服务于不同的教育目标：传统课程或实验课程，有广度或深度的教育，寻求发展博雅敏感性的教育，倾向于职业教育或公民意识的教育等。其中一个关键要素就是要保证了解每个孩子的智力特征，这就意味着要了解每个孩子的背景、强项、兴趣、偏好、渴望、经验和目标，不是套用原型或价值预设，而是把教育决策建立在孩子智力特征最近发展状况的基础上。

我们没有必要直接从这个目标跳到正式的智力评估上。好的家长，无论他们有什么样的教育哲学，都是在努力了解自己的孩子。这些家长很少使用正式的评估工具来认识孩子的个人特征；他们观察、反思，与孩子及他们周围的人交谈。就像很多专家所指出的那样，科学的智力理论之所以有用是因为它是一个优秀的最初组织者。如果你想很好地了解孩子，用一套描述孩子强项和弱项的分类列表是很有用的，但要记住此处的提醒——不能贴标签。

了解孩子的智力只是第一步。接下来更为关键的是要根据这些信息来确定教法和评估。你可以在自己控制的范围内设计一些能尊重孩子特定的智力特征的主题、方法、硬件、软件和评估的方法。但个别化教育也与必修的标准课程有一些相通之处，也许每个人都应该学习他们国家的历史、代数和几何原理，学习主导生物和非生物世界的基本法则，但一些普遍性知识的学习并不意味着每个人必须以同样的方式进行学习,以同样的方式进行评估。

科学的智力教育理论鼓励家长和孩子选择课程、决定课程内容如何进行或传递,决定证明孩子如何获得知识运用想象力。有些时候,所有孩子学习不同的课程或进行不同的评估;另外一些时候,部分孩子用同一种方式学习和评估,而另外的孩子(或者即使是一个孩子)用适合他的方式来进行学习和评估。这些实践在一些活动——个人艺术或体育训练、孩子指导以及那些针对学习困难或身体残疾孩子的"特殊教育"中是惯常的做法,即对不同的孩子区别对待。这些孩子在掌握一门学科如阅读或数学时明显有困难,因为他们不能用学校中提供的"统一化的"学习方式进行学习。过去唯一的选择就是放弃,家长认为孩子不可教或是改用其他方式进行教育。但我们现在所提倡的是,家长需要调动孩子被忽略的智力,以便孩子能进行有效的学习,能以对他们来说有意义的方式证明这种学习的效果。

即使那些赞成个别化教育的人也对它能否应用在更广的范围上表示怀疑。他们说,这个设想或许是对的,但它只能提供给那些有钱人的孩子或符合政府资助的特殊方案的人。很难想象在一个有30个孩子或更多孩子的教室里进行个别化教育的场景,而且不是所有人都像大人所喜欢的那样温顺或好学,但进行个别化教育也不是不可能的。其中有以下这些可以采取的可能策略:

尽可能多地收集关于某个孩子如何学习以及他如何与老师、同伴分享知识的事实。孩子随着年龄的增长,可以提供更多的信息,并对自己进行反思。

有的父母一旦听说真有几种方法来教大多数课题和科目,便渴望取得适用于家庭的材料,使得孩子的学习压力上升。家长们再也不会说:"我教得很好,但她不会学。"相反,用多元智力理论将激发所有参与教育的人都去发现适合每个孩子学习的方法,在设计未来工作时所得到的结果将会五花八门。

我们不应该忽视在一些国家统一化教学的确取得了显著成效。在一些效

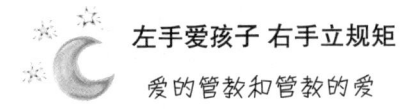

果最好的国家，如我国，使用统一化教学方式，有时候与貌似更进步的西方社会的那些教育方法相比，所获得的成效更令人瞩目。事实上有一些教育方法可能比我们对它们的认识更具有个别化意味。想想在日本这样的一个国家，在那里早期教育是用来发展孩子的社会理解力和与他人一起工作的能力。在学校里很多工作都在集体中完成，因此学校鼓励孩子互相帮助和尊重别人的学习方式。然而，最重要的是还有辅助学校的机构——课外补习班。恰恰是因为在一些国家，学校在社会化方面的作用是如此重要，以至于社会也要确保认知方面的学习不被忽视。因此在日本，许多孩子去上课外补习班，在这里课程的学习是根据个人需要而进行的。几乎每个孩子都至少有一个导师——父母中的一个，大多数情况下是母亲。由于导师只有一个目标——让孩子为重大考试做准备——这种教育就在必要时成为个别化教育了。

父母心语

孩子的个性与特长如同人的长相一样，各有侧重和不同，如果家长以自己为标准，强迫孩子去做他并不擅长的事，只能是事与愿违。

"天才孩子"的智力应当这样开发

为了更好地开发孩子的智力，挖掘孩子的深在潜力，称职的父母必须学会运用适当的智力开发的教育方法，培养、开发自己的孩子，使他们成为真正的人才。

1. 父母要善于运用诱导法开发孩子的兴趣和智力

所谓诱导法就是在孩子没有戒备心理的状态下，父母为孩子设置一个经过努力可以达到的奋斗目标，并借用某种间接的方式对孩子的心理和行为产生影响，从而使孩子按照一定的要求去行动的方法。运用诱导法要有一个好

第四章 天才在左教育在右，让孩子的潜能自由驰骋

的时机，对开发孩子的智力能起到一个有效的作用。父母们在教育孩子的时候都有这样的体会：如果孩子觉察到你在说服或改变他的思想和行为时，往往会在心理上竖起一道屏障，出现逆反的心理，当他和你存在情绪障碍时，直接的教育方式常会使他进行抵制，出现抵触情绪而达不到预期的教育效果。这时，诱导法不失为一种良好的家教方式。父母在运用诱导法开发孩子智力时，要注意以下几点。

（1）设置的奋斗目标一定要适中可行。父母在家庭教育中可给孩子设置一个具体的奋斗目标，设置的一个高目标，孩子经过努力达不到，就会失去兴趣和信心；而如果设置的目标太低，不用花费多大努力，轻易就可达到，也起不到诱导的目的。只要这些奋斗目标适中可行，是孩子经过努力可达到的，那么，他就会有"成功的喜悦和满足"，这种喜悦和满足会进一步产生"自我激励"的心理状态，从而乐意去接受父母提出的下一个奋斗目标。另外设置"目标"的内容不必一开始就是学习方面的，可以是改正缺点、培养习惯、学做家务、掌握技艺等方面的。待孩子有了成功的体验之后，再在学习方面提出奋斗目标，这样做就容易为孩子接受。

（2）巧用多种诱导方式。父母在诱导孩子时，要注意巧用多种诱导方式。一种是语言诱导，即通过含蓄、间接的语言，向孩子传递你的思想，促使他按你的意图行事。二是行为诱导，当孩子做作业时，父母在一边安静地看书读报，比监督他学习效果更好。这就通过自己或家人的行为潜移默化地影响孩子、教育孩子。在许多时候行为诱导比语言诱导更为有效。三是环境诱导，即通过环境间接地让孩子接受你的思想或改变他的行为。古时"孟母三迁"就是孟母慎选住址、巧用环境诱导教育孟子自幼热爱读书的典型例子。父母也可人为地设计环境来达到诱导的作用，如在书桌前贴上与学习密切相关的名言警句等。

（3）多一点表扬和鼓励，避免不当批评引起的消极诱导。孩子都是这样，听到表扬的话，做事的意愿会大大提高，尤其是受到自己所信赖的人，如受到父母的褒奖，孩子会更加用功努力。一般人都会有这样一种心理，受到褒奖会觉得愉快，也更能发挥自己的能力。因此，父母要给孩子多一点表

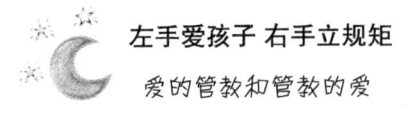

扬和鼓励。如果孩子取得了好成绩，父母应适度地表示自己的欣喜："嗯，真不错！好好努力一定会更好。"一句鼓励的话会产生一颗上进的心。如果孩子一时学习碰到了困难或成绩暂时不理想时，父母就责备孩子"你怎么这样笨！"，或者袒护孩子"我家孩子学习很聪明，就是马虎"。父母这种有意或是无意地评价自己的孩子，孩子总是把这些评价看成是某种提示，并产生消极诱导的教育效果。父母应该鼓励孩子："失败是成功之母，好好用功，一定能成功！"这表示了父母对孩子的信心，也是他从幼稚走向成熟的催化剂。

2. 引导孩子参加实践活动，能满足孩子的好奇心和求知欲

在实践中培养动手能力，帮助孩子找到自己动手成功的兴奋点，使孩子能在实践中增长知识。这样多次实践，一次又一次的成功，会增强孩子追求知识的兴趣和自信心。兴趣是求知的老师，是发展智力非常重要的内动力，自信心是获得成功的必要条件。运用"实践法"时应该注意以下几点：

（1）父母必须提高自身的文化素质。父母是孩子的第一任老师（启蒙老师），当"老师"的只有具备新的知识、有广阔的知识面，才能肩负起教育孩子的职责，解答孩子提出的各种问题，帮助孩子解决在实践中遇到的种种困难。

（2）不断激发孩子的求知欲，促进孩子好奇心的发展。父母要耐心地解答孩子对事物好奇所产生的许许多多的问题，这也表明孩子在动脑、在思考，家长帮助孩子解开了谜底，使孩子的求知欲和好奇心得到满足，这有利于智力开发。

（3）鼓励孩子大胆实践。父母应该充当辅导老师的角色。父母在孩子动手实践过程中碰到困难时，适当地给予指导，帮助孩子获得成功。当孩子出于好奇拆坏了某物时，父母切不可采取打骂等方法教训孩子，这会挫伤孩子的好奇心，打击孩子的求知欲。

只有在实践中学习知识才能学得主动，学得生动，学得扎实，智力就是在社会实践活动中发展起来的。手脑并用既能发展智力，又能培养能力，这种方法值得推广。

3. 善于运用思维方法开发智力

比如，引导孩子去接触大自然、认识大自然，启发孩子热爱生物，告诉他们自然界中生物的形态千差万别，结构复杂、精巧。如有些海洋动物体内存在一种天然"海水淡化器"，能调节体内盐分的平衡。如果让孩子了解这些，这样就会使孩子产生丰富的想象力，对生物产生极大的兴趣。

观察需要思维，边看边想，才能观察得更深刻。观察力称为智力的门户，所以父母要重视培养孩子敏锐的观察力。告诉孩子，鲁班能够发明"锯"，就是由于他能细心观察。小草划破皮肤，许多人可能都碰到过，但没有思考其中的原理，而鲁班不仅看，还要探究其中的道理。锯的发明，正是在对平常事物的观察与思维中得到启示的。在不断的启发教育过程中，培养孩子勇于探索，引发孩子的参与意识，从小培养他们严谨的科学态度。

围绕一个课题进行发散思维，参与者相互启发，填补知识空隙，引起创造性设想的连锁反应，以产生众多的设想。然后，采用综合集体创造力的一种方法即风暴法。它要求参与者都像突击队员那样，勇敢地向共同的目标前进。此法运用于家教中，就是让孩子对知识有更全面的、深刻的了解，父母为孩子设想一个知识课题，然后围绕课题让孩子作发散性思维，父母共同参与，给孩子以补充、引导。

4. 善于运用数学游戏法开发孩子的智力

在家庭早期教育中，父母可以根据孩子的年龄特点设计游戏。父母在跟自己的孩子做游戏之前，首先根据孩子的知识水平不同设计一下游戏的形式、内容。对于孩子来说，太难或太简单的游戏都唤不起他们的兴趣。在孩子较小的时候，父母可以和他们做"猜猜这是什么形状""谁大谁小"的游戏，让他们初步认识物体的形状、大小。稍大一些，你就可以通过做游戏让他们认识"1～10"的数字。再大一些，你就可以和孩子玩扑克牌，比较数字大小……当然，每个孩子的智能、接受能力不同，父母可以根据自己孩子的特点，设计出适合他们的游戏，让孩子在娱乐中促进他们的智能发展。

此外，父母经常用"对！你是怎样想出来的？""好，再想想还有别的方法吗？""真聪明！能说说这是为什么吗？"等具有积极意义的话语在孩

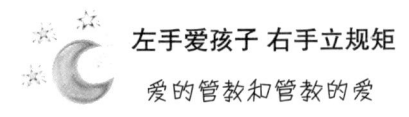

子学习过程中去鼓励他们,就能启发孩子进行创造性探索和尽展其潜能。

总之,在游戏活动中,只要父母做有心人,就能让孩子的智力得到开发。

父母心语

称职的父母必须学会运用适当的智力开发的教育方法,培养、开发自己的孩子,使他们成为真正的人才。

教孩子学会审美

苏杭是我国著名的作家,是一个懂得生活、享受生活的人。她认为美好的人生应该是有品位的,她以自己坚强的毅力完成了对女儿的教育,即便在她生病卧床期间也不忘记让孩子过有质量、有品位的生活。

一次,苏杭花10元钱买了5千克毛衣厂的下脚料。她把五颜六色的线头一截截接好,给孩子织了十来件衣、裙、裤和背心,利用颜色俱全的特点,精心设计出富有儿童情趣的款式和图案。其中有一件毛衣构图新颖奇特,下摆织成红色线加白色线的"砖墙",胸前露出半张顽皮三毛的脸,左右两只胖乎乎的小手正扒在墙头,好像在寻找着什么。仔细一看,袖子上还有一只小乌龟:小乌龟是先用绿色线头缠好缝上去的,活动的头和尾别有一番情趣。她女儿穿上这件衣服,平添了几分聪颖、活泼。幼儿园的小朋友围着她,摸摸小乌龟,揪揪三毛的头发,羡慕极了。在别人的羡慕中她女儿感到满足和骄傲。

织那件毛衣的时候,苏杭那时因病坐不住,躺着织很艰难,致使胳膊肘流血结痂,但她以母亲深挚的爱,像春风化雨般地润泽着女儿健康的而有品位的生活。另外,她还认为一个有品位的人是需要懂得审美的,因此她总是在培养着女儿的审美情趣。

第四章 天才在左教育在右，让孩子的潜能自由驰骋

在苏杭看来，现在这个充满物质诱惑的社会中，母亲的责任是引导孩子拥有一种富有个性的审美观，不让孩子盲目追求不属于自己的美。她知道爱美是女孩的天性，但很多女孩并不能分清真正的美丑，觉得流行、时髦就是美。甚至认为美就是擦口红、涂指甲油、涂香水、上课照镜子，手上、脚上常更换手链、脚链等。

对于美，苏杭的女儿也存在着这样那样的错误认知，遇到这种情况，苏杭耐心地对女儿进行引导，并且对女儿进行审美教育，让她拥有正确的审美观。

审美是在远离功利的基础上追求的一种愉悦心态。前苏联著名教育家苏霍姆林斯基说得很明确："美育的最重要的任务是通过周围世界的美、人的关系的美而看到精神的高尚、善良和诚挚，并在此基础上确立自己的美的品质。"蔡元培先生曾说："美育，便是使人类能在音乐、雕刻、图画、文学里又找到他们遗失了的情感。"著名美学家朱光潜先生也认为，"美感教育是一种情感教育""美感教育的功用在怡情养性""美是一个自我的循环"。

由此可见，在培养孩子审美观的过程中，孩子们最大的收获不是更好地感知和理解何为美，而是在美的享受中接受教育，在不知不觉中陶冶了性情，培养了情操，学会了以开阔的胸襟、从容的姿态面对人生。

孩子的审美教育应该如何展开呢？教育专家给家长们的建议可以从以下几个方面进行：

首先，抓住审美教育的敏感期。蒙台梭利认为，自然赋予正在发育成长中的生命特有的力量。一个"人"或其他有知觉的生命个体在生命的发展过程中，会对外在环境的某些刺激产生特别敏锐的感受力，以至影响其心智的动作或生理反应，而出现特殊的好恶或感受，这种力量的强弱，我们称之为"敏感力"。蒙台梭利所称的"敏感期"是指这样的一段时期，当敏感力产生时，孩子在内心会有一股无法抑制的动力，驱使孩子对他所感兴趣的特定事物产生尝试或学习的狂热，直到满足需求或敏感力减弱，这股力量才会消失。她认为0~6岁的孩子处于感官敏感期。孩子从出生起，就会借着听觉、视觉、味觉、触觉等感官来熟悉环境，了解事物。

如果孩子房间的色彩很单调，就很难满足他对感觉的需求。这个时候家

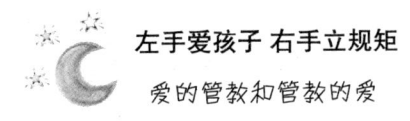

长可以注意房间雕刻品和装饰画的布置,并给孩子添置颜色鲜艳的玩具,发展孩子的色彩感觉。也可以在家里经常播放一些世界知名的音乐曲目等。

其次,注意培养孩子审美的兴趣。等孩子稍微长大一些时,我们可以选择绘画、音乐等方面优秀的作品给孩子欣赏。这个时期的孩子不知道什么是审美,但他们对美好的事物有一种天生的敏感和好奇,如果我们再把作品和故事结合起来,比如,可以讲一些作者的经历和故事,这样孩子就会对作品以及作者产生浓厚的兴趣,我们的美育也就慢慢开始了。

最后,鼓励孩子展开想象。想象力丰富的人,对于同一问题能够从不同的角度发挥自己的想象力,从多方面去思考。一个缺乏丰富想象力的人,他的思想是贫乏、平淡无奇的,往往只能从单一的方面去展开想象,也只能唤起极少的表象。由此可见,没有想象力的人,他的审美能力又能强到哪里去呢?要培养孩子的想象力,我们可以和他们一起看看天花板的污渍或云朵的形状,在各自脑海中描绘出它的形象,然后彼此交换,做过几次后,就会出现效果。也可以鼓励孩子在公共汽车车厢看见某杂志周刊的广告,或是看了某本书的题目,便想象其中的内容,然后与实际的内容作比较;还可以要求孩子以琐碎的小事和资料为基础,创造出一个故事等。

父母心语

在培养孩子审美观的过程中,孩子们最大的收获不是更好地感知和理解何为美,而是在美的享受中接受教育,在不知不觉中陶冶了性情,培养了情操,学会了以开阔的胸襟、从容的姿态面对人生。

培养有艺术气质的孩子

美的生活需要艺术,艺术不仅能激发心灵、调动情绪,它还能丰富人的灵魂,使人建立起一种对美的信仰和追求。有艺术修养的人,气宇轩昂、谈

第四章 天才在左教育在右，让孩子的潜能自由驰骋

吐不凡，更容易赢得别人的敬重，这也是艺术带给人生的一种财富。拥有艺术气质的人在交际中更容易受到欢迎。

深谙交际技巧的人可以很快认识朋友，但要赢得尊重和好感，还需要有自己的见地和特长。一个人日常生活的感触琐碎细小，终日谈论生活是非，终归显得没有风度。而一个思想上站得更高的人，见地往往不同凡响，能赢得听众发自心底的赞叹。那么什么可以让人的灵魂站在更高的境界？答案是艺术。

提到艺术，很多人认为它代表古典音乐、美术、雕塑、舞蹈等具体的学科，因而做父母的以为将孩子送到艺术学校，学一门才艺就算是跨进艺术的门槛了，这其实是对"艺术"一词的片面理解。我们没有必要去用学术的观点讨论艺术的定义，通俗地说，艺术是抒发、传递、调动思想情感的手段。

按照这样的定义，每一个人都是艺术家，每个人的日常生活都可以成为一门艺术。只要是发自内心的真情实感，普通人的只言片语也可以是至理名言，就像创作钢琴曲《少女的祈祷》的那个姑娘，很多人已不记得她的名字（巴达捷斯卡），她将自己对生活的热爱流露在琴键上，成就了今天的世界名曲。艺术并不是专属于大师的，它属于每一个人，因而也就没有必要盲目地崇拜。

父母能有这样的认识，就可以成为生活的艺术家，还能将孩子带上艺术的道路，让他们过上有质量的生活。有的父母对艺术很精通，在对孩子的熏陶上就占有得天独厚的优势。"白宫玫瑰"赖斯的母亲就是一位这样的妈妈。

赖斯作为美国历史上第一位女黑人国务卿，她身上有太多值得一说的地方。她兴趣广泛、头脑灵活、性格坚强。在政客当中，她属于从不大喊大叫的人，但只要她放慢语速、握紧拳头，所有的男人们也不得不变得安静。她就像是美国政坛的一朵黑玫瑰，散发着神秘的魅力。特别是她身上的艺术气质让很多人折服。

赖斯有一个幸福的家庭，她的父亲曾任丹佛大学副校长，母亲是小学音乐教师，因为母亲是一位钢琴教师，赖斯很早就跟着母亲学习音乐，她的名字"Condoleezza"就是音乐术语中"甜蜜的"意思。到4岁时，她已经掌握了一些曲子，开了第一个家庭独奏会。

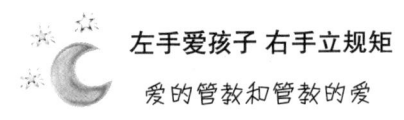
左手爱孩子 右手立规矩
爱的管教和管教的爱

赖斯一直梦想成为职业钢琴家,她非常刻苦地练习钢琴,在16岁那年,她进入父亲所在的丹佛大学拉蒙特音乐学院学习钢琴演奏。她梦想着将来有一天可以到卡内基音乐厅这样的音乐圣殿中独奏。然而,在大学学习的一个暑假,她的音乐梦想被现实打碎了。

那年夏天,她参加了一个著名的音乐节,也遇到了有生以来最残酷的竞争。"那些11岁的孩子们只看一眼,就能演奏我要练一年才能弹好的曲子。当时我想,我不可能有在卡内基大厅演奏的那一天了。"

尽管音乐梦想破碎了,但赖斯没有完全放弃钢琴,这也得益于她的母亲。当她想要放弃钢琴的时候,父母唯一一次干预了她的决定。母亲说:"你还没有弹得好到能够自己做出这种决定的时候。等你长得够大了,弹得够好了,你可以放弃,可现在不行。"

直到现在,赖斯还非常感谢母亲的建议。因为现在她随便想弹什么曲子,都可以得心应手。在政坛上的赖斯在她熟悉的领域占有绝对的发言权,在生活中的她以她从小养成的艺术气质赢得了人们羡慕的眼光。她的母亲把她带向了一条光明的道路。

在羡慕赖斯母亲的同时,很多父母都会考虑:我没有赖斯妈妈的才气和艺术细胞,怎样会能有一个具有艺术气质的孩子呢?其实,艺术气质除了父母和家人的熏陶和影响外,重要的途径之一就是对孩子的艺术修养进行必要的引导。

父母在孩子的生活中处处留下了痕迹,即便是孩子对艺术的理解也不例外。能够对艺术有敏锐感知的孩子,心灵往往也敏锐纯洁。说到底,还是要求父母自己有涵养。如果父母的言语和动作都粗俗不堪,又常常在孩子面前谈论是非、吵架骂人,给孩子留下的就会是一副市井小人的形象,那么一方面孩子会模仿父母而成为一个缺少教养的人,另一方面孩子的心灵也会被父母的大意而损伤,这样的孩子面对青山绿水、天高云淡的美景也会无动于衷。

与孩子一起学习名著、排演戏剧、朗读诗文是很好的接触艺术的方式,做孩子的听众,让他在家里演奏乐器,就像开自己的演奏会一样,这是培养孩子艺术气质的最好方式,也是让孩子的心灵得到爱的最好方式。

父母心语

父母在孩子的生活中处处留下了痕迹,即便是孩子对艺术的理解也不例外。能够对艺术有敏锐的感知的孩子,心灵往往也敏锐纯洁。

和孩子一起迈进艺术殿堂

亨利·摩尔是英国著名的雕塑家,是20世纪全球最具影响力的雕塑家之一。2000年10月,他有12件雕塑作品在北京北海公园湖边展出。

10月的北海公园,柳树依旧婀娜多姿,秋风袭来,撩起人们无尽的情怀。几只小船在波光粼粼的湖面上荡漾,勾起人们无边的思绪和遐想,仿佛跟着船一起在动、在漂;只有那对面岿然不动的白塔,才让人们明白身在何处。漫步在北海湖边,伴着柳枝、伴着鸟鸣、伴着湖水、伴着亨利·摩尔的雕塑,人们仿佛走在人间仙境,仿佛步入艺术殿堂,领略着艺术和自然风光的和谐美。

"妈妈!"是儿子那甜甜的声音把妈妈拉到现实中来。儿子和几十个小朋友,用画笔、心和手去勾画亨利·摩尔雕塑的"母与子坐像"。儿子的画接近尾声时,有一位报社记者想拍儿子的画和雕塑,儿子欣然同意了。

儿子画完了一张之后,已是中午。她想带儿子去饭店吃饭,儿子不同意:"不吃,要继续画第二张'母与子卧像'。画完了画,四点钟还要到老师家上打击乐课。"

她被儿子的执著深深地感动了,于是给儿子买来了香肠、炸鸡腿、糯玉米。儿子按时完成了第二张作业。在此期间,她沿着湖边,一路小跑把亨利·摩尔的其他10件雕塑都摄入了相机里。儿子看着累得狼狈不堪、汗流满面的妈妈,拍拍妈妈的肩膀,说了声:"妈妈,辛苦了!"

跟孩子在一起的时候,她常常被孩子那种毅力和精神所感动,还有那独特的艺术氛围,仿佛自己也置身于艺术世界。她以前不知道亨利·摩尔的名

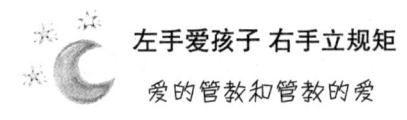

字,更不了解他的作品。今天是因为陪儿子,她才认识了他,结识了他的作品,知道了他的作品是从人体结构以及自然物体,诸如石头和骨骼中吸取了灵感。这些作品是一位极富创造力的艺术家、一位伟大的人文主义者对表现形式本身所进行的毕生探索和颂扬。

回到家里,她看着儿子的素描,依稀感到艺术的魅力、艺术的感染力。

被称为"钢琴诗人"的肖邦,父母都是音乐爱好者。肖邦从小就受到双亲的影响,对音乐特别感兴趣。刚开始的时候,父母并不想让肖邦去学音乐。但是,当他们看到小肖邦一旦听不到音乐就会哭,刚满4岁就要姐姐教他钢琴时,父母就意识到这孩子有音乐的天赋。

因此,在肖邦4岁的时候,父母就让他正式从师学习钢琴。得到了父母的支持,小肖邦学得很快,也很投入,从而成为了一名音乐神童。在19岁的时候,肖邦就创作了《钢琴协奏曲》而一鸣惊人。

如果说每一个做父母的都能像肖邦的父母那样,能够迅速及时地捕捉住孩子的天赋,顺势引导,就能为孩子的成才打开通道。

在培养孩子艺术才能的过程中,父母的作用十分重要,关键在于理解与尊重孩子,站在孩子的立场上来发现、启发、引导、挖掘孩子的艺术潜能,不要埋怨自己的孩子不如别人,也不要自暴自弃。作为父母,应该从自己身上的不足之处寻找教育的责任,多为孩子创造接近艺术、投身艺术的机会和氛围。

艺术潜能也是特殊才能,特殊才能不等于天才,后天的环境与后天的教育起着重要的决定作用。家长应该做些什么呢?

1. 尽量为孩子创造机会

对孩子的教育忽冷忽热,要求水准忽高忽低,没有细微的教育方案,没有长远的打算,便不能使孩子的艺术才能得到明显提高。

应该抓住机会,不失时机地给予孩子科学的指导。孩子1岁时就可以握笔"涂鸦"了,将笔和纸交给孩子,特别是把颜色鲜艳的笔交给孩子,不仅使孩子画画的要求得到满足,也能刺激孩子视觉的发育,使手指、胳膊得到锻炼。假如此时父母看到孩子因画画而撕破了纸,笔也扔到地上便训斥孩子,就会在孩子稚嫩的心灵时种下笔和纸不可随便乱动的种子,那么,这个孩子长到可以不撕纸的年龄时,已经不喜欢这种最普通的文化用品了。

2. 关心孩子的各种兴趣

孩子对事物感兴趣时,也是最有指导效果的时候,错过这一时机,将给孩子带来莫大缺憾。

在儿童期,大脑细胞需要多种刺激,从而为具备多种功能做准备。兴趣的变化不是坏事,它是人自身才能增加的表现。当孩子想知道事物的名称或者想叫父母给他们念书讲故事时,父母以"真讨厌""我很忙"的态度予以拒绝,与一个个地解答孩子提出的问题以满足孩子的要求相比,其结果迥然不同。

3. 让孩子自发地对艺术产生兴趣

父母想培养孩子某个方面的艺术才能,不要过于性急,急于训练孩子会打乱孩子兴趣爱好的临界期,使孩子永远地失去发展某种能力的可能。父母急于求成的结果使孩子逃避超负荷的训练,因为繁重的、强迫的刺激将使孩子产生厌恶情绪。

4. 让孩子体会到进步的乐趣

切勿嘲笑孩子的努力。在培养孩子的"艺术细胞"时,随时保护孩子的积极性,对孩子哪怕是一点微小的进步,也要给予高度赞赏,即使孩子提出大人不屑一顾的问题,父母也要表示关心,承认孩子付出的努力。

父母心语

艺术潜能也是特殊才能,特殊才能不等于天才,后天的环境与后天的教育起着重要的决定作用。

尊重和培养孩子的兴趣

小刚的家里管他很严,从小就强迫他学钢琴、背唐诗。刚开始,他还有兴趣,可是父亲的要求太严厉了,弹错一个音符、背错一个字,都要受惩

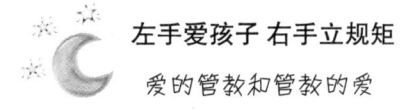

罚，这让他越来越怕，只要是学习，无论学什么，他的心里都怕得要命。家里一来客人，爸爸就让他表演弹琴背诗，他觉得自己就像是马戏团里的动物，每天受苦受累，只是为了表演给客人看，让客人取乐，让爸爸有面子。从很小的时候，他就恨死了来家里的那些客人，因为他们只喜欢看自己装出来的听话样，他们和爸爸妈妈一样，从来就不在乎自己的真实想法。

上中学后，小刚在报纸上看到一个故事，说有一个小孩，因为妈妈逼她学钢琴，就用锥子扎自己的手。他觉得，那把锥子扎进了自己的心里，自己和那个小女孩一样，都是太苦命了，还不如街头那些要饭的小孩。他对学校的课程一点兴趣都没有，只是习惯了接受训练，脑子里已经习惯性地认为，人活着就必须要受苦，每一门课都是一个折磨人的魔鬼。

他的父母丝毫也没有注意到他的情绪变化。实际上，他们什么时候都没有在乎过小刚的情绪，只知道每天早上六点半叫他起床，晚上监督他写作业，就像警察看管犯人一样，只要作业或考试时做错了题，家里就一定会有惩罚，或者是免除1个月的零花钱，或者是没收3天的自行车钥匙。

有一次压力太大了，小刚实在受不了，对父母大喊——再逼我，会逼出人命来的！从那以后，成绩就越来越差，他是彻底不想学了，还经常离家出走，一走就是好几天。爸爸再怎么打他也不在乎，反正已经打麻木了。老师再怎么劝，他也不好好学了，还经常扰乱课堂秩序。最后，他被学校劝退，连中学也没有念完。

上面小刚的经历告诉我们，长期强制性的要求、枯燥单调的学习生活、漫无计划、无目标地努力，以及频繁的不满与批评，所有这些使孩子的好奇感与学习热情一点点被侵蚀。

而兴趣是学习的强大动力，有意识地培养孩子的兴趣，让孩子在自发状态下，自觉地完成学习任务，这种积极的表现，是老师和家长都希望看到的。而且，在这种情况下，孩子会对学习压力有相当强的承受能力，甚至一点都不觉得学习是件"苦差事"，而且学习效果好、记忆力也相对加强。从长远来看，对孩子的身心健康也十分有利。

事实上，几乎所有的人都知道，学习要有兴趣，要注意培养孩子的学习

第四章 天才在左教育在右,让孩子的潜能自由驰骋

兴趣。老师在讲,家长在讲,许多书本也在讲;但是,真正领会这一点、运用这一点的家长并不是很多。

当你指责孩子、埋怨孩子、督促孩子学习的时候,你只是想要一个结果。这时的你是一位粗暴的家长,因为您根本不知道孩子的兴趣是什么。

然而,现实生活中,有很多父母都干涉孩子的兴趣,会给孩子带来一定的危害。

一是父母对孩子兴趣的过分干涉会使孩子对自己的爱好产生片面的认识,认为自己没有眼光、没有本事,从而否定自己对事物的判断能力,变得没有自信。

二是父母忽视孩子的兴趣爱好,不听孩子的解释,不从孩子爱好出发去了解孩子真正喜欢和感兴趣的,这样做既不能满足孩子的需要,还会使孩子觉得父母不能理解、尊重他,而产生逆反心理。这对孩子的成长是非常不利的。

我们都说兴趣是最好的老师,有了兴趣孩子就会学得更轻松、更快乐。他们也非常愿意去做自己喜欢的事,而且不知疲倦。如果不去考虑孩子的爱好兴趣,而是强加给孩子父母认为应该学的东西,会使孩子失去发挥自己才能的机会,容易使孩子产生厌烦心理。

三是如果父母忽视孩子的兴趣,强加给他们一些学习任务,就会使他们产生抗拒心理。有些孩子本来对音乐不感兴趣,被家长"逼迫"着每天练琴,结果琴技总是没有提高,于是恨铁不成钢的家长开始斥责甚至打骂孩子,用"你怎么这么笨"等词语责骂刺激孩子,久而久之,孩子便产生逆反心理,有的则变得自卑并产生自闭倾向。

父母对于这一点要认识明确。遗憾的是,有的父母仍然不能认识到这一点。他们多不愿承认孩子尤其是自己的孩子有独特的兴趣与爱好。曾经发生过这么一件事:有个父母强迫坐不住的孩子弹琴,以致孩子只得砸断自己的手指以示反抗。像这样不顾孩子的抗议,父母像催命一样催促着孩子去学自己不喜欢学的东西,都是父母不尊重孩子的兴趣与爱好的表现,其后果可想而知。

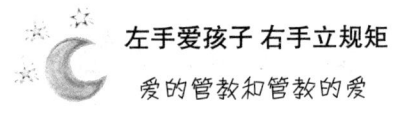

兴趣是一个火苗,这个火苗是大是小,是熄灭了,还是火势更旺,你清楚吗?

大文豪托尔斯泰也很有音乐素养,在学生时代就创作过圆舞曲,并在后来经常演奏。

普希金在诗坛上独领风骚,而他的绘画才能却鲜为人知。他画自画像,为朋友画肖像,也为自己的诗歌画插图。

作曲家博罗金创作了著名的歌剧《伊戈尔大公》,但他还是一名化学家,毕业于彼得堡医药外科学院。

大仲马是著名作家,但是他收集食谱,是一位烹饪迷。大仲马不仅创作了《三个火枪手》,还著有一本《烹饪大全》,该书在当时得到了烹饪界的高度评价。他不仅具备这方面的理论知识,还能烧得一手好菜。

中国的家长首先要认识到,兴趣可以帮助孩子节省大量学习时间,大幅提高学习效率,让孩子用更少的时间,换来更好的名次和更多成功的机会。

其实,有的父母也想尊重孩子的兴趣和爱好,却往往不知道该如何去做。那么,作为父母,可以参考以下几种做法。

1. 善于发现,为孩子创造条件

父母要善于发现孩子的兴趣爱好,并试着引导孩子多在兴趣方面下工夫,尽可能地为孩子创造机会、创造条件,让孩子无忧无虑地在自己喜爱的天地里畅游。这样会激发孩子的最大潜能,从而在某一领域取得突出成就。

那么,父母如何发现孩子的兴趣呢?这就首先需要父母养成仔细观察孩子的习惯,孩子反反复复做的事情往往就是他们感兴趣的;其次父母应该站在一个平等的立场上与孩子沟通,多听听孩子的想法,多问问孩子喜欢做什么,或许父母从孩子天真的回答里可以发现孩子的兴趣所在。

其实,父母应该从小发现、鼓励和培养孩子有一种或几种爱好。这样会使孩子的人生变得丰富多彩,充满乐趣和期待,对人的一生都是有积极作用的。在孩子选择兴趣爱好时,固然需要父母的引导,但绝不可以代替孩子。

2. 尊重孩子的爱好和兴趣

在今天多彩多姿的生活里,人的个性和兴趣得到较充分的发展。所以父

第四章 天才在左教育在右，让孩子的潜能自由驰骋

母要尊重孩子的兴趣爱好。即使孩子的这种兴趣爱好可能与父母的期望有差距，但只要是正当的爱好，就应该尊重孩子。因为孩子在做自己喜欢的事情时，他的创造力和潜力才有可能得到充分的发挥，他的专注、认真、持之以恒的习惯和意志品质也可以得到锻炼，有利于孩子的成长。

3. 培养孩子兴趣，切记不可盲目跟风

现代父母都非常希望自己的孩子能够掌握多种技能，能够有一个美好的前途。但是很多时候父母并没有考虑孩子的兴趣爱好，而是为孩子安排好一切。有时甚至跟风，看到现在流行什么就让孩子学习什么。

孩子就这样在父母的安排下一次又一次地被动接受，孩子的兴趣爱好得不到满足，孩子的特长得不到发挥，导致孩子厌学并把这种情绪发泄到其他学科，这对孩子的成长是非常有害的。

当然，父母对孩子的兴趣爱好也不能听之任之，要给予适当的引导和帮助。如果孩子因为沉浸在某个兴趣爱好中，影响了正常的学习、生活，父母还是应该给一定的干预，教会孩子正确对待两者之间的关系，合理安排时间，但要用孩子可以接受的方式，切不可简单地制止。

父母心语

如果不去考虑孩子的爱好兴趣，而是强加给孩子父母认为应该学的东西，会使孩子失去发挥自己才能的机会，容易使孩子产生厌烦心理。

第五章

让孩子自己立规矩,让孩子自己做决定

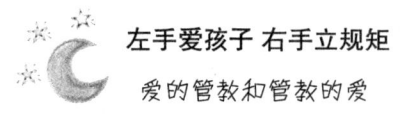

事事包办，让孩子没有自理能力

什么是自立？顾名思义，自立就是自己的事情自己做，不会的事情学着做，而且一定要做好，不依赖别人。我们每个人来到这个世界都要学会自立，因为自立是人在社会上立足之本，所以只有学会自立才能在这个充满竞争的社会上生存下去。

据报载，福州市的李女士坐飞机给在青岛某大学读大一的儿子送了一碗馄饨，因为她接到儿子的电话，儿子在电话里哭着说想家，想吃妈妈亲手包的馄饨，李女士说："听到孩子的哭声我很揪心。"

这正如俗话所形容的：孩子要天上的星星也恨不得给他摘下来。可是，这对孩子的成长和成才有好处吗？这也说明了一部分青少年在父母过分的呵护下，心理素质太差，经不起一点点挫折和失败。我们不能说这些学生一定没有出息，但他们将来走向社会后的抗压能力、接受挑战的能力却值得怀疑。

还有一个故事也能说明这个问题。

美国作家提尔布格·克拉克的一篇小说《钩》，描写了一只雏鹰被父母遗弃后历尽千难万险，终于长成一只骁勇无比的雄鹰的过程。钩是这只鹰的名字，钩还在巢里嗷嗷待哺的时候，发生了严重的旱灾。钩的父母为了养活它，觅食的范围一天比一天大，飞得一天比一天远，最后只得放弃，将它推出了那筑在橡树顶上的巢，双双飞走了。钩还不会飞，不会觅食，只得在草丛里蠕动，吃些蚂蚁、甲虫之类的小动物充饥……

人类社会不是暖巢，那里既有明媚的春光，美好的友情和亲情，也有惊涛骇浪。一个人要能够在社会的海洋里搏击而不至于淹死，必须有强健的体魄和坚强的意志，掌握谋生的技术和本领。为了我们个人的明天也为了我们国家和民族的未来一定要学会自立。

第五章　让孩子自己立规矩，让孩子自己做决定

作为父母，不能一辈子都牵着孩子的手。有些家长总爱包办孩子一切，这样使他们形成对父母的依赖，从而丧失了宝贵的独立意识，为他们将来的发展设下障碍。

在经济发达的国家，许多家庭的父母十分重视从小培养孩子的自理、自立能力。他们从锻炼孩子的独立生活能力出发，对孩子的教养采取放手不放任的做法。放手，就是从孩子生下来，父母就设法给孩子创造自我锻炼的机会和条件，让他们在各种环境中得到充分的锻炼。美国1岁的孩子基本上是自己吃饭，父母将孩子"绑"在椅子上，把食物放在小桌上，让他们自己用小刀叉吃饭，吃得到处都是，脸上沾满了奶油，将饭菜打翻，父母不急也不恼，但父母绝不哄着喂食，这样2岁的孩子就能与家长一块用餐。

在瑞典，孩子出生后很少被父母抱在怀里，在家里一般是放在小床上，出门放在小车上，会走的自己走，哭也不抱，小孩子从不与父母同睡。

在德国，1岁左右的孩子开始学走路，摇摇晃晃地艰难前进，跌倒了爬起来，再跌倒再爬起来，基本上没有赖在地上大哭不止、非要大人扶起来不可的情况。

美国中学生有一句口号"要花钱自己挣"，上大学要靠自己打工挣学费，在美国新罕布什尔州有77%的高中生打工。

相比之下，我国的许多家庭，特别是富裕的独生子女家庭中，父母过度地保护与过多地照顾的教养方式，不利于孩子的自理、自立。父母应该清楚，你不可能跟孩子一辈子，也不可能包办一辈子。从小培养自理自立的能力、坚毅顽强的性格、适应环境的能力，将使孩子受益终身。

寒假结束了，赵强的妈妈终于松了口气，孩子终于开学了！整个寒假，13岁的赵强在家都是懒懒散散的，不是看电视、玩电脑，就是睡懒觉，家里什么活都不干不说，甚至连吃饭都要妈妈把饭端到他面前。

其实，之所以会出现这样的现象，赵强的妈妈也有着不可推卸的责任。因为赵强是家里唯一的孩子，从小时候开始，他妈妈就什么都不让他做，他能做的、不能做的事，都被妈妈包了。赵强长到四五岁，他的爷爷、奶奶、外公、外婆都还轮流着来照看他：吃饭有人喂，衣服有人洗，真是"衣来伸手，饭来张口"。

有时候，赵强看着大人们在做事，也会想要去尝试一下，比如：奶奶在洗衣服，他也想帮奶奶洗袜子；看到妈妈在扫地，他也想去扫一下。可是，赵强的这些举动，常被大人们扼杀在了摇篮里，每次想做都没做成，后来次数多了，赵强也就懒得去做了。到后来，他在写作业时，妈妈扫地扫到了他旁边，他连脚都懒得抬一下；妈妈叫他帮忙拿点东西，即使东西就在自己的身边，他也懒得拿，让妈妈自己来拿。

其实，赵强并不是天生就是个懒孩子，是因为他妈妈从小没有对他的劳动能力进行培养，把一切他能做的事都给代劳了，才使得他妈妈现在是有苦不能言。

许多父母认为，孩子只有学习才是最重要的，为了让孩子能全身心地投入到学习中去，家长几乎包办了孩子生活方面的一切事物。对于这种观点，也有人不敢苟同，父母包办了一切孩子生活自理的问题，事情虽小，却反映出一些家长"重智力轻品德、重成才轻成人"的偏颇的教育思想。这种做法，忽视了孩子独立做事、勤劳勇敢等良好品质的养成，无形中使孩子养成了一些好逸恶劳的不良习气，使孩子丧失了最基本的自理能力。这些，都是父母对成长中孩子的溺爱。

家长的溺爱是孩子缺乏自理能力的重要原因。喜欢溺爱孩子的父母对孩子过分的宠爱使孩子丧失了锻炼自己、自我独立的机会。父母怕累着孩子，在家不让孩子学做家务，就算是孩子自己能做的也都不让干。另外，一些父母忽视了孩子正在逐渐长大，不相信孩子的能力，认为孩子永远都是孩子。孩子上学，怕他在途中让车给撞了，因此，做起了孩子的长期"保镖"；怕孩子在上课时不会削铅笔，于是事先在家里给孩子削好两盒铅笔。还有一些家长，从来不听取孩子的意见，一切都是自己说了算，对孩子穿哪件衣服、吃哪种食品、上哪所学校都有明确的规定。这其实也是一种过分保护孩子的表现。

孩子不能自理或者懒惰的习惯，都是父母给予的！从小培养孩子的劳动意识，不仅是对孩子生活自理能力的锻炼，同时也有助于开启孩子的智力，让孩子的人格更加完善。

第五章 让孩子自己立规矩，让孩子自己做决定

生活自理能力是指孩子在日常生活中自我服务和照料自己生活的一种能力。其主要包括：自己穿脱衣服、鞋袜，整理衣服和收拾床铺，独立吃饭，自己洗脸、洗脚、洗红领巾等。

父母们，不要再束缚在那样的思想中，放手让自己的孩子去做一些力所能及的事，把他们看成是一个独立的个体，培养他们的自理能力才是父母应当考虑的首要问题。下面是几种培养孩子自理能力的方法，可供参考。

1. 正确树立自理观念

孩子之所以自理能力差，往往都是出于父母对子女过分的宠爱。很多父母生怕把孩子累着，大小事物都帮孩子完成了，甚至孩子到了高中，到了大学还是要什么都替孩子做了。家长这样做，其实是在扼杀孩子活动的内驱力，削弱孩子研究外界事物的主动性，使之产生消极、懒惰心理，以及做事没有恒心等一些不良现象。

2. 不要怕孩子"受苦"

家长缺乏对孩子自理能力培养主要表现为两个方面：首先是心疼孩子，怕孩子会"受苦"，怕孩子在做事时碰伤了自己；其次是家长嫌麻烦，曾有家长这样说：去花时间教孩子做事，还不如自己替他全部都做完。显然这位家长的观念有问题，孩子的自理能力与责任心是相连的，如果家长在孩子需要进行自理能力培养的时候，没有采取适当的教育与训练，那么孩子就会缺少这方面的锻炼，导致永远也学不会，无法在自己已经具有的经验上体会对他人的一种责任心。

3. 锻炼孩子的自理能力

家长在训练孩子的自理能力的时候，要从小事上培养，要使孩子在自己力所能及的范围内做到自己的事情自己做。按常理来说，孩子对于新的事物总是会特别的感兴趣，很乐意帮父母以及他人做一些事情。因此，家长要注意从小事上来引导孩子对劳动的兴趣。例如收拾自己的玩具、用具、书包等。

4. 对孩子做的事情给予肯定、鼓励

由于孩子还处在学习的时候，认识水平不高、经验不足，考虑问题不全面，在做事时，难免会发生一些错误。这时，大人就不应该为此而指责孩

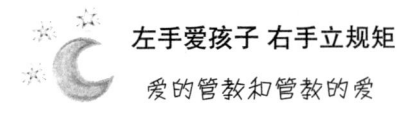

子，更不能去打骂孩子，而应该以宽容的心态去看待孩子做错的地方。对于孩子做对的地方家长应给予表扬，有失误的地方，要想办法帮助他们认识问题，分析和解决问题，以免下次再发生失误。通过这种方法教育孩子，不仅可以锻炼孩子在自理方面的能力，而且还可以增强孩子的自信心，对孩子的身心健康都会有很大的作用。

父母心语

家长的溺爱是孩子缺乏自理能力的重要原因。喜欢溺爱孩子的父母对孩子过分的宠爱使孩子丧失了锻炼自己、自我独立的机会。

让孩子做自己能做的一切

《新民晚报》上曾报道：魏清，一出生就只有一只手，但是他的母亲对他很"严厉"，从小就教孩子学习自己的事情自己做。她常对魏清说："现在学本领，虽然是有点苦但也不算苦；小时候不学，长大后只会依赖他人，那样才叫真苦。"

因此，她对孩子的要求不断提高。有一次，魏清系鞋带，蹲在地上，系了快半个小时，手都提不起来了，但是还没有把鞋带系好。魏清看着妈妈，希望妈妈能帮他系好，可是，妈妈并没有帮他，而是说："坚持、清儿，你要有信心！"

魏清听后，哭了，但最终还是自己把鞋带系好了。

魏清的妈妈，从小就这样严格的要求他。上幼儿园之前，一些自己能做到的事他都学会了。到了上幼儿园的年龄，因为只有一只手的缘故，幼儿园开始不同意接收他，但看到魏清剪纸、捏橡皮泥等精彩的表演，毅然决定破格录取他。

也正是魏清的妈妈坚持从小对他严格要求，使得魏清——一个有缺陷的

第五章 让孩子自己立规矩，让孩子自己做决定

孩子，也能做正常人能做的一切。

随着社会的发展，现在的家居生活大多是采用电气化，家务活也不繁重。孩子衣来伸手、饭来张口的不良习惯就自然而然地养成了，这种不良的习惯，对孩子未来有着深远影响。当然，我们也并不排除还是有一些勤快的孩子，这些孩子懂事明理，知道怎样去体贴关心别人。在一般情况下，孩子的勤快都是由后天培养出来的，因此，家长要在孩子还小的时候就要有这种意识，并付诸行动。

一位母亲在参加孩子学校班会时说：她儿子9岁，因为自己经常会出差，孩子他爸是某公司经理，每天都很晚才回家。在他们不在家时，孩子都能主动学习，主动做饭，把生活安排得井然有序。

原因是孩子上幼儿园时，他们夫妇就要求孩子做一些自己能做的事。试着让孩子早晨起床后自己穿衣服、鞋、袜，自己刷牙、洗脸。1年左右的时间，孩子就已经做得很好了，慢慢地，孩子起床后除了穿衣服等一些事之外，还学会了叠被子；晚上能自己洗澡，并洗得很干净；做完作业也能自己整理书包，甚至还能自己洗一些简单的衣物。有时，父母工作忙，很晚才回家，孩子还会在没有家长的提醒下就主动去把晒在阳台上的衣服收回家。

当然，在孩子事情做得不到位时，父母也要重新再做，但是他的父母从来不会因此而责怪他，反而父母还会夸他做得好，并给予耐心的指导。有一次，他的母亲出差了，很晚才回家，看到了放在沙发干净的衣服，便问儿子，怎么把衣服放在沙发上啊！男孩说："妈妈，我知道你今天从外面办事回来，特意把你的衣服都准备好了。"那一刻，母亲完全被感动了。

如今，许多家长都希望自己的孩子能成为一个文武双全的人，什么都想让孩子学，可是他们却忽视了一个既简单又对孩子有利的环节——让孩子做自己能做的一切。

让孩子做自己能做的一切，让孩子有自理能力。孩子动手做事是使孩子各器官协调配合、身心协调发展的过程，对孩子的健康非常有利。作为父母，如果你真的爱孩子，就要给孩子多创造"想自己做事"的条件，多给孩子有自己做自己的事的机会，不要让你的过度的爱心剥夺了孩子成长的机

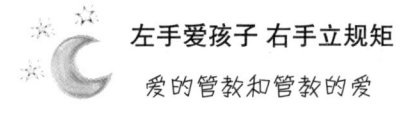

会。有人曾感悟到"做父母难",但是却忽略了做一个有智慧的父母则更不易。其实,要想做个有智慧的父母就要自己不断去学习。掌握一些科学的教孩子的方法,就能由难变易了。

作为父母,想让你的孩子成为一个明事理、具备自己事情自己做的能力的人,可以从下面的几点来培养。

1. 让孩子做些家务

如今的社会是一个竞争的社会,如何让孩子在未来的工作上表现得更优秀甚为重要,而爱动手的好习惯就是奠定孩子一生的基础。孩子动手习惯培养,不是一朝一夕的事,而是需要长时间的训练才会养成的。所以,家长一定要有方式方法。作为家长,你必须清楚在教育孩子时你担当的角色,清楚什么时候用什么方法来培养孩子动手习惯,注意方法的恰当,针对性地培养孩子养成良好习惯。

孩子虽然很小,但是自己还是能做一些事。例如,可以在饭后帮父母收拾碗筷、清理垃圾、洗自己的一些小衣服,作为父母一定要支持孩子去完成,切忌不要替代。

2. 给孩子营造一个他可以发挥能力的环境

看到孩子把饭或水洒得满地、满桌都是,与其去训斥孩子,不如去给孩子换一个小的餐具,那么就会少浪费。另外,如果孩子的父母在家里的洗手池前放一个小凳子,那么父母就不用去替他把一切都准备好,孩子自己就可以刷牙和洗脸了。

3. 培养孩子的动手能力

孩子动手的过程就是做"头脑体操"的过程。因为孩子在做自己的事的过程中,手的动作必须是要在想到怎么做为前提下才能进行的,是孩子观察、思考等能力整体运用的过程;同时,做事时手的动作又会去刺激着脑的运转,从而促使观察、思考等能力得到发展。俗话说"心灵手巧",就是这样。动手做事是孩子健康成长的基础,是让孩子智力得到发展的基础。

4. 让孩子多参加一些社会劳动

通过参加一些社会实践活动,可以增强孩子的劳动意识。例如,参加

第五章 让孩子自己立规矩，让孩子自己做决定

采摘，让孩子亲自去体验"一分耕耘，一分收获"。孩子很乐意参加这样的活动，很容易会对这样的活动产生浓厚兴趣。采摘过程中，孩子虽然会汗流浃背，会感到辛苦，但当他看到自己的劳动成果时，疲惫就会被兴奋轰走。通过这样的劳动，孩子能真正体验到劳动的快乐、艰辛，真正理解"没有付出，就没有收获"的道理，懂得珍惜劳动成果，既增强了孩子的劳动意识，又提高了孩子的责任感和义务感。

还可以让孩子参加集体劳动。作为家长，我们最好培养孩子"集体的事情悄悄做"，让孩子去帮自己的同学或孤寡老人，帮着做擦玻璃、洗衣服、打扫卫生等事情。找事做、主动做、悄悄做，让孩子成为一个关心他人、关心校园、热心服务集体的好孩子。

5.让孩子做一些力所能及的事情

家庭劳动教育是不可忽视的一个环节，大人不能事事代替包办，要想让孩子自己的事情自己做，我们可以给他们安排一些简单、具体的事，在家如洗袜子、洗手绢、整理自己的写字台、书包，准备学习用品，独立完成作业等；在学校里可以按要求让孩子把桌面、桌里都整理好，书包和外套都摆放在固定的位置。我们在教导孩子学习整理方法的同时，每天还要亲自去检查，对一些他们没有做到位的地方及时地提醒、纠正、督促。

针对这些问题，家长和老师既要对孩子进行正面引导，又要教给孩子一些方法与技巧，要边做示范边指导，孩子做对了，还要及时给予鼓励，增加他们的自信心。还要让孩子知道做一名值日生是自己应尽的义务，是一种锻炼，是为集体、为社会、为他人做实事的岗位。

6.鼓励孩子说"让我来"

当孩子表示出"我自己做""我会"的时候，家长切不可以小视孩子，更不能否定孩子。因为，这也是孩子独立意识和自信态度的开始，千万不要"扼杀"孩子的积极性。此时，家长适宜采用一些鼓励和欣喜的话，如"好啊！你来试试看，太好了，我家的孩子太棒了！"家长给予积极的肯定，会在孩子心中起到强化的作用。久而久之，孩子的自信心、独立意识就不会被削弱，当困难来临时，就不会退缩。

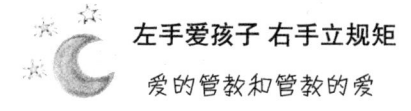

父母心语

从小培养孩子自己的事情自己做的能力，可以激发孩子对家庭、社会的义务感和主人翁意识。孩子在做自己的事、克服困难的过程中，可以从中体会到父母抚养他们的艰辛。希望每位父母都放开手，让孩子学会管理好自己的生活，学会自己的事情自己做。身为父母，孩子想做的事情鼓励孩子去做，孩子不会做的事情教他去做，孩子能做的事情告诫他要坚持做，这样孩子才会成为跟得上社会进步的人。

培养孩子的责任感

不管作为学校、家庭中的一名成员，还是作为社会中的一名成员，孩子都应该在享受权利的同时，承担一定的责任，包括对自己的责任和对他人的责任。

可是，现在的孩子却很少意识到这一点，他们总是一味地索取，而不贡献，其中就包括不知道要对自己负责，缺乏起码的责任感。

责任感就像是孩子办公室的钥匙。我们知道如果办公室没有了钥匙，将会拿不出储存于办公室的一切。而孩子呢，如果缺乏责任感，就取不出储存于身上的能力，结果使自己要做的事情半途而废或者虎头蛇尾。

因此，就像屋子的门必须要有钥匙一样，孩子也必须具有高度的责任感。

镜头一：

老师检查家庭作业，发现有个学生没有带家庭作业本，就问："你的作业呢？"

"忘记带了！"该学生居然理直气壮地回答。

"你收拾书包的时候怎么不记着呢？"

"我的书包向来是妈妈给整理、收拾的，她忘记把作业本放进去了。"

第五章 让孩子自己立规矩，让孩子自己做决定

镜头二：

教室里，有几本作业本掉在地上，不仅没有人捡，还有人在上面踏了几个脚印。老师询问了好几遍，都没有一个人出来承认是自己碰掉的，也没人主动过去捡起来。

以上两个场景的表现，就是孩子们缺乏责任感的典型表现：属于自己分内的事情不做，或者做起事情有始无终；自己犯的错误不敢承认，不敢承担犯错的后果；说过的话，从不兑现。

责任感是人们对自己的言语、行为带来的社会价值进行自我判断、评价后产生的情感与体验。当一个人具有了一些能力时，就必须对相应的事情负责，尤其对于自己分内的事情，更应该责无旁贷。可是，孩子做事却往往重视自己的兴趣、自己的感受，而不太重视事情的可为与不可为。因此，面对孩子责任感的缺失，我们必须加紧弥补。

当务之急，就是对孩子加强责任教育。

有时候，孩子没有责任感，并不是他们不想承担责任，而是他们不明白责任与责任感是什么，承担责任有什么意义。甚至有的家长根本就不让孩子去承担责任。

这样的教育，当然就使得孩子的责任意识不强了。因此，当前最重要的责任感补救方法就是让孩子认识责任，对其加强责任教育。

比如，整理书包、检查作业，是孩子的责任，可是许多家长的责任心却"错位""越位"了，把属于孩子的责任揽到自己身上了。而孩子呢，没有承担责任的体验，自然就没有相应的情感体验了。

所以，补救孩子的责任感，最要紧的是家长告诉孩子什么是责任，什么是孩子的具体责任、怎样承担具体责任以及不承担责任会有什么不良后果。尤其是不承担责任的后果，最为重要。因为如果不承担责任，对于孩子自身没有不良影响的话，他就没有压力与动力，而既然做与不做一个样，那为什么要去做呢？

责任感是孩子成人以后立足于社会、获得家庭幸福与事业成功至关重要的人格、品质。因此，老师和家长应该从小就积极地培养孩子的责任感。那

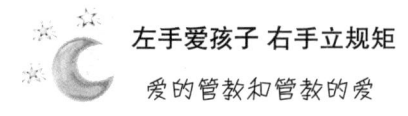

么，我们应该怎样培养孩子的责任感呢？

1. 鼓励孩子做事要有始有终

孩子好奇心强，喜欢什么都摸摸、试试，但是这种想法随意性很强，总是兴致来了，就投入地做，而兴致去了，就不再理会，结果做的事情不是虎头蛇尾就是有头无尾。而要想培养孩子的责任感，就应该让他们把手中的事情尽量完美地做好。即便是鸡毛蒜皮的小事情，都要严格检查、全力督促，并对其结果及时给予适当的评价。这样，就可以培养孩子持之以恒、认真负责的习惯。

2. 鼓励孩子勇于承担责任

犯了错误，由犯错误本人承担责任，本是理所当然的。可是，在现实生活中，却多是孩子犯的错由家长承担责任，而与孩子却无多少关联。比如，孩子在学校损坏了公物，最常见的，就是老师把孩子的父母叫来数落一通，由家长掏钱赔偿了事。而对损坏公物的孩子却顶多是不痛不痒地说几句，而没受到任何实质惩罚。

这样做的后果，当然是孩子的责任感日益缺乏，当然不会主动地承担属于自己的责任。因此家长和老师应该教育孩子犯错以后主动道歉、赔偿损失。

3. 让孩子学会对自己的事情负责

作为家长，不要事事为孩子代劳，而应该有意识地让孩子自己去做他们自己的事情，让他们学会对自己的事情负责。

比如写作业、收拾自己的房间与书包、洗自己换下来的衣服，这都应该是有能力的孩子自己应该做的分内事。

可是，对于这些事情，如果家长都自己做了的话，时间长了，孩子就会错误地以为这是爸爸妈妈的事情，而不是他自己的。这样一来，他们自然不会对自己的事情有什么责任感。

所以，对于孩子自己的事情，家长应该教育他们学着自己做。这样，孩子才会慢慢地学着对自己的行为负责。

4. 让孩子对自己的责任心引以为荣

我们都知道，孩子最喜欢的就是有人称赞、夸奖他。所以，培养孩子的责任感时，我们不妨运用赏识教育。

当孩子无意识地做了自己的事情时，做家长的可以趁机夸奖他，告诉他虽然他做的是自己的事情，但是却说明他已经懂事了，懂得替大人分忧了，等等。

当孩子意识到做自己的事情，还可以得到夸奖时，就会以做好自己的事情为荣，从而把自己的事情做得更多更好，以至于慢慢地形成了习惯，把完成这件事情看成一种责任。

5. 订立"责任合同"

众所周知，合同是只有成年人才可以签订的，而且签订之后，就意味着责任的诞生，就意味着必须完成合同中的义务条款。因此，我们可以利用孩子想"成为大人"的心理，与其签订"责任合同"。

在合同里面，写明孩子应该做的事情、怎样做，或者不该做的事情。当孩子做了应该做的事情，会享受到什么权利，而做得不好，或者做了不应该做的事情，将会受到哪些惩罚或者怎样补救，等等。

同时，家长还要告诉孩子"一言既出，驷马难追"。既然签订了合同，就应该遵守承诺，对合同中的事情负责到底。而在执行中，为了加强孩子的责任意识，家长要严格验收，不能马虎行事。

这样，孩子就会知道一个人是要对自己的行为与承诺负责的。

责任感是孩子将来做人、成才的基础，是看管孩子能力"办公室"的钥匙。因此，老师和家长都有责任把责任感的培养渗透于学校教育与家庭教育中，教会孩子对自己负责、对家庭负责、对他人负责、对集体与国家负责，从而使孩子确立高度的责任感。

父母心语

责任感就像是孩子办公室的钥匙。我们知道如果办公室没有了钥匙，将会拿不出储存于办公室的一切。而孩子呢，如果缺乏责任感，就取不出储存于身上的能力，结果使自己要做的事情半途而废或者虎头蛇尾。

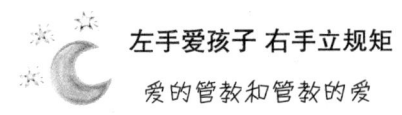

独立思考能力是孩子必备的素质

小雁正在写数学作业,看见最后一道数学题自己不会做,急忙喊:"妈妈,快来帮我的忙,这道题我不会做了!"小雁的妈妈听见后,走到女儿面前,拿起题看了一下,然后告诉女儿应该如何答题。小雁按照妈妈所说的写完了作业,高兴地与伙伴玩耍去了。

这样的事情几乎天天发生,小雁遇到不会的问题就找妈妈帮助也成了习惯。后来小雁的妈妈发现昨天才给女儿讲的类似的题目,今天她又问应该如何解答。她认识到直接告诉小雁答案有些不妥,应该让孩子独立思考一下,然后引导她如何解答,这样孩子才会记住。

一次,小雁又叫妈妈帮她答题,妈妈让小雁先思考一下,她却说:"我不会想,你还是把答案告诉我吧。"

小雁的妈妈后悔自己没有从最初就教孩子学会独立思考。

孩子缺乏独立思考能力,主要表现为:遇到学习问题,直接请教他人,或者搁置不理;遇到麻烦的事情,不经深思熟虑就冲动地解决;迷信权威,对于比自己强大的人的建议或者说法,深信不疑,或者喜欢盲从他们的言行。

现在很多父母,习惯于给孩子指路,事事替孩子包办,孩子学习上有什么问题,也是像上例中小雁的妈妈那样直接告诉孩子答案,这样大人就剥夺了孩子独立思考的权利。

孩子养成了依赖父母的习惯后,就不知道什么是思考,也不会去想如何解决问题,一切只等待着父母给自己出主意、想办法。这样的孩子长大后,没有创新精神,只会人云亦云,不会有什么大的作为。

培养孩子独立思考能力是当前教育中,家长和老师必不可缺少的课程。

独立思考是在强烈的求新、创造意识之下改组已有经验获取新知识的一种非常复杂的心理智能活动,它是发现、突破、创新的前提。因此,培养孩

第五章　让孩子自己立规矩，让孩子自己做决定

子的独立思考能力是目前的教育目标之一。

其实，独立思考能力的意义远不止于此，它还是孩子一生的财富。因为一个人如果不能独立思考，他就不会辨别是非、对错，就只能听令于人。这样，对于孩子的未来发展，只有百害而无一利。

苏洵，字明允，北宋文学家，在散文创作上取得很大的成就。在他的耳濡目染下，他的两个儿子苏辙和苏轼从小就刻苦学习，也终于学有所成，他们父子三人在历史上并称为"三苏"。苏洵幼年时就聪慧富于才思，善于交往，又能急人所难，又是个信念笃定的君子，这些性格特征都在他的儿子们身上得到再现。

苏洵成就的广为人知是在他年近半百以后的事，在此之前，他把半生所学全部倾注于教育培养两个儿子的努力上。苏轼和苏辙的历史观、人生观、政治观及敏于思考的学风，对文学的浓厚兴趣，无不受到苏洵的启迪和影响。苏轼在中国文学史上取得的辉煌成就固然有赖于自己在文学方面过人的天赋，然而也和其父在他小时候对他的谆谆教诲分不开。

独立思考，才会令一个人看清自己的路，才会有所创造，才会果断抉择；而失去独立思考，会使人沦为盲从的奴隶，注定一无所成。因此，家长应该积极培养孩子的独立思考能力，让他们成为一个有自己的目标、有所创造的人。

父母心语

独立思考，才会令一个人看清自己的路，才会有所创造，才会果断地抉择；而失去独立思考，则会使人沦为盲从的奴隶，注定一无所成。

先做到独立，再学习思考

事事都包办代替的父母，显然不是好父母，这样只能害了孩子。
孩子虽小，但他有自己的头脑、思想和情感，他是他自己。

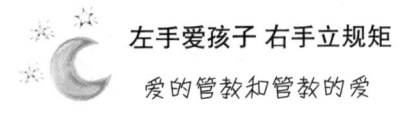

我们只是在他很小的时候，在一部分事情上帮帮他而已。

试想，一个十几岁的大孩子如果鞋带松了自己还不会系好的话，他会感谢父母以前十多年来辛辛苦苦为他系鞋带吗？

他只能抱怨父母为什么没有教会他来做这样简单的事情。

孩子对别人有一定的依赖性是正常的，甚至是健康的。然而，过度的依赖性又会造成孩子不会检查、纠正自己家庭作业中的错误，在课堂上不能独立思考问题，或者不能主动结交朋友，这最终会使他丧失自信心。你的孩子是否有过度的依赖性？

对于孩子，如果有以下一些依赖性行为，家长和老师就应该予以重视了：

（1）在休息时，只想和老师或班长呆在一起，而不想与其他孩子一起玩耍。

（2）经常向老师请求太多的指示、说明和建议。

（3）如果老师不坐在旁边、手把手地教他应该怎样参加某项新活动，他就不愿参加。

（4）当父母有可能辅导他做作业时，他就不愿独立地完成这些作业。

如何培养孩子的独立意识，让其独立走人生之路呢？不妨做点下面的事情：

（1）让他按时上床睡觉，并按时起床。一定要让孩子知道怎样使用闹钟。

（2）为孩子提供一个放置上学用品的专用箱。寻找昨晚的家庭作业本可不是父母的工作。

（3）安排家庭作业时间。对缺乏独立性学习能力的孩子，你可以和他一起看一下他的家庭作业，帮他读懂题意，然后安排一个5分钟的时间段，让他在这5分钟内独立学习。持续练习一星期后，把时间段延长至10分钟。这样不断地逐步地连续增加孩子独立学习的时间，并在这一过程中，对孩子的独立学习进行奖励，就会大大提高孩子的自主学习能力。

（4）分解。与孩子一起把家庭作业分为更小的几部分。孩子一点一点地完成作业有助于孩子持续独立地学习。

第五章 让孩子自己立规矩，让孩子自己做决定

（5）为孩子制作一张"自力更生"计划表。每星期制作一张图表，列出你希望孩子达到的行为，例如：独立完成家庭作业；不需别人提醒地学习单词；给新结识的朋友打电话；按时叫醒自己起床上学。让孩子检查并记录自己每天是否达到了这些行为标准，并根据达标情况对其进行适当奖励，如果孩子不可能达到上述某些标准，你就应该把这张表的内容进行适当调整，以便这些行为在他力所能及的范围内。然后，等到困难的行为标准对孩子变得较为容易的时候，再把它重新列入这份表中。

我们要相信孩子，放手让他们去做、去尝试、去体验，培养孩子的独立能力，使孩子对自己充满信心。解放孩子的头脑，使他们能想；解放孩子的双手，使他们能干；解放孩子的眼睛，使他们能看；解放孩子的嘴巴，使他们能说；解放孩子的空间，使他们能到大自然、大社会里取得更丰富的学问；解放孩子的时间，让他们有一些空闲来自由安排。只要真正按照陶行知倡导的"六大解放"去做，我们的孩子一定会更棒！

父母心语

给孩子一定的自由，表明我们信任和尊重孩子，孩子也会因此更加尊敬我们、爱我们。让孩子独立，才能思考，才能创造出不凡的成就。

在思考中家长要给予孩子引导

孩子们都有一个共同点，爱提问，甚至爱提怪问题。如月亮是活的吗？苹果为什么是红的？等等。随着年龄和知识的增长，孩子的"为什么"会越来越难，有时使父母很难应付。这时我们的父母应该正确对待。古人云，"学贵多疑"。一个从小对事物充满好奇心的人，一个从小在头脑中老是有"？"的人，长大后是会大有作为的。因为在孩子的"？"中蕴藏着可贵的想象力和创造力，这种好奇心是科学发现和创造的萌芽。做父母的要珍惜和

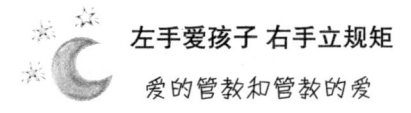

保护孩子的好奇心,对于孩子提出的每个"为什么"都要热情对待,即使一时答不上来的问题,也应该和孩子一起去翻翻书或请教请教别人,然后寻找正确答案。另外,我们在回答孩子的"为什么"时,要善于给孩子以启发,不要把答案说尽,要留给孩子独立思考的余地,引导孩子去合理想象。爱因斯坦曾说:"想象比知识更重要,因为知识是有限的,而想象力概括着世界上的一切,推动着前进,并且是知识进化的源泉。"

许多孩子在遇到疑难问题时,总希望家长给他答案。如果父母对孩子有问必答,虽然解决了孩子当时的问题,但从长远来看,孩子会养成依赖父母的习惯,遇到问题时不会独立思考,不会自己去寻找答案,这对发展孩子智力没有好处。

聪明的父母在面对孩子的问题时,会启发孩子去想、去分析、去运用自己学过的知识和经验,看书、查参考资料等,让孩子自己去寻找答案。孩子在寻找答案的过程中,思维能力就会得到提高。如果孩子实在无法独立解决问题,父母可以示范,通过请教他人、查阅资料、反复思考等方法,让孩子学习思考的方法,这对孩子的影响是非常大的。

父母在与孩子相处与交谈中,要经常以商量的口气,进行讨论式的协商,留给孩子自己思考的余地,要给孩子提出自己想法的机会。父母可根据交谈内容经常发问,如:"这两者有什么关系?""你觉得怎么做会更好?""你的想法有什么根据?"等问题,以引起孩子的思考。对于已上学的孩子,可采用启发式,诱导孩子逐步展开思考。当孩子在想问题时,父母不要太心急,应该留给孩子足够的思考时间,尤其不要轻易把答案告诉他们。孩子答错了,可用提高性的问题帮助他们思考,启发他们自己去发现和纠正错误。

创造想象与创造思维是密切联系、密不可分的,是人类创造活动的重要组成部分,也是创造活动顺利开展的关键。因此父母要想开发孩子的智力,必须在平时训练孩子的想象力。如在纸上画上一个符号,让孩子想象这是什么,也许孩子会说这是苹果,是蛇从洞里游出来,等等;又如画上一个符号,让孩子想象这是什么,也许孩子想象是蚊香,是盘曲的蛇,是指纹等;也可

第五章 让孩子自己立规矩，让孩子自己做决定

以给孩子讲一些童话、神话、寓言，看一些科幻的片子，来激发孩子的想象力。在讲故事时，可只讲过程，让孩子自己想象它的结果，有时还可以允许有几个结果。这些方式对孩子想象力的开发是很有帮助的，经过父母的不懈努力，也许你的孩子长大以后会成为发明家。

父母心语

聪明的父母在面对孩子的问题时，会启发孩子去想、去分析、去运用自己学过的知识和经验，看书、查参考资料等，让孩子自己去寻找答案。孩子在寻找答案的过程中，思维能力就会得到提高。

独立性决定孩子能做什么事

曾经有一个朋友讲过这样一个经历：他去八达岭长城游览，在入口处遇到一位外国妇女带着三个孩子也来游长城，这三个孩子中有两个跟着母亲走，还有一个大约两岁躺在婴儿车上睡着了。母亲要去买票，于是她用不太流利的汉语对检票员说是否可以把孩子放在那儿，得到许可后，转身就去买票。过了一段时间，母亲还没有回来，睡在车上的孩子醒了，他看见母亲不在，并没有哭，也没有害怕，而是把盖在身上的东西拿开，在旁边人的帮助下，从婴儿车里站了出来，还与另外两个孩子玩了起来，丝毫没有对母亲的依赖。

遇到这种情况，这位外国妇女没有对孩子过分的担心、过分的保护，所以在遇到这种情况的时候，孩子也会自己独立对待，而不是惊慌失措，大哭大闹。

一位中国学者曾去美国访问，深切感受到美国父母非常注重培养孩子的独立生活能力和动手能力。一天，他的邻居过来兴奋地告诉他，她两岁的儿子卡瑞会用剪刀了，还会抹胶水了。这位学者过去一看，发现床单被剪了

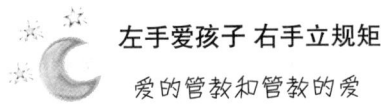

左手爱孩子 右手立规矩
爱的管教和管教的爱

好几个洞，胶水也被抹得到处都是，但是这位母亲并没有心疼，也没有因此责怪孩子，而是称赞孩子的敢于独立尝试的勇气，然后再告诉孩子怎样合理地使用剪刀和胶水。两岁的小卡瑞已经会自己洗澡了，母亲帮他把热水给兑好，把衣服脱掉，卡瑞自己爬到澡盆里，玩了一会儿，就自己往身上抹肥皂，问他用不用帮忙，他认真地摇了摇头，说"不用"。抹完肥皂，又用毛巾擦，最后用水擦干净，爬出了澡盆。

一个只有两岁的孩子竟然如此熟练而迅速地洗完澡，都是由于父母从孩子很小的时候就有意识地培养孩子独立生活的能力，因为虽然孩子现在还弱小，但是总归有一天要离开父母，独立地在社会上闯荡、生活，所以独立性这种将来的立身之本需要从小培养。

心理断乳不是突变的过程，而是孩子对父母的关系从依赖到独立的较长的变化过程。21世纪社会变化更加剧烈，科技发展更加迅猛，因此，一个缺乏独立性的孩子是无法适应现代社会需要的。

家长要树立现代教育观，根据孩子的年龄特点，从以下几个方面进行培养。

1.在实践中培养独立性

孩子的独立性是在实践中逐步培养起来的。从两岁开始，随着他们身体的发育，大小肌肉群的逐步成熟，心理能力的不断提高，孩子已经可以在家长的帮助下，逐步学会自己吃饭、自己穿衣、自己睡觉、自己收拾玩具等良好习惯，逐渐树立独立意识。

在这个过程中，家长要认识到，年幼的孩子总是在反反复复中感受着劳动的乐趣，独立做事的快乐。从不会做到逐步学会做，从做得不像样到逐步像样，这是必然的规律，也是必经的过程，从中孩子也获得了自身的发展。

正因如此，家长就应放手让孩子锻炼，不要怕他们做不好，也不能求全责备，更不能包办代替。对于孩子独立去做的事，只要他们付出努力，无论结果怎样都要给予认可和赞许，使孩子产生自信。"我行"这种自我感觉很重要，它是孩子独立性得以发展的动力。

孩子自己做事常常做不好甚至失败，在这种情况下，家长应该鼓励孩子

第五章 让孩子自己立规矩，让孩子自己做决定

再去做，绝不能动辄就说"我说你不行吧，就会逞能"，更不要见孩子做不好就动手代劳。

当他们执意去做那些难度较大的事时，家长应予以鼓励并给予帮助。这样会提高他们的积极性，增强他们的自信心，增加他们的锻炼机会，养成独立的行为。

2. 培养孩子初步独立思考的能力

我国著名的孩子教育家陈鹤琴先生说过："凡是孩子自己能够想的，应当让他自己想。"遵循这样的原则教育孩子，就能培养其独立思考的能力。

我们有的家长很注意丰富孩子的知识，也常常耐心地回答孩子提出的问题，但往往忽略培养孩子独立思考问题的能力。例如，有些家长给孩子讲故事，一页页地讲，一本本地讲，孩子只是静静地听。其实，给孩子讲故事，家长也应适当提出问题让他们自己参与，培养孩子独立思考问题的能力。

3. 创造机会，培养孩子自己拿主意作决定的能力

我国传统家教中十分注意培养孩子"听话""顺从"，却不注意倾听孩子的意见。小到生活上的事，大到孩子的发展方向，一概由父母决定，孩子缺少自己作决定的机会，这就不能培养他们的抉择能力。然而，自我抉择能力也是独立性很重要的一个方面。

现在，随着家教观念的更新，有一些具有现代家教观、教子有方的家长，不仅注意从小培养孩子独立生活和独立思考的能力，也注意创造机会，培养孩子自己作选择和自己处理问题的能力。

4. 培养孩子克服困难的精神

家长在培养孩子独立性时，往往同时需要培养孩子克服困难的精神和毅力。对于孩子来说，自己穿脱衣服、整理和收拾玩具等，是需要他们付出很大的努力和克服一定困难的。因此，家长的作用就是对孩子们做出的努力给予充分的肯定，并鼓励和要求他们克服困难，尤其是那些依赖性较强的孩子，家长更要坚持要求。

在家庭中培养孩子独立做事时，最关键的是家长自己要战胜自我。我们常见有的家长一见到孩子碰到困难，不是鼓励他去克服困难，而是立即

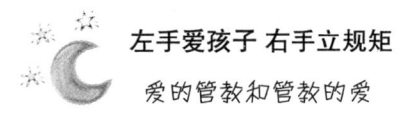

代劳。还有的家长明知应要求孩子克服困难，坚持自己去做事，但只要孩子一哭一闹，立即"心软"而"妥协"，依顺孩子，从而前功尽弃。因此，为了孩子的未来，家长应下决心甚至下狠心，培养孩子克服困难的精神和毅力。

未来是属于孩子的，孩子未来的路要靠他们自己去走，未来的生活要靠他们自己去创造。这一切都不是父母替代得了的，深爱孩子的父母们，让你的孩子从小学着自己走路吧！

父母心语

未来是属于孩子的，孩子未来的路要靠他们自己去走，未来的生活要靠他们自己去创造。

说"不"是另一种聪明

小丰上幼儿园时，非要把"小"字倒着写。他认为，既然"大"字下面两条腿向外伸得大大的，那么"小"字两条腿就应该向中间并得小小的。上学后，一次算术课上，他突然问老师：我们看数、读数、写数，都是从高位到低位，为什么演算要从低位到高位？能不能从高位到低位演算？他最终创造了"快速计算法"。

虽然小丰并不是传统意义上"听话"的好孩子，但是他的不听话，恰恰表现出他是有想法的。教师或家长在教育学生时，经常说的话莫过于"听话"两字，如"要听老师的话""听话才是好孩子""不听话就不是好学生"等。久而久之，"听话"便成了好学生、好孩子的代名词。毋庸置疑，要求学生听话并非有错，然而，为了提高学生的自主性，若片面强调学生听话，则会影响一些学生的健康发展。

生活中有的孩子犯了错误，试图找出理由为自己辩护，其目的无非是

第五章 让孩子自己立规矩，让孩子自己做决定

为求得父母对自己的谅解，这种心理很正常，也是孩子鼓足了勇气才这样做的。如果父母武断地加以"狙击"，孩子会认为父母不相信自己。对父母亲的这种"蛮横"做法，孩子虽不敢言，但心里不服，以后孩子即便有更充足的理由也不会再申辩了。孩子一旦形成了这样一种心理定势，父母亲的批评他就根本无法接受，把训斥全当耳边风。

大约到了小学高年级和中学阶段，孩子开始进入比较逆反的青春期。这时的孩子已不再满足单纯被教育的角色，自我意识和独立性逐步增强，不喜欢被动地接受父母的吩咐和安排，遇事愿意自己独立思考和判断，希望自己决断。如果不能满足这一特点，就会感到失望或者进行反抗，而发生顶嘴。

中国的家庭教育信奉"听话"教育，中国的父母普遍认为听话的孩子就是好孩子，不听话爱顶嘴的孩子就是坏孩子，"听话"也是中国父母对孩子讲得次数最多的、在教育孩子时使用频率最高的词，孩子在家里被时时教训要听父母的话，孩子上幼儿园后，就被千叮咛要听阿姨的话，孩子上学了也要被嘱咐要听老师的话。总之，听话的孩子总是招人疼、惹人爱的，不听话的孩子总是招人嫌、惹人烦的。

正是由于有这样的认识，中国的父母往往刻意要求孩子对自己的无条件顺从。一些父母觉得自己绝对正确、无所不晓、无所不能，自己过的桥比孩子走的路还多，孩子当然要无条件地接受自己的教诲，于是，当孩子与大人出现分歧时，大人经常武断地表态"你错了""你这样不对"；当孩子想对某件事做个说明时，便会遭到父母更大的训斥："不许顶嘴！""还嘴硬？"更有一些缺乏耐性的父母，十分反感孩子顶嘴，当孩子向他们父母的权威发出挑战时，盛怒之下免不了对孩子一番拳脚相加。

实际上，顶嘴意味着孩子的心理在成长，说明他已经开始有了自己的喜好：喜欢什么，不喜欢什么；说明他已经开始有了自己的判断：什么是对的，什么是不对的；说明他已经开始有了自己的见解：应当怎么做，不应当怎么做。当孩子年龄尚小且自理能力较差的时候，让孩子按大人的指示去做是可以的，但当孩子逐渐长大以后，再总是用"听话"去教育孩子和要求孩子，就显得有些偏颇了。这时，父母应该认可孩子在心理上的成长，积极努

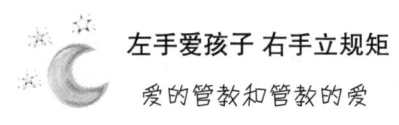

力去理解孩子的想法，采用不同于过去的方式帮助和指导孩子，而不是一味地抱怨什么"孩子长大了，不听话了"，或者简单地采取高压政策使孩子屈服。

其实，孩子顶嘴比不说话反抗好。因为顶嘴可使父母容易了解子女。客观地说，孩子"顶嘴"是有许多积极意义的：

孩子顶嘴，说明他有自己的见解，而且敢于表达和坚持自己的见解，如果家长这时能够听取和采纳孩子的正确意见，孩子就会感觉到自己是有能力的、是有价值的，这对他的自信心的提高大有裨益；相反，如果总是用"听话"两个字去教育孩子，只能养成孩子唯唯诺诺的性格。

孩子顶嘴通常发生在父母亲批评不得法、孩子不服气时，孩子没做错事而受到父母亲的冤枉时，孩子不想马上去做的事、可父母亲硬逼着他去做时，或者大人心情不好拿孩子出气时。其实这些都反映了父母亲在教育孩子时的方式方法有问题，家长正好可以从孩子的不满情绪和顶嘴的表现中反思一下自己的做法，从而来改变和提高自己。

孩子的顶嘴也是一种心理宣泄，这是孩子缓解心理压力，保持心理平衡的一种方式。如果孩子心里对大人的不恰当的所作所为不敢怒、不敢言，许多委屈都憋在肚里，孩子的心理压力就会非常大，久而久之就会产生忧郁、头痛、精神不振、懦弱等不良心理反应。

但是顶嘴不是解决问题的好方式，一旦习惯成自然，也不利于他的学习和成长，甚至会影响长大成人后的人际关系的和睦。所以作为家长要从以下几方面进行引导。

1.遇事冷静，赏罚有度

作为家长无论孩子犯了多大的错，都不要急躁，先要问清事情的来龙去脉，再决定处置方法，不搞连带处罚、不翻旧账。赏罚前，要讲明道理，让孩子彻底信服。

2.注重言传身教

孩子的模仿能力很强，作为家长也应对其父母或上司表现出应有的尊重，少与之发生争执，否则就会影响到孩子。

3.给孩子申辩的权利

即便知道他们在狡辩,也要耐心听他们把话讲完,然后因势利导,帮助他们认识到自己的错误。如果条件允许的话还可以让他们选择将功补过的办法来弥补过错,这往往是他们最乐于接受的。

父母心语

孩子和父母顶嘴是"一个巴掌拍不响",父母应当反思一下自己,在教育方式上多下些工夫!同时还要有一颗包容的心,因为现在的孩子毕竟接受教育早,接触的传媒多,而且顶嘴也是孩子不良情绪得以宣泄的一个途径,从另一方面也说明他们判断是非的能力强了。

第六章

友谊无价,交往有度,教孩子社交守规矩

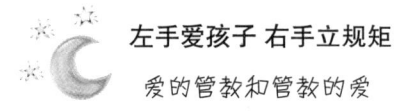

提高孩子的交往能力

班级活动时,大家都在抢着玩球,只有一个孩子在一边独自待着。他想去玩,但是却不敢和其他孩子说,也不敢和大家一起抢。就这样,他等待着球能自动"送"上门来。

结果,球总是在其他孩子的脚下跑来跑去,从没跑到他脚下来过。

这个孩子终于等不及了,大哭起来,闹着再也不玩了。整个活动中,他躲在角落里,一步都没移动过。无论老师怎样鼓励或者"威胁"都不管用。

这孩子之所以有如此表现,就是因为他缺乏交往的能力。

孩子如果缺乏交往能力,就显得不合群,喜欢独处,不喜欢与人合作;不喜欢向人家打招呼;胆子特别小,不敢与人争论、抢夺;事事不求人,意图靠自己解决(结果总是解决不了问题);难以适应群体生活,不喜欢结交新朋友。

积极与他人交往,培养良好的人际关系,对于在激烈的竞争中脱颖而出是十分重要的。而要营造良好的人际关系,首先就要培养和提高自己的交往能力。

可是面对一些孩子交往能力的不足,我们需要采取哪些补救措施呢?

1. 我们需要加强孩子与人交往的欲望

有些孩子不擅长与人交往,是因为他们不想与人交往,认为没有与人交往的必要。所以,家长和老师要想培养学生的交往能力,就必须加强孩子与人交往的欲望。比如,孩子遇到难题,做家长的不再像以前那样主动询问他,或直接替他把问题解决了,而要把与人交往当作鼓励、夸奖孩子的一个手段。

一位妈妈为了加强孩子与人交往的欲望,就专门给孩子订了一本小册子。如果孩子积极主动地与人交往,并且表现好,就在上面画小红花、红五

第六章 友谊无价，交往有度，教孩子社交守规矩

星，同时写明原因："因迷路主动向老爷爷问路。"如果发现孩子没有积极主动地与人交往，比如见人不打招呼，就打个大大的"×"号，并写上原因。

为了鼓励孩子与人交往，这位妈妈还不时地与孩子一起总结，比如说迷路时主动问路的好处；见人不打招呼，对方会给什么负面评价等。然后在此基础上，鼓励孩子与人交往。

当孩子意识到与人交往的好处时，自然会萌发积极与人交往的欲望。因此，要想培养孩子的交往能力，帮助他们建立良好的人际关系，家长和老师就必须加强孩子与人交往的欲望。

人际交往在孩子的成长中占据重要因素，尤其是"关键期"——孩子的青少年时期，亲子关系、师生关系、同学关系的紧张与疏远，都会直接影响到孩子性格的发展和品质的形成。因此，我们不能不重视培养孩子驾驭生活、完善自我的人际交往能力。

2. 创造平等和谐的交往氛围

家庭是孩子培养交往能力的重要场所之一。平时家长经常会有同事、亲友来做客，孩子的朋友也有可能经常来玩，或者老师来家访。

此时，家长不能摆出"长者尊严"的面孔教育孩子，不能说"大人在说正事，你小孩子家家的，一边待着去"或"大人在说话，小孩子少插嘴"之类的，而是应该有选择地让孩子在一边旁听，或者让他们端茶倒水，在耳濡目染和实际行动中，学习与人交往的礼仪与技巧。

3. 鼓励孩子走出去

交往技能只有在与人交往的实践中才能学会。所以，家长应该尽可能地为孩子开拓生活空间，鼓励孩子走出家门，结识新朋友。心理学家指出，同伴对指导或者训练孩子掌握社会交往技能、帮助孩子走出孤独，具有特殊作用。因为这种技能，以孩子当时的智商与阅历，是无法在成年人那里学到的。因此，家长应该鼓励孩子结交新同学、新伙伴，比如让孩子去找伙伴玩，带孩子参加一些同龄人的活动与组织。

此外，多让孩子接触陌生人并且学会主动和陌生人打招呼也非常重要。

因为有时孩子可以在家人、朋友面前谈笑风生，却在陌生人面前唯唯诺诺。家长可以经常带孩子去人群聚集的地方，指导孩子与陌生人（可以先从家长熟识、孩子陌生的人练习起）打招呼、交流。当孩子接触的人多了，自然就能无师自通，培养出优异的交往技能。

4. 教给孩子基本的交往技能

孩子的交往技能，如分享、协商、合作等，需要家长在潜移默化中传授给孩子。孩子与人交往时，肯定会出现方方面面的问题，此时家长应该放下架子，主动与孩子沟通，甚至给孩子支招。经过这一事件，孩子以后就会举一反三地解决类似问题。

如果家长只关心孩子的学习，从不过问孩子的人际交往，孩子可能会因此走很多弯路而家长却一无所知。

此外，家长还可以利用各种场合，教给孩子一些交往礼节。比如做客前，告诉孩子拜访对象的一些基本情况，包括他的家庭成员、怎么称呼；提出一些做客应该遵守的基本行为规范，如拜访时主动与客人家里的成员打招呼，未经允许不能乱拿人家的东西等。

5. 培养孩子良好的性格特征

性格好的人，容易交到朋友，也能与朋友保持良好的关系；相反，如果性格不好，尤其是非常霸道、轻率任性的性格，就很让人厌恶，不愿与其交往。

所以，家长应该有意识地培养孩子热情大方、谦虚有礼、互相帮助、开朗大度的性格，注意纠正孩子自私、蛮横、骄傲、自大等不良性格。

6. 家长的身教非常重要

在教育孩子时，家长的身教更有意义。因为语言是空的，语言所表达出来的内容，有时孩子很难感受到。所以在教育孩子时，家长除了要言传，更要注重身教。

试想，如果父母本身就很少与朋友来往，孩子怎么可能体会得到朋友的重要？如果父母本身就慷慨大方，孩子自然也会学着与人分享；如果父母经常打架吵闹，孩子可能就容易冲动粗暴。

所以家长要注意时刻检查自己的教养方式与态度，避免因自身行为方式

第六章 友谊无价,交往有度,教孩子社交守规矩

的偏差影响到孩子的性格,从而进一步影响到他们的人际关系,甚至令他们缺乏交往能力。

通常,父母只能伴随孩子一时,朋友却能相伴一世。因此,家长和老师极有必要通过各种途径,言传身教地培养孩子的交往能力,帮助孩子积极投身于社会,结识新的朋友。

父母心语

人际交往能力是现代人才的重要素质,也是衡量一个人社会适应能力的重要标志。现在的孩子,要想在未来社会中出类拔萃、有所作为,就必须从眼下开始学习人际交往技能,努力培养和提高自己的交往能力。

朋友多了路好走

如果你对刚理完发的孩子说:"什么发型,难看死了!"青春期子女的反应多半是鼻孔里冷冷地一声:"哼!"潜台词是:"你懂什么!"不过,如果这句话是出自同学之口,那可就不得了,他很可能会把费了好大的劲理成的心爱发型弄乱重来。

"一起去公园转转吧!"节假日里,父母好不容易安排妥当一次充满温馨的出游,可孩子的反应已远远不再是童年时的欢呼雀跃,取而代之的那份勉强与拖拉倒像是你让他去拔牙:"非得我也去吗?"更有甚者,干脆一口拒绝:"不行,我和同学还有事呢。"后来你才得知,所谓"有事"不过是陪同学或朋友去商场挑一张音碟而已。

为了孩子的生日,父母亲转了无数商场,跑得腿脚发软,精心挑选了合体的衣服作为礼物(当然是父母认为既漂亮又大方的),可是孩子完全不领情;更让父母伤透心的是,在甜言蜜语向你争取到生日聚会的赞助以后,名单中却没有你的位置……

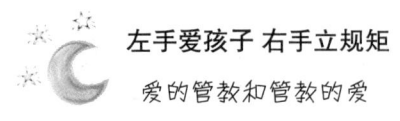

左手爱孩子 右手立规矩
爱的管教和管教的爱

如果你已经有了上述类似的经验,切莫气愤伤心,因为你并不孤独,有许多家长与你一样有着共同的感受;如果你还没有这样的"机会",也别太早得意,因为恐怕你在劫难逃。在子女的青春期内,这是一道少不了的风景线。不必埋怨孩子"没良心""不懂事",更不用怀疑自己什么地方没有尽职以致孩子疏远了你。就如同孩子在三四岁时,曾有一段什么都要"我自己来"一样,这是又一次生命的飞跃。心理学家对此有个十分贴切的称呼:心理"断乳期"。身为父母者都知道,无论是母乳还是牛奶喂养,婴儿断奶后的营养非同小可。蛋白质、维生素、脂肪、糖类等样样都少不得,因为这些将替代母乳和牛奶供给孩子身体发育所必需的一切,几乎所有的家长对于孩子断奶后的营养问题都关心备至。从人的心理发展来说,青春期与婴儿断奶期十分相似,是一个心理"断乳期"。友谊就成了心理"断乳期"的食粮。

在童年时代,父母亲可以说是孩子最重要的心理支撑,不懂的事情问父母,不会做的事情找父母;是非的判断顺从父母,得失的取舍请教父母等等,一切都那么自然。而到了青春期,由于独立感和成熟感的出现,使得他们绝不愿意再像以往那样依赖父母。不仅如此,他们还非常自觉和迫切地渴望摆脱父母的控制。但实际上,青春期的所谓独立和成熟依然是十分有限的,并不能够真正保证他们应付生活中的复杂内容。这就形成了既不愿意依靠父母,又不能够真正独立的现象。于是,就像离开了母乳却不能离开蛋白质、维生素、脂肪等其他营养物质一样,同龄人的关系密切和突出了,并且在他们的生活中占据了无可替代的重要地位。因为同样的发展和变化,使得青春期的同龄人经历着同样的感受,体验着同样的需求,他们每个人都在完成着生活重心的转换——从依附性为主到独立性为主。这些共同的感受和需求使得同龄人之间形成了深深的"利益共同体",他们一同经受"成长的烦恼",一同品味"成长的欢欣"。顺理成章,他们彼此之间最情愿也最能够提供相互需要的支持,提供相互需要的帮助。于是,他们将朋友看得特别重要,他们对友谊无比忠诚。他们在一起,似乎有说不完的话题;为了彼此的利益,甚至顶撞家长。他们常说"我们同学都是这样说的""人

第六章 友谊无价，交往有度，教孩子社交守规矩

家都是这样穿衣服的"等等，在种种家长们看来没有道理甚至近乎荒唐的言行后面，实际上存在着一大堆的道理，那就是，同龄人的行为准则就是我的行为准则。

即使最溺爱孩子的父母，也不会盲目到让子女靠母乳或牛奶长大。对于青春期子女的交往和友谊，父母也应抱有同样理性的态度。友谊是他们心理"断乳期"的精神食粮，千万别加以剥夺或者进行阻碍，除非你想让孩子一辈子停留在童年。可以说，没有密切的同龄人关系，没有在一定程度上的与父母的疏离，孩子的青春期就是有缺憾的，他们从童年到青年的过渡就是不完美的。如果你的孩子基本没有朋友，那绝对是一件值得重视的事情，你应当帮助他找到原因，补上这青春期的重要一课。

社会心理学常识也告诉我们，每个人都是从他人的眼中认识自己的，因此，如果你希望孩子具有健康的自我意识，那么请鼓励他去结交朋友，他们在与同龄人的交往中会获得建立准确的自我概念所需要的各种信息，在团体活动中体验自我价值。

家长们要努力做到以下几点。

1. 请为孩子提供一个宽松的民主家庭氛围

因为这样才能培养出性格平和的孩子，孩子才能平和地与别人交往，成为同学们心目中的好伙伴。让孩子在充分善良、宽松的环境中长大，保证他健全的人格、健康的个性品质，这是孩子成为受同学欢迎的人的基础。

2. 请不要对孩子的交往横加干涉

建议家长少发这样的议论："你为什么要与某某来往？他……"首先，这是十分不公平的，大多数青春期的孩子还未定型，随便地给他们贴上"坏孩子"的标签太轻率了。其次，孩子选择朋友有他自己的标准，可能某个孩子确实有这样那样的毛病，但更可能具有你所不知道的某种可贵之处，而那正是你的孩子极为珍视和需要的：或许他们有共同的爱好——足球、集邮，或许他们在性格上互补——一个内向谨慎，一个开朗泼辣。另外，少男少女的友谊往往比成人纯洁得多，用成人世界中或多或少的功利甚至势利的经验来评判，本身是对他们美好情谊的亵渎。

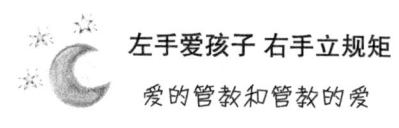

3. 请不要让孩子有某些特权

让孩子多接触同龄的孩子，要给予他们发展独立性的自由，尽可能让孩子与邻里的孩子交往，要以平等的观念待人。并让他在穿衣、交通、玩耍、零花钱等方面与其他孩子一样，不要让孩子有某些特权。不要使自己的孩子产生一种以自己为中心的思想，这样会不利于孩子今后的发展。

4. 请培养孩子尊重他人和赞赏他人的习惯

让孩子努力倾听和了解周围人的思想和感受，积极沟通情感。认真听完别人的讲话，不要轻易打断别人的讲话，别人的个性、特长、信仰、习惯、爱好等均要尊重。要做到不侮辱别人，不伤害他人的自尊心。并学会尊重他人、信任他人、谅解他人、乐于助人，学会调节集体和个人的关系。在孩子的交往过程中，培养他们多看别人长处、少看别人短处，向前望而不要向后看的习惯。在感受到他人优点的同时，还要提醒孩子赞扬他人的优点，只有真心实意的赞扬，才能在别人身上找到各种可贵的品质。

5. 请正确对待孩子交往中出现的冲突

中小学生在交往的过程中出现一些冲突和争执是很自然的，家长不应过多干预。要尽量让孩子们自己去解决。通过独立解决冲突和争执，使他们学会协调、同情、忍让等处世技巧，这往往是在与成人的交往中学不到的。同时，家长要注意培养孩子化解矛盾的责任心和能力，使孩子在调解冲突的过程中学会怎样倾听对方的陈述和观点，从而掌握解决问题和化解矛盾的能力，并学会判断，能够创造性地解决争端，而不是采取被动或侵犯的方式，懂得必须照顾每一方、每个人的需要，使各方都在最小矛盾的情况下和平相处。

父母心语

如果你希望孩子具有健康的自我意识，那么请接纳孩子的伙伴，并鼓励他去结交朋友，让他们在与同龄人的交往中获得建立准确的自我概念所需要的各种信息，在团体活动中体验自我价值。

第六章 友谊无价,交往有度,教孩子社交守规矩

鼓励交往,从培养社交品质开始

要想让孩子建立起跟别人良好的关系,就需要培养孩子优秀的品质:平等地对待他人是对别人的一种尊重,只有这样他才能有很多好朋友;宽容是一种体谅,能处处体谅别人、替别人着想的人才能交到真正的朋友;交朋友就要随时准备伸出援手去帮助别人,给别人带来好处;与人交往要讲诚信,这样的品质才会得到大家的认同。

1. 充分的自信是首要条件

君君上小学五年级,学习成绩非常好,但是她却在与同学交往时特别没有自信。

有一次,班里要选班干部,同学们都选她当班长,她的票数全班最高,可是她却说什么也不愿意当,在老师和同学的一致鼓励下,她最后只选择当了班里的文艺委员。

"六一"儿童节快到了,老师让她组织同学一起为节日准备一些节目。在组织的过程中,由于有的同学没有积极配合,使得在组织节目时受到了阻力。于是,她便去向老师提出不当文艺委员了。这次,不管老师怎么劝她,她坚决不再做班干部了,老师无奈,只好同意了她的请求。

一个人有自信心,是一种积极的心理品质,是一种创新、奋进的动力,是一个人想获得成功必须要具备的心理素质。让孩子从小就具备自信心,对孩子的身心发展是十分有利的。一个孩子如果没有自信,在与人交往时,就会表现出胆小、害怕困难、见人畏畏缩缩、想做的事害怕不敢去尝试,使得孩子的动手能力、社交能力等变得迟缓;反之,一个孩子有很强的自信心,胆大、不怕困难,什么事情都想去尝试,那么,孩子的各方面都会得到迅速的发展。

如今这个竞争激烈的社会,让孩子学会与人交往,让孩子在与人交往中

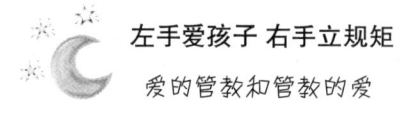

有充分的自信尤为重要。

2. 与人相处要真诚

真诚是一种对人或对事诚实的态度,是对人真心实意友好的表现。对人真诚首先表现在对人不撒谎、不骗人、不虚伪,不讽刺他人。俗话说:"骗人一次,终身无友。"其次真诚表现为相信、尊重他人,只有心宽、无私,真诚地为他人奉献,才会有好的收获,与人相处,只有以真诚的态度交往才能使双方合作更加愉快。

一般而言,孩子们自我意识很强,他们缺少该如何对待别人的方法。当看到同伴有缺点时,就喜欢取笑别人,如果看到别人比自己优秀,就特别的嫉妒。

经常听到有些孩子说,某某的成绩很差,上课不遵守纪律,老捣乱,还喜欢打人,我不愿意跟他玩;还有的孩子说,某某特能吃,长得又高又大像头牛一样,说起话来很大声,我不喜欢他;还有的说,某某成绩一般,个头不高却特爱讲脏话。听这些孩子说的话,我们似乎觉得一切都是别人不对。可是家长们有没有想过,当您的孩子在与同伴交往,他的态度是否有问题?对待他人,有没有以真诚的态度对待?

苏格拉底曾说过:"不要靠馈赠来获得一个朋友,你须贡献你诚挚的爱,学习怎样用正当的方法来赢得一个人的心。"说明在与人交往时,待人真诚是社会交往的首要原则。只有真诚待人才是对他人的尊重,才能友好地与人相处,因此,真诚和尊重是互相存在的。

大家都清楚,真诚不是一种智慧,但是,它却比智慧更有光泽。我们要求孩子真诚待人,并不能是一种有目的行为。如果你在与人交往时真诚就是有目的,那么真诚的本身也就不是真诚的。真诚是一种实事求是、真心实意的表现。我们只有以一颗真诚的心去对待他人,他人才会回报以真诚。

3. 让孩子拥有一颗博爱宽容的心

孙静是一个优秀的女孩子,一直是爸爸妈妈的骄傲。从小时候起,孙静就会察言观色,还是在上幼儿园的时候,她就会看老师的眼色行事,深得老师的偏爱。上学以后,自学能力也非常强,学习成绩好,而且她不用纸笔的速算能力在全校也是数一数二的。同时,孙静又能歌善舞,学校的演出都少

第六章 友谊无价，交往有度，教孩子社交守规矩

不了她的身影……诸多的长处使孙静产生了一种优越感，而且这种优越感表现为——"我行，别人不行！"

孙静虽然成绩突出，并有那么多值得骄傲的地方，但却存在一个致命的缺点——心胸狭窄，她容不得别人比她强，受不了老师的一点儿批评。因此，她和同学的关系很紧张，有时也会跟老师闹矛盾。在学校里，她经常为了一些小事和同学发生矛盾。

有一次，她和一个同学争吵起来，老师批评了他们。她觉得自己很委屈，回家又哭又闹，逼着妈妈给她转学校。妈妈拗不过她，只好给她换了一所学校。上了学，孙静的班主任和任课老师都挺喜欢她，但她心胸狭窄的坏习惯还是没有改。班上如果某个同学在哪方面超过了她，她就会非常气愤，想方设法打击、报复或者诽谤人家，以发泄心中的不满，同学们知道孙静有这样的毛病，所以都疏远她，连老师的批评也不能接受。

有一次，老师表扬了别的班干部，而没有表扬她。老师说她学习好，工作能力强，就是工作方法上存在着一些问题，同学关系有时会出现一点紧张，希望她能稍微改变一下。老师说得很委婉，也很诚恳，但心高气傲的孙静哪里听得进去。为了这件事，孙静一连几天吃不下饭，也不说话，她觉得太不公平了，老师怎么能这样对待她呢？还常常因为一些琐碎的小事而生闷气。

妈妈看在眼里，急在心里，越来越为女儿担心，担心女儿这样的性格将来适应不了社会。

郭立文先生曾经说：孩子是从大人的嘴里长起来的。孙静这种心胸狭窄的性格不是天生的，妈妈对她的影响很大。孙静的妈妈是一个能力极强的人，总给人一种高高在上的感觉。自身的优越使她容不下一点儿反对的意见。在家里，有时她做事不妥当，孙静的爸爸给她指出来，她不但不会接受，还大发脾气、耍性子、不吃饭。从小孙静就从妈妈那里学到，不管自己做什么都是对的，绝对不能接受别人的批评。

心胸狭窄的坏习惯在当今的独生子女中相当普遍。父母都希望自己的孩子能有一颗宽容的心，与他人友好相处。但他们不当的教育方式却经常使他

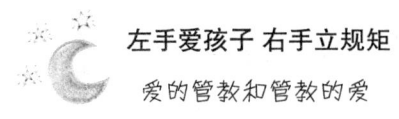

们的愿望难以实现，在现代的家庭中，孩子就是一切，爷爷奶奶、爸爸妈妈整天围着一个孩子转，孩子就是"小太阳"，他们的要求从不会被拒绝。长此以往，孩子就形成了一种错误的观念："我"是最好的，谁都不如我。因此当孩子走出家门，面对更广阔的交际空间时，难以接受别人比自己强的现实。另外，有的家长本身就爱斤斤计较、不能吃一点亏，这也会给孩子造成消极影响。

心胸狭窄不但会影响孩子的人际关系，还会损害其身心健康，甚至会阻碍其将来事业的发展。我们必须帮助孩子纠正心胸狭窄的坏习惯，让孩子有一颗宽容的心，使他们快乐地成长。

4. 教给孩子慷慨的做人之道

慷慨大方是指愿意与他人一起分享物质上和精神上的快乐或悲伤，对自己拥有的物质上的东西不吝啬，愿意帮助那些需要帮助的人，给别人带去快乐。慷慨大方是心灵美的体现，更是一个人热爱社会、热爱生活、理解他人的一种良好行为。因此，父母从小就要教给孩子一些慷慨做人的道理。

星期天，小梅邀请了一个同学来家里玩。为此，妈妈很高兴，盛情招待了她的同学。拿了水果，拿来饮料，还拿出了小梅平时最爱吃的一种巧克力。小梅看见了，对妈妈所做的一切很生气，当妈妈把巧克力放在同学面前桌子上时，她便一把把巧克力抓在了手里，一个也不给同学吃，自己全部拿到房间里藏起来。第二天上学，小梅的气还没有消，在同学们面前说昨天那个女同学在她家一直吃个不停，那位女同学听到后都生气得哭了。因为其实她只吃了一口饼干。

这种现状我们经常见到，对同学都是如此吝啬的人，如果有素不相识的人需要她帮助，她还会愿意帮助么？为国家、为社会、为家人她还愿意付出么？

俗话说"滴酒百人尝"，一滴酒都要百人共分享，说明了慷慨大方的重要。在当代社会里，每个人都应该珍爱身边的人，同情身边不幸的人，让生活到处都充满了温情。

慷慨大方是指为人处世时，对人大方，不吝啬自己的财物、知识、热

第六章 友谊无价,交往有度,教孩子社交守规矩

情。吝啬与慷慨大方意思正好相反。吝啬的人,自己拥有的事物、财物从不愿意拿出来帮助他人,爱财如命,贪婪、自私自利,人们常说的"吝啬鬼"正是指这样的人。吝啬、贪婪的人都是以自我为中心,心里只有自己,只会不断地从社会中谋取利益到自己的口袋里,从来不舍得把一丝一毫自己的利益奉献给社会。这样的人不仅摧残了自己的精神生活,心也会慢慢变得麻木和残忍,影响到他人和社会的安宁。

为此,我们做家长的要及时预防和纠正孩子出现这种吝啬、贪婪的行为,别让孩子成为一个"吝啬鬼",要让孩子成为一个慷慨大方、对他人有热爱之心的人。

5. 教孩子学会诚恳认错

一天,玲玲的妈妈带她到市中心广场上玩皮球。她独自玩了一会儿,原本很无聊的几个小朋友看到她玩,也想一起玩,玲玲很高兴,就同意了让他们一起玩。

玩了大概有半个小时,玲玲的妈妈就听到一个小朋友哭,但她并没有过去了解情况。没过一小会儿,就看到玲玲很生气地回来了。

妈妈问她为什么不玩。她说:"有一个小朋友偏要抢我的球,我把他推倒了,于是那个小朋友就哭了起来,一起玩的小朋友要我向他道歉,但是我觉得我根本就没有错,我才不去道歉,谁让他抢我的球,我不跟他们玩了。"

"妈妈,我们回家!"玲玲又说。

妈妈说:"你这样做不对,你应该主动去向她道歉。"

玲玲说:"我才不去呢!"

玲玲觉得妈妈不能理解她,甩开妈妈的手,独自跑了。

有很多父母在孩子犯错的时候,都认为孩子没有承担责任的能力。作为父母,去替孩子承担错误很正常,但你有没有想过你的这种纵容的教育方式,对孩子的健康成长是很不利的。

孩子还小?没有分辨是非的能力?如果每位父母在孩子做错事后,不让孩子认识到自己的错,不是要孩子对自己所做的事情负责,而是去替他向别

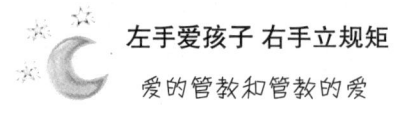

人道歉。如果父母只是一味袒护孩子，那就很容易养成孩子事事靠父母的依赖心理。

当孩子犯错时，让孩子清楚自己做错事自己要负责，才可以增强他的责任意识。长大后，他才敢于承担起家庭的重任和社会责任，成为一个责任感很强的人。

勇敢道歉、诚恳道歉是很重要的，但是在孩子认错之前让孩子想想为什么要道歉，哪个地方做错了，下次不能再犯这样的错误；这样做，比毫无诚心地说声"对不起"更重要。

在现实生活里，很多家长只是教孩子学道歉，至于为什么要道歉，在什么情况下要道歉根本不管，像这种教育都只会让孩子误认为犯了错误只要说"对不起"就可以解决。事实上，正确引导他们，让他们知道为什么错了、能认真反省、在请求他人原谅时态度诚恳才是关键。

父母心语

交往需要良好的心理品质和人格素养，例如善良、诚实、守信、真诚、开朗、率直、善解人意等等，这就需要在日常生活中有意识地加以培养。

团队合作精神，孩子成功的基础

体育课上，老师拿出4个篮球，让30多个孩子去玩。小凡接过老师发到手里的球就跑了，一个人在那里颠球。有几个同学尾随过去，想一起玩，但是都被小凡骂了一顿："老师把球给我了，所以就只能我一个人玩！"

"全班才4个球，当然需要一起玩。"

"我就不要你们玩。"

说着，小凡不再理会其他同学，一个人玩去了⋯⋯

小凡的行为就是缺乏合作精神的典型表现。

第六章 友谊无价，交往有度，教孩子社交守规矩

通常，缺乏合作精神的孩子，喜欢吃"独食"，比如做试验时，不允许其他同学操作；为了表现自己，喜欢当"个人英雄"，做事不顾全大局；比如踢球时，不懂得传球而想自己踢进去；事事自己做，不求人，以致"钻牛角尖儿"。

我们的孩子，其实有很大一部分是喜欢集体活动的，他们很快就能和小朋友们一起，玩得不亦乐乎。他们的团队精神比较好培养。

还有一部分孩子，他们或者性格孤僻，或者怕生，或者孤傲，总之，有各种各样的原因，不愿意呆在集体里，不愿意上幼儿园，这是比较难解决的。万一父母很忙，没人管，长期这样孩子的性格很可能会扭曲。我们先讲怎样让他能够进入集体。

孩子与集体形成的纽带应该是集体活动，或者运动，或者游戏。孩子在集体活动中体会到快乐，体会到完成整个活动的成就感、满足感，他就会明白，集体有这样的快乐，能在集体里实现这样的价值。那么，如果一个孩子畏惧集体而孤僻，怎么办呢？具体方法有很多。比如，他不跟小朋友玩，那总能跟父母玩吧。家长可以和他一起玩互动游戏，比如踢球，至少需要两个人踢，两人传球，配合，他踢出感觉，就会明白集体活动有快乐，有跟独自玩不一样的快乐。然后有一天爸爸没空了，叫他试着跟别人踢，慢慢地适应和他人的互动交流，慢慢地让他喜欢集体活动。可以一步步地来，循序渐进，慢慢改变他对小朋友的成见，体会集体的快乐，融入集体。

还有些孩子是孤傲的，由于在课外学的东西挺多，觉得老师讲得没意思，不爱去课堂，不爱听课。这种思想苗头对融入团队也比较危险。觉得这个团队不适合自己，这么小这样认为，回头一定要吃亏的。所以家长必须教孩子学会尊重团队，即便老师讲的东西理解了，也可以听听与自己的理解有什么不同。也许是家长对孩子的宠爱影响了孩子的自我感觉，孩子具有十足的优越感，觉得老师不行，小朋友们不如自己，这样是很危险的，长此以往孩子容易形成好高骛远的坏毛病。所以家长必须让他尊重团队，不要高估自己低估老师同学，这样融入团队后才有可能成为出类拔萃的角色。脱离了团

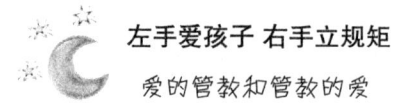

队,可能除了会孤芳自赏,将来什么都学不成,因为排斥团队就意味着孩子失去了提高诸多能力的机会。

　　团队精神的核心并非只是混在小朋友堆里一起玩,混进去只是第一步。最重要的是发挥才能、寻找快乐。你必须让孩子在团队活动里出力,让他明白,自己的出力帮助团队取得了很好的成果。孩子得到肯定,自己也感到满足。比如说,孩子参加了学校的植树活动,对孩子来说,可能只是随大流走过场,去玩一玩。但是如果回来后你问他今天种了几棵树,你们班种了多少,告诉他你们班种的这些树,以后会成为一片树林,对绿化起到很大的作用,能改变这一地区的风景。他会大吃一惊,没想到自己和自己团队做的事情会有这么大的价值。也许在以后的集体活动中,他会变得非常自觉,也变成活动的积极分子,明白自己所做事情的价值。如果你责怪他,怎么参加活动把衣服弄这么脏呀,一身汗呢,他对集体活动就会困惑,参加集体活动就会出人不出力,这种人很难运用集体的力量来完成事业。一个人能在集体事业中成为佼佼者,必能实现自己的价值。

　　孩子的教育中,一方面是自我精神、能力的培养,另一方面是团队的适应,两者并不矛盾,相辅相成。如果自我的个性和能力能在团队中发展得好,便能如鱼得水,如虎添翼。团队精神的培养是个长期的过程,不要求一朝一夕,而是形成习惯。这种团结合作的精神,不但能够应用于学校团队中,也应用于家庭生活和邻里相处。具有团队精神的孩子,有很快融入团队并适应团队的能力,走到五湖四海,到处都是朋友,到处都能有所作为。正所谓:我为人人,人人为我。这不是一种夸大其词的空谈,而是实实在在的能力。自小有团队精神的孩子,会使家长的教育变得更加简单,因为他在团队中有学习切磋和自我教育的机会。

　　孩子将来必然要走向社会,成为一个社会人。但是凭借他一个人的力量,可以得心应手地面对发生在他身上的一切事情吗?相信所有家长都会异口同声地说"不能"。

　　那么,孩子怎样才能扭转乾坤呢?那就是——合作,与人合作才是成功的根本。因此,孩子要想成功,就必须从现在打基础,培养合作精神。

第六章　友谊无价，交往有度，教孩子社交守规矩

对于那些缺乏合作精神的孩子，我们应该采取什么补救措施？

1. 让孩子认识合作精神的重要意义

现在的孩子多为独生子女，因此在家里，即便不与人合作，他们也能享受到许多利益。但是走出去后，情况就大不相同了，不与人合作可能什么都得不到。

所以，要想让孩子认识合作精神的意义与必要，家长可以把孩子带出家门，让他们感受一下不合作的坏处。当孩子知晓与人合作的利与弊时，就会自动萌发合作意识。

2. 帮助孩子形成很好的合作态度

有时在游戏中，孩子们能较好地合作，但是建构游戏时，却往往会出现合作不愉快。原因自然是孩子的过于自我，总是表现出较强的个性。但更多的情况是，如果最初合作不好，就很难有接下去的顺利合作。

因此，家长和老师应该有意识地培养孩子乐于合作的态度。比如，及时引导、帮助孩子们寻找共同的兴趣点，引导他们一起游戏，逐步形成良好的合作态度。通过事实教育，让孩子懂得游戏的顺利进行离不开大家的合作。

当孩子明白合作的重大作用时，就会自动形成良好的合作态度，乐于积极地与人合作。

合作，是孩子未来发展、立足社会的重要素质。在独生子女越来越多的今天，这一素质的培养显得尤为重要。因为独生子女在家里没有姐妹，合作机会很少，所以家长和老师应该有意识地加强孩子合作的意识与能力的培养。

3. 让孩子感受合作的乐趣

孩子做出合作行为时，往往自己不能明显地感觉到。因此，当孩子和父母一起做完事情后，父母应当真诚地表示感谢，让孩子感受到被需要的快乐；当家长看到孩子能与同伴一同友好配合地玩耍时，要及时地做出肯定与鼓励。

家长赞许的目光、肯定的语言、亲切的点头等，都能使孩子受到极大的鼓励，在情绪上产生快感，从而增强自尊、自信，强化合作的动机，愿意更多地、自觉地做出合作行为。

此外，家长应注意引导孩子感受合作成果，体验合作乐趣，从而激发孩

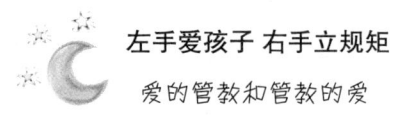

子进一步合作的内在动机，使合作行为变得更加稳定而自觉。

4. 营造良好的家庭氛围

民主平等的家庭氛围，是培养孩子合作精神的首要条件。在这样的家庭氛围中成长起来的孩子往往愿意、乐于与人合作。

通常，如果父母以民主平等的态度去理解尊重孩子，委婉地与其交谈，就比较容易赢得孩子的合作。比如孩子犯了错，家长暗示他的缺点却不当面指责，这样就给了孩子一个自我反省的机会；而家长有了错，则要向孩子认错道歉，这样不仅让孩子信服，还在无形中给他提供了积极的榜样。这样，家长与孩子之间就建立了一个良好的交流合作平台，父母的言传身教，则让孩子理解并能自觉运用社交礼仪与人交往、合作。

同时家长要主动积极地倾听孩子的声音，与孩子一起分析产生行为缺陷的原因和后果，共同寻找克服方法。当孩子提出自己的主张时，家长应给予尊重与理解。这样，孩子也就会形成为他人着想的意识，懂得对别人合理、正确的要求应该予以合作的道理。

因此，家长应积极创设民主、宽松、平等的家庭氛围，注重与孩子进行积极的情感交流，让他们在与父母的交流沟通中，形成与人合作的态度。

5. 要教孩子学会欣赏和接受别人

只有能够真诚地欣赏他人的长处，孩子才能从内心深处真正愿意接受别人。从实质上来讲，合作就是取他人之长，补自己之短，是双方长处的融合，也是双方短处的相互弥补。只有相互认识到对方的长处，欣赏对方的长处，合作才会有真正的动力和基础。因此，要经常给孩子灌输这样一种思想：任何人都有自己的长处，任何人都要学会真诚地欣赏他人。孩子在认识到别人长处时，也会在和别人的比较中，发现自己的缺点。当他认识到每个人都有缺点，也都有优点时，他的心态就比较平和，不会刻意地挑别人的毛病，也不会拒不接受别人对自己的批评。

在道德素养中，关心他人是很重要的一种品质。它需要人们在平时的工作、生活与学习中经常考虑别人的利益和需要，理解和体谅别人。关心他人，可以从关心父母开始。中外许多家庭教育专家都认为，从小要培养孩子

第六章　友谊无价，交往有度，教孩子社交守规矩

关爱父母的品质，将会对孩子一生的幸福产生十分有益的影响。

6. 教给孩子合作的技能

孩子小，缺乏社交经验，因此往往不懂得如何去分工合作。这就需要家长教给孩子合作的技能，指导他去合作。

家长可以通过画册、电视中的故事或者孩子之间发生矛盾时的具体事件，生动形象地向他们讲明白什么是分享与合作；还可以针对孩子在交往中可能出现的矛盾，向孩子提出一些问题，如"两个小朋友，只有一个玩具怎么办"，引导孩子找出适当的解决方法——"两个人轮流玩"，或者"两个人一起玩"。

比如，针对某个具体问题可以采用很多方式，但我们要选择其中最合适的、最好的方式。当一个小朋友来抢你手中的玩具时，你可以用武力将他推开，还可以放弃，或者是友好、认真地对他说："你别抢，咱们可以一起玩。"通过比较，让孩子在感性上有所认识，在面对矛盾时，去尝试处理矛盾。随着年龄的增长，随着阅历的增长，孩子会慢慢明白，在合作中既要尊重他人、服从大局，又要有自己的立场。

通过这些具体的合作情景，孩子逐渐学到合作的方法、策略。这样，孩子到了集体中便会主动与人合作。

父母心语

具有团队精神的孩子，有很快融入团队并适应团队的能力，走到五湖四海，到处都是朋友，到处都能有所作为。正所谓：我为人人，人人为我。

教孩子学会分享

奕可是个聪明可爱的小男孩，但是，他却养成了不肯与人分享的坏习惯。奕可和爸爸妈妈生活在一起，在家里，他是绝对的权威，但凡他的东

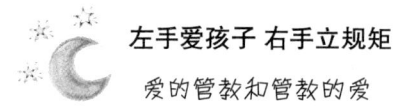

西，就是爸爸妈妈也不准动一下。比如说，爸爸妈妈给他买了点心，如果爸爸妈妈说："奕可，我们尝一点吧？"他肯定会一口回绝。家里要是来了小客人，奕可简直是如临大敌，他绝不会让小客人碰他的玩具。吃饭的时候，他还会目不转睛地瞪着客人，说："那是我最喜欢吃的牛肉，不准你吃！"弄得大家都非常尴尬。周末，奕可去奶奶家，只要见了奶奶家有自己喜欢的东西，他就会提出带回家。要是爷爷奶奶提出要上他家去玩儿，他一定会阻拦，弄得他的爸爸妈妈非常尴尬。爸爸妈妈私下里经常说："这孩子的性格究竟像谁呀？这么抠门、自私，我俩都不是这种人啊！怎么办？"

作为父母，千万不要因为担心孩子被欺负，而减少孩子与同伴相处的机会，要看到孩子与同伴相处的优势：其一，相近的年龄使得孩子之间的身心发展具有相似性，他们有相近的言语，有相近的思维，也就有了沟通交流的基础；其二，相处是个不断发展变化的动态过程，可能有摩擦、争斗，也可能喜悦无比，但不论怎样都有心灵的碰撞与启发。他们可以在喜怒哀乐中学会分辨、学会争取、学会妥协、学会分享。如果没有任何的问题与矛盾，孩子将失去适应力的锻炼机会，也就没有了运用自己的感官与头脑的必要与可能。

因此，作为父母，首先要学会忍心让孩子"吃点亏"，不要小看了你的孩子，否则你都不相信自己的孩子，别人又会怎么看呢？孩子在成长的过程中，模仿学习只是其中的一个方法，更多的仍然要身体力行去获得直接经验才行，即使是间接经验，也要通过孩子的实践，用最终的效果来决定取舍。如果这样做了，是好的结果，得到了好的激励，孩子就会选择这样的行为，否则，你怎么教都教不会。

在孩子与同伴交往的时候，父母一定不要自以为是地先去干涉，即使孩子向你求援，你也要告诉他：别怕，动动脑筋！这不但给了孩子尊重，也会使其他的孩子"佩服"你的孩子，认为他不是个只会找大人帮忙的人，是个有头脑的人！另一方面，你不能代替孩子与同伴交往，所以最好让他有机会"吃一堑长一智"！

家长如何引导孩子学会与人分享呢？

1. 家长是孩子最好的榜样

在日常生活中家长关心别人、帮助别人，自然会给孩子留下记忆。做了好吃的点心分给邻居尝尝，毫不吝惜地借给别人需用的物品。父母要为培养孩子分享意识起表率作用。父母要做与人分享的模范，经常主动地关心和帮助别人，如关心帮助贫病和孤寡老人等。这些行为都无声地告诉孩子应该分享。

2. 让孩子感受到分享的快乐

很多孩子愿意在别人家玩人家的玩具，但是让他拿出自己的玩具，他就不乐意了。如果是这种情况，你在客人到来之前，让孩子挑选几样他愿意让别人玩的玩具，告诉他不要担心玩具被弄坏。这样当他无条件地与别人分享东西时，他能感到自己对那些东西仍有控制力，它们还是属于他的。当许多孩子在一起玩时，可让大家把自己心爱的玩具拿出来共同分享，让孩子体验玩别人玩具的快乐，使孩子明白分享并不等于失掉自己拥有的东西。

3. 一起玩，好不好

古希腊的哲人亚里士多德早已指出"人是一种'社会性动物'"。伟大的思想家、革命导师马克思也揭示了"人的本质是各种社会关系的总和"。心理学家马斯洛说，"归属与爱的需要是人类的基本需要之一"。诸如此类的种种描述都肯定了人绝不可能孤立而生。尤其随着社会的发展，对人的要求也越来越高，在激烈竞争的同时，必须看到相互之间的差异与距离，只有建立人与人之间的攻守同盟、相互合作，才可能在动荡、变化中感到安全与支持，成人如此，孩子亦然。如果你的孩子学会了合作，也就拥有了安全生活的基础。

做父母的，如果因为孩子与同伴之间有冲突，就将孩子与同伴隔离，那真是太糟糕了。最好的办法不是"别跟他玩了"，而是"一起玩"：教给孩子一个巧妙的解决人际冲突的办法，让孩子开动脑筋，想一个"一起玩"的游戏，这不但将"化干戈为玉帛"，还会使你的孩子赢得同伴的赞赏，甚至成为同伴中的"小领袖"。

4. 给孩子创造与人分享的机会

父母要经常给孩子创造与人分享的实践机会。要从小训练，婴儿期就开始，孩子手中拿个布娃娃，成人手里拿辆小汽车，然后递给孩子小汽车，拿

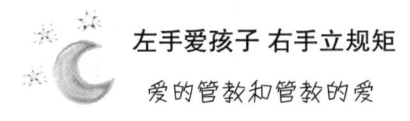

过孩子手中的布娃娃,这样反复训练,体会互惠信任。年龄大一点的孩子,与小伙伴一起玩玩具获得乐趣时,就会体会到分享的快乐。如再给孩子一点鼓励,孩子会感到这是一种新的玩具享受方法。如让孩子与其他小朋友共同分享活动的快乐;当家里买了水果、糕点时,要让孩子进行分配,如果分配得合理,就要及时表扬孩子。

5. 不给孩子"吃独食"的特权

有些父母过分溺爱孩子,把所有好吃好玩的都让给孩子一人享用。这样时间一长就强化了孩子的独享意识,把好吃、好玩的东西都据为己有。正确的方法就是,从孩子小的时候起就注意把好吃、好玩的东西让大家分享。不要给孩子搞特殊化,要形成一定的"公平"。父母要经常教育孩子,即看到自己也要想到别人,好东西应该大家分享,不能只顾自己不顾他人。

6. 给孩子"变换角色"的练习

让他懂得交往的基本规则。如果你的孩子很霸道,那只是一时的痛快,当所有的孩子因害怕他、不喜欢他,都不同他玩时,他就是最不幸的了。这时,不是他厉害,而是被抛弃了,被一个集体驱逐出境了!所以,做父母的必须预防孩子遭遇这样的境况,否则你就失职了!

父母心语

父母要让孩子明白,分享不是失去而是互利。分享体现了自己对别人的关心和帮助,同样,别人也会关心和帮助自己。大家相互关心、爱护、体贴,就会觉得温暖和快乐。

培养孩子的领导能力

美国体育运动心理中心主席安德逊教授认为:领导人不是天生的。那些管理机构、领导社团和带领体育运动队的男男女女,都是父母有意遵照一

第六章 友谊无价，交往有度，教孩子社交守规矩

些简单的规则而培养出来的。他们还是孩子时，父母就培养了他们的领导意识、坚强的精神和独立的思维。没有今天所花费的时间和精力，就不会有明天的领导能力。

那么，你应该怎样培养孩子的领导能力呢？

1. 父母应该成为孩子的支持者

在平时家长要注意培养孩子的自信心和团队领袖能力。帮助孩子树立自信心和给予充分的鼓励。倘若孩子失败了，要安慰和继续激励；如果成功了，要加以肯定和赞赏。这样孩子从此就会信心倍增，不断创造成功。

晶晶心里一直有个愿望：就是自己能当上班干部。可是，从入学到小学毕业，老师从来没有任命过晶晶担任过任何职务。这让晶晶心里一直很郁闷。

升入初中，新学期开学。班里面公开投票选择班干部，晶晶竟然被意外地推举为数学小组长。她欣喜万分，比当了班长的同学还要高兴。她觉得自己的努力终于得到了同学和老师的认可了。

放学后，晶晶迫不及待地把这一消息告诉了妈妈："妈妈，我太高兴了，告诉你一个天大的好消息！"

妈妈笑着问："你考了100分吗？这么高兴？"

晶晶摇摇头，叹了一口气，对妈妈说："妈妈，你怎么整天只关心分数呢？我今天被同学们投票选举为班里的数学小组长了！"

妈妈并没有被晶晶的喜悦感染，反而冷冷地说："我还以为是什么大喜事呢？不就是一个小组长吗？又不是班长，当个小组长有什么好骄傲的！"

晶晶顿时仿佛被冷水当头一浇，兴奋一扫而光，心里既难过又悲伤。

晶晶妈妈的做法是不可取的。孩子渴望当上班干部，这是一种很正常的心态。最后通过自己的努力被同学们选为小组长了，心里面有很多的兴奋和高兴，想与妈妈分享。可是，孩子心中特别珍惜和倍感骄傲的事情，在妈妈眼里却如此不值一提，甚至还遭到妈妈的刻意贬低，孩子如同被当头打了一棒，热情的火焰迅速熄灭，信心也会迅速坍塌。这会对孩子的成长造成非常不好的影响。

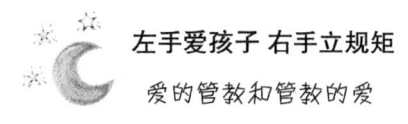

孩子的自信心来自家长，家长首先应告诉他："我知道你完全能够做这件事！"等他把事情做完之后，家长再告诉他："你做得棒极了！"

从孩子开始迈出第一步的时候，家长就应当树立孩子的自信心。当孩子蹒跚地走到你的怀抱中时，他就赢得了人生路上的每一个胜利；而你对他的紧紧拥抱，就会让他体验到成功的欢乐。当这些形成良性循环的时候，他也就会接连不断地取得成功。

2. 让孩子用心考虑如何取得成功

劝导你的孩子多想想如何去取得成功，而不要为成功路上可能会遇到的坎坷过多地担忧。相信自己能够取得成功，才能够成为一位激励他人追随自己的领导者。

"可能性思考"是领导能力的一种重要体现。那些能够认真地思考问题，并把想出来的解决之法告诉大家的人，无疑将成为大家的领导者。鼓励孩子作如果前提变化又将怎样的推测。孩子一旦具备勤于思考、善于推测的能力，往往很容易成为同龄人中的领头羊。

3. 让孩子们积极探索

一个小姑娘，在自家院内的泥坑里使劲地挖着一块石头。当她费力地把那块石头挖出来后，拿着它高兴地跑到了爸爸跟前。"爸爸！你快看看，我挖出了一块非常漂亮的石头。"她激动地对爸爸说。他的爸爸漫不经心地看了一眼，很随便地说道："你只是挖到了一块带着泥巴的普通石头。"女儿听爸爸这么一说，满脸的兴奋转眼间不见了。她把手中的那块石头扔掉，然后垂头丧气地走进屋内。

这位做爸爸的应该怎样对女儿说呢？他应该高兴地对女儿说："多么漂亮的一块石头呀！让我们把它清洗干净，以便我们能够好好地欣赏它。接下来我要给你一条毛巾，一副手套，或许你能够发现更加漂亮的石头。"这位做爸爸的应该知道：石头上的泥土很容易被洗掉；然而，他对孩子探索精神和想象力所造成的创伤，却是短时间内无法愈合的。

孩子们都很钦佩那些勇于探索、敢于迎接挑战的人，并乐意效仿他们。然而，大多数时候，我们却教孩子们循规蹈矩，不要冒险。

4. 给他们一个机会

领导才能需要在实践中不断磨炼。鼓励你的孩子出面组织一些集体活动。支持孩子在班上竞选班干部，在运动队中担任负责人，因为这些都可以给孩子提供展示自己领导能力的机会。如果孩子能够成为校学生会或团支部的成员，那么他同样拥有锻炼并展示自己领导才能的良好机会。

然而，你需要注意的是，应当让你的孩子在他自己感兴趣的领域，争取成为领导者。有些孩子乐意作运动场上的领头羊，另一些孩子则对当班干部情有独钟。并不是每个孩子都能够成为班长，或者都想成为班长。但写作方面才华横溢的孩子，可以成为校报的编辑；擅长下象棋的孩子，则可以力争成为学校象棋俱乐部的部长。孩子们在自己所擅长的领域统领别人，有助于他们树立信心，而信心又是领导能力的基础所在。

5. 做孩子竞选活动的支持者

当班级中竞选学生干部时，你的儿子或女儿希望能够当选。遇到这种情况，你应该主动做孩子竞选活动的支持者，并为孩子竞选出谋划策。比如，当我的孩子想竞选班干部时，我告诉他一条秘诀：每天到学校刚一见到班上的同学，就热情地打个招呼，向他们友好地微笑。

久而久之，他的人缘就会很好，就能够团结班上的许多同学，这样一来，他在竞选班干部时也就有了较好的群众基础。试想一下，那些不仅对自己圈内的朋友热情相待，而且也对其他同学表示友好的孩子们，是很容易得到大家认可的，也很快能够成为大家的领导者。

6. 教孩子学会尊重他人、灵活应变，并具有责任感

积极育儿法研究中心位于美国北卡罗莱那州的加斯托尼亚市，在该中心工作的家庭心理学家约翰·罗斯蒙多，把尊重他人、灵活应变及责任感视为家长应当在孩子身上培养的基本品格。领导的重任时常要落到那些为人随和、以礼相待（尊重他人），遭受挫折时总能想出新的解决方法（灵活应变），并且敢于面对自己行为所带来的结果（责任感）的人们的肩头。

没有天生的领导者，只有后天造就的领导者。那些掌管着某一组织、负责着某一居民区及带领着某一运动队的男人与女人，都是尽心尽责的家长们

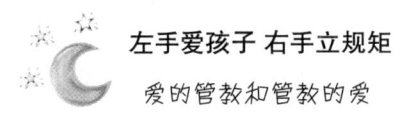

所培养出的领头人：这些家长们无不遵循了用于培养领导者素质——智力与独立思考的能力——的简单准则。他们的孩子不会人云亦云、随波逐流；他们会坚持自己的信念，拿出自己的解决办法。

领导能力无论是在目前，还是在将来，都能让人受益匪浅。无论男孩子或女孩子，如果能在班里及课外活动中表现出较强的领导能力，那么这要比他或她表现出较高的智力或考出较高的分数，更准确地预示出孩子成年时的成功。

是否能够在自己所管的4~5岁的孩子们中间，辨别出哪些是领头的孩子。答案是绝对的。这些孩子都比较自信，尊重成年人和与自己一般大的其他孩子，乐意让别的孩子和自己一块儿玩玩具，有幽默感，表现出较强的创新精神和好奇心。他们总是最先开始做某件事情，其他的孩子们则在一旁观望，然后在他们的带领下跟着做。而且最为重要的是，他们的热情极具感染力。

最后需要提醒一点，真正能够对孩子起作用的，是你的言传身教，而不是你的夸夸其谈。如果你整日对你的邻居或同事说三道四，你就无法指望你的儿子或女儿尊重他人；如果你偷税漏税，那么你也无颜教育你的孩子承担自己应该承担的责任。对领导者进行的研究表明，他们的父母也展示出了领导素质，尽管他们时常是以一种并没有为众人意识到的方式来展示的。他们把社区服务看得很重要；他们乐于助人；他们梦想着自己的家人能够养成高尚的品德，而不是获得丰厚的物质财富。在现实生活中，他们时常展示出能够让全家摆脱困境的内在力量。

营养专家告诉我们，如果你想让孩子身体健康，那么你就应当给孩子提供健康食品：你投入什么，你就收获什么。这条法则也适用于性格培养。你对孩子的关爱与引导，可以让孩子获得那种能够转化为领导才能的内在力量与信心。

父母心语

你投入什么，你就收获什么，你对孩子的关爱与引导可以让孩子获得那种转化为领导才能的内心力量与信心。

第七章

把握与孩子沟通的尺度,孩子才肯听

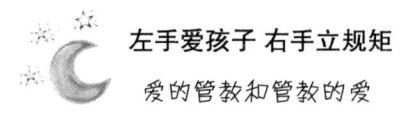

沟通从家庭开始

"您常和孩子聊天吗?"当记者带着这个问题去问15位中小学生的家长时,有10位家长答案是一致的——很少聊天。只有一位家长表示,她和孩子沟通顺畅。一所中学对230多名高一至高三的学生调查发现,有七成的学生不喜欢和家长聊天,有什么心事宁愿倾诉给好朋友也不会对父母吐露半个字;而有八成的家长感到自己和孩子存在距离和隔膜,觉得无法理解孩子的所做所想。那么到底是什么原因造成了这种隔膜呢?

经常有家长向教育专家咨询:和孩子每天沟通多长时间比较合适?如果家庭教育规定出时间,那样就太刻板了,和孩子沟通不是学校上课,家庭教育要融入日常生活中,应随时随地自然而然。

星期五下午18:30,是英格全家一起商定的会议时间,大家很快就会聚一堂。英格和她的弟弟彼得希望得到孩子喝的调味酒,而且在家中点上蜡烛,这样在家中营造一种轻松舒适的氛围,谈话是由小事情展开的,英格首先发言:"正如你们所说,我会太胖,但是你们对此什么也不做。爸爸和妈妈总是在我面前吃巧克力,而我只可以看看,我希望你们帮帮我。"全家决定制定一个卡路里表,到儿科大夫那里去咨询允许的饮食限制。比较单薄的小弟弟彼得也表示,他以后可以悄悄地吃巧克力。

母亲的话题是"零花钱",因为英格认为80分尼的零花钱太少了,所以母亲问她:"你需要多少零花钱?你有些什么样的愿望想要实现?"英格谈了她的理由:"我希望有时候买点只属于我的东西,我还想秘密地买,买好后再给你们看。"但是英格又认为母亲把零花钱提到一个半马克太多了,她只想要一个马克,如果她再觉得不够的时候,还会就这个问题在家庭会议上同父母谈的。

孩子们逐渐地适应了向父母袒露他们的情感要求,他们希望父母晚上经

第七章 把握与孩子沟通的尺度，孩子才肯听

常陪他们一起玩一会儿，父母毫不犹豫地答应了，但同时他们也提出了对孩子的要求，即孩子要做到及时上楼、吃饭和洗澡。

英格的一家人都很赞成这种交谈方式，这使父母与孩子可以轻松地畅所欲言，而且大家都乐于去实施做出的决定，家庭的情感沟通、家庭教育都收到了理想的成效。

在家庭中对沟通技能、方法的掌握与学习，与孩子未来社会适应能力的高低紧密相联。如果一个孩子从小在家庭中能够同别的成员很好地沟通，当他步入社会时，他也能很好地与人沟通。

再忙的父母，每天都该空出一点时间来和子女作些沟通的。如何在和谐的家庭环境中与孩子实现有效沟通呢？

1. 定期举行家庭会议

家庭会议既可以是严肃的，也可以是游戏式的，它并不拘泥于形式和内容，只要是家庭内的事，无论大小，都可以通过"会议"这一渠道来沟通、来决定。关键是要全体参与，人人发表意见，因而它是平等的。为什么要定期呢？定期，容易渐渐成为家庭成员共有的习惯，成为家庭"惯例"。

2. 安排父母与孩子独处的黄金时间

"黄金时间"是指父母每天或每星期拨出一段时间，让孩子决定在这"黄金时间"中的活动。孩子可向父母说出心底话，而父母一定要用心倾听，了解孩子的感受，但不要立刻下判断。孩子亦可以要求与父母玩各种游戏。父母关心孩子在学校的表现、与朋辈的关系，是理所当然的事。若能每天抽出时间与孩子相处，让他们自由发挥，他们便更容易向父母尽诉心中情。

3. 有一本专门的对话本

这是一种纸上的对话，旨在交换意见和感受。

对含蓄的中国父母来说，不易口头探讨的诸如青春期的生理保健等，用文字说明更方便些。之所以要用专门的本子，是为了平时可以"回顾"，将来可以"回味"。

4. 对一时不能达成共识的问题，先以微笑将其保留

国外的教育学家、心理学家经过认真研究，提出"微笑协商解决冲

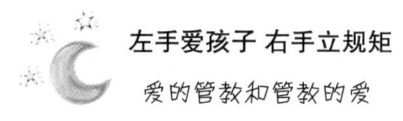

突"。具体为：分析确定冲突是什么；分析判断冲突的实质是什么；找出解决这一冲突的各种办法；分析冲突一方不能接受的解决方法；找出冲突双方都能接受的解决方法；实践并检验调整双方能接受的解决方法。最后，让沟通成为我们生活重要的一部分。

生活无时不在沟通中行进，缺少沟通的生活是没有生气的枯萎的生活，父母与子女的沟通是情感的需要，也是成长的需要——两代人共同的成长。光有一颗爱心是不够的，我们还需要学习爱的技巧，培养爱的能力。

父母心语

仅有一颗爱心是不够的，我们还需要学习爱的技巧，培养爱的能力。

与孩子交流时应当少说多听

李颖有一个11岁的女儿，母女两人感情很好，形影不离，无话不谈，让身边的邻居朋友羡慕不已。可是，只有李颖自己知道，与女儿之间的沟通，她做了多少功课，下了多少工夫。

有一段时间，李颖因为工作原因，精神状态很不好，跟女儿说话也没了耐心，更多的是指责和呵斥。比如：一天，女儿放学回家，比平时晚了一点，李颖便劈头盖脸地呵斥："去哪里了？怎么比平时晚了？"女儿说："我和小霞一起去叶子家玩。"李颖依然不依不饶地说："我很担心你！你知不知道？以后放学就回家做功课；不许到处跑！"女儿听了脸色很难看，然后不理李颖就回自己房间去了。

李颖也意识自己说话语气和说话方式都不太合适，但觉得没什么大不了，就没怎么关注女儿的看法。后来李颖发现女儿越来越不听话，甚至不愿意跟自己多说话，每天回来就做作业，做完就睡觉。她担心女儿出了什么问题。于是去咨询家庭教育专家，专家听了李颖的情况给她开了一个"药

第七章 把握与孩子沟通的尺度，孩子才肯听

方"：多倾听孩子的诉说，与孩子交流时少说多听，并交给了她许多倾听孩子心声的技巧。

从此，李颖转变了自己的态度，也不再随便对女儿的言行作价值判断；即使当孩子不同意自己的看法时，她也会承认女儿想法的合理性，并积极做个女儿的倾听者，母女俩的关系又回到了从前。

一天，女儿放学回来沮丧地对李颖说："妈！今天的考试考坏了，我好难过。"李颖听了，停下手边的工作，坐下来温和地对女儿说："愿意详细地跟妈妈说说吗？"女儿看了看妈妈，点点头，然后就一五一十地把自己考试考坏的情况给妈妈讲了。李颖听后，先安慰女儿，接着和女儿一起分析了失败的原因，并和女儿制定了相应的补救措施。

和女儿分析完情况，已经是深夜了。女儿感激地看着妈妈，说："妈妈你真好！有你这样的妈妈，我太自豪了！"那一刻，李颖也感觉很幸福。

倾听孩子的心声，让孩子把内心的真实想法说出来，体会孩子的感受，不但可以增进父母与孩子之间的感情，也可以让孩子明白，不管有什么困难和烦恼，都会得到父母的体谅和支持。这会让孩子有安全感，而这种安全感可使孩子的创造力和理解力得到全面的发挥。

倾听孩子说话，重要的是少说多听。经常有孩子抱怨："没有一个人真正听我说话，他们只是在说自己的！"孩子对这种情况有特殊的感受。称职的父母，一定要学会聆听孩子说话，用自己对孩子的信任、尊重去促使孩子多说话，让孩子把自己的所思所想都表达出来，这样才能与孩子进行良性的交流和沟通。

在聆听孩子说话时，要注意以下问题。

1. 要对孩子的话题表现出兴趣

也许孩子所说的一切，在父母眼里很幼稚，但是父母在聆听孩子说话时，一定要对孩子以及孩子说的话表现出浓厚的兴趣。这样，孩子才能感觉到被尊重，也会感到自己是重要的。

2. 要给孩子留出时间

在孩子获得成功或者喜悦时，他们很想让父母分享他们的好消息或者愉

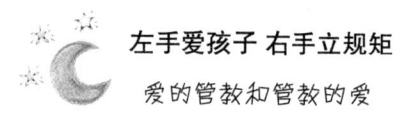

快的心情；当孩子内心经历着恐慌、创伤或失望时，他们也需要父母温情的安慰。所以，父母不论多忙，都要给孩子留有时间，不要让孩子觉得父母由于着急做其他的事，没工夫听他们说话，要给孩子留一部分时间说话，给孩子有倾诉表达的机会。

3. 听孩子说话时，一定要集中注意力

父母和孩子交流时要选择合适的时间和地点，比如选一个安静的地点，一个不忙的时间，这样才能够做到专心听孩子说话。在这个时间。不要想其他的事情，忘掉其他任何让人分心的事，只关心与孩子的交流，真心与孩子接触，哪怕只是几分钟，也要认真倾听。

4. 耐心地鼓励孩子谈话

在听孩子说话的过程中，要善用一些鼓励的词，如"嗯""我懂了""不错"等，也可以适时地提一些简单的问题引导孩子。不要随便打断孩子的话，让孩子尽情地把想说的都说出来。

5. 注意自身的行为语言

父母要善于利用自己的行为语言向孩子表示"我在听着呢""我感兴趣""你说的真有意思"。有下面几种信号可以表示对孩子的注意：一是用慈爱的目光注视孩子；二是正面面对孩子；三是与孩子紧挨着坐等。

6. 帮助孩子弄明白，并说出自己的经验

在聆听孩子说话的过程中，父母要及时回应一下，通过自己的言语对孩子的叙述加以解释和说明，可以帮助他们弄清楚自己所表示的意思。在解释时，要多运用词汇，尽可能帮助孩子把自己想说的话准确、清楚地表达出来。

父母在倾听孩子说话的时候要肯花时间、有耐性，做个有修养的听众，"用心"倾听孩子的心声，用心走进孩子的世界，积极发现孩子的优点，然后对孩子的优点进行发自内心的赞扬。鼓励孩子，尝试着不去批评孩子，只要父母耐心地这样去做，了解关怀孩子，孩子就会很乐意和父母在一起，如此，拥有一个心理健康的孩子并非梦想，孩子也能顺利迈向成功之路。

孩子开始哭或发脾气时，很重要的一点是父母要和蔼持续地倾听，亲切地留在孩子身边，温和地抚摩或搂住他，讲几句关心的话，但不要多。例

第七章 把握与孩子沟通的尺度，孩子才肯听

如，"再多告诉我一些""我爱你""发生这样的事我很难过"。假如你在此时说话说得太多，你就会在这种"交流"中凌驾于孩子之上，不能倾听孩子的话。如果你能听听孩子的想法，而不是企图"纠正"他，那么孩子会深深地感受到你的关心。

当孩子感到紧张或孤独时，他可能"制造"一个情况，以使父母不得不对他的行为给予限制。一旦父母定出合理的限制，孩子就会趁机哭闹发脾气，从而消除他感受到的紧张。假如此时父母能给孩子几句使他安心的话并耐心倾听他，他就能摆脱恶劣的心境，变得情绪放松、明白事理，接受父母制定的限制。不过，如果孩子身上已积累了大量的不安、愤怒或不信任感，那么他就得经过若干场哭闹才能消除掉足够多的情绪积累，才能意识到父母是爱他的。

许多父母发现，倾听孩子哭泣或发脾气而不是要求他"恢复正常"的做法，实际上要比试图控制并转移他的注意力或强迫他举止温顺有礼更容易，也更有益处。孩子哭泣和发脾气的时候会感到自己的世界已经崩溃，此时你向他传递你的爱能达到最佳效果。当你留在他身边，不提任何要求，他迟早会修整好自己的世界，而你对他的关怀会成为这个世界中充满活力的一部分。

定期地给孩子"专门时间"倾诉，意味着你开始尊重孩子的判断力，开始倾听他急于摆脱的紧张及其他感受。开始"倾听"几乎对于所有的父母都非常困难，因为我们现在学着要给予孩子们的关怀与"倾听"，我们大多数成年人自己都不曾享受过。在这陌生的领域中，我们会感到不舒服，但是，孩子的反应就是我们的向导。每一次耐心地倾听他们的倾诉，每一次充满探索或笑声的"专门时间"，都会说明：我们寻求的与孩子之间的爱和信任正在得到加强。

父母心语

如果在孩子情绪最糟时你在倾听、关切他，他会深深地体会到你对他的爱。

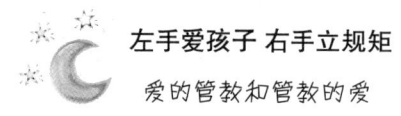

和孩子沟通，讲究方式很重要

父母应注意和孩子说话的语气。

孩子兴冲冲地跑回家："妈妈，我想把在学校发生的所有事告诉你！"

妈妈："你说，你说，妈妈听着呢！"

孩子："我们班的小帅又把新来的女老师气哭了。"

妈妈："噢！"

孩子："小明和强子打架被老师罚站了。"

妈妈："噢！"一边说，一边还在厨房里不停地忙碌着。

孩子继续："我们要发新书了！"

妈妈："知道了！"

孩子有点不耐烦："妈妈，你到底有没有在听我讲啊！"

妈妈："听着呢，都听见了。"

孩子："那就给我复述一下。"

妈妈："我现在忙着呢！"

孩子："算了，我也不跟你说了，你好像一点也不关心，我回屋了！"

像上述例子孩子的妈妈一样，很多父母由于没有学会与孩子进行有效的交流，往往在不知不觉中，用一些孩子不会喜欢的声调，说了一些违反自己本意的话，结果和孩子造成了不必要的冲突。

没有哪一位父母打算让孩子伤心，也没有哪一位父母会对自己说"今天只要有可能，我就要让孩子下不来台"，只不过有的时候没有注意罢了。

也有很多父母在动怒的时候，往往口无遮拦。因为是他们觉得，对于自己的孩子，他们完全有资格骂，所以多难听的话都能说出来。有时觉得说得越难听，越能提醒孩子注意。哪里想到，许多话是有严重后果的，绝对不能说出口。例如：

"给我滚!就当我没有你这样的儿子!"
"你以为你是谁,你可是我养大的!"
"妈妈不要你这种不听话的孩子,现在马上给我滚出去!"
"你简直一无是处!"
"你很讨厌!"
"养个你这样的孩子,我真是倒了八辈子的霉!"
"你可是我养大的,有本事别让你老子养着你呀!"

诸如这类的话对孩子都是一种"威胁"。孩子听到,心里会怎么想?也许他还没有关于"自尊"的意识,可是这话会让他感到自己是个没用的人,是个累赘,可又无力改变这个现实。这种矛盾的心理会让孩子惶恐和无所适从。这样的情绪压抑得太久,必定会化为愤怒,总有一天会爆发出来。那时,很可能会有严重的后果了。

作为父母,要想让孩子接受自己的意见,使教育达到一定的效果,必须学会与孩子说话,必须注意和孩子说话的口气。

教育专家建议,父母与孩子交谈可以采用以下方式:

诱导式:通过循循善诱,使孩子增知增智,获得乐趣,加深感情。

协商式:对孩子采取平等的态度,尊重孩子的人格,通过商量和讨论,启发孩子动脑筋想办法,使孩子积极参与交谈。

说理式:动之以情,晓之以理,当不赞成孩子做什么的时候,应解释原因,说明道理,并使孩子理解。当孩子做错事时,应帮助孩子分析原因,指出危害,使孩子心服口服。

另外,在与孩子交谈时,父母注意自己的口气,还要特别注意以下几点。

1. 要平等对待孩子

要从平等的地位出发,不摆父母的架子。在心情好的时候要这样,在心情不佳或被顶撞的时候更要注意态度。

2. 要以孩子为中心

要以孩子关心和感兴趣的话题进行交谈,当然,有父母和孩子都感兴趣

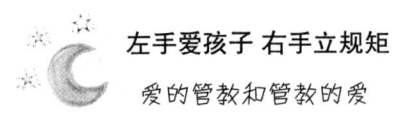

的话题更好。父母与孩子以这类话题交谈最容易沟通,也便于掌握孩子的思想动向。

3. 要有足够的耐心

有些问题孩子不一定能很快理解,父母要有耐心帮助孩子慢慢认识。总之,只要父母掌握与孩子交谈的艺术,在教育孩子的过程中一定能取得好的效果。

父母心语

只要父母掌握与孩子交谈的艺术,在教育孩子的过程中一定能取得好的效果。

幽默的力量大无穷

阿勇是个十分风趣的人。秋收的一天,他拖着疲惫的步伐从田里割稻回家,想舀水来洗脸,却发现水缸里已经没有一滴水了(这个村里还没有自来水,村民吃水、用水都要到河里去挑)。阿勇没有责怪放暑假在家的孩子没有挑水,也没有命令他去挑水,而是拿起水勺对孩子说:"小伙子,你到隔壁大妈家里借几勺水先用一用吧。"孩子听出了父亲是在给自己提意见。他二话没说,就红着脸去挑满了整整一缸水。

这就是用幽默的方式教育孩子的好处。

家长在教育孩子的时候,往往喜欢板起面孔说教,这样就不如来点幽默,教育效果将会更好。幽默是润滑剂,能使大家融洽地相处;幽默是快乐之源,能使我们的家庭生活充满和谐与快乐。在我们的家教中,恰当的幽默不仅能使孩子免去在大人面前的拘谨,还能使其在轻松一笑中接受良好的、正确的教育。

前苏联著名诗人米哈伊尔·斯维特洛夫就是用幽默的方法来教育孩子的

第七章　把握与孩子沟通的尺度，孩子才肯听

高手。有一次，诗人刚进家，就发现一家人慌作一团，诗人的母亲正在打电话给医院请求急救。原来，诗人的小儿子舒拉别出心裁地喝了半瓶墨水。诗人明白：墨水是不至于使人中毒的，所以用不着慌张，而这正是教育舒拉的好时机。于是，他轻松地问："你真的喝了墨水？"舒拉得意地坐在那里，伸出带墨水的舌头，做了个鬼脸。诗人并没有发火，他从屋里拿出一叠吸墨水的纸来，对儿子说："现在没有别的办法了，你只有把这些吸墨纸使劲地嚼碎吞下去了。"一场虚惊就这样被诗人的一句幽默给冲淡了，并且在家人的嬉笑中结束。舒拉原想以此成为家人的中心，但是未能如愿。此后，他再也没有犯过类似出风头的"错误"了。

"缺乏幽默是悲哀的。"家庭教育也同样如此。幽默感应在父母的语言修养中列居特殊的地位。

幽默是一种行之有效的、不可忽视的家庭教育手段。幽默感可以感染孩子。在一个充满幽默欢笑的家庭里，孩子就会变得活泼、热情、开朗。西方国家的教育机构相当重视对孩子幽默感的培养。作为启蒙教育者的父母，与子女开些善意的玩笑，鼓励孩子说些健康的俏皮话，用幽默的方法教育孩子，是十分有益的。儿童心理学家认为，这绝非逗乐，而是在培养孩子健康欢乐的个性。

对待孩子的错误，严肃认真的批评是一种教育方法，有时采取幽默的手段同样也可以达到教育的目的。我们不应总是用斥责惩罚的方式对待犯错误的孩子，不要让孩子总是担心受到惩罚，而要使他们在看出自己的谬误的同时破涕一笑，其效果往往比板起面孔训斥孩子好得多。

幽默感重要吗？十分重要。一个具有幽默感的孩子表明他有一种积极的、乐观向上的人生态度，他将来一定会拥有较好的人际关系，这对他一生的发展将有举足轻重的作用。因此，有人认为，幽默感也是衡量人才素质的一项标准。

幼儿往往会直接感受到的是幽默作品中的错位与夸张。比如：妈妈说："宝宝该睡觉了。"孩子问："那巧克力呢？""它也该睡了。""好的，妈妈，那就让它睡在我的肚子里吧。"这是一种错位。夸张也很重

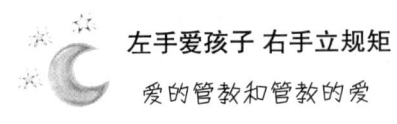

要，能使孩子认识事物的重要特征。孩子往往因认知、理解能力有限，无法理解复杂微妙的感情，而夸张的手法则强调了事物的特征，能使他直接感受到。

要培养具有幽默感的孩子，年轻父母不妨抽出一点时间来，与孩子一起欣赏具有幽默感的生活小事，在生活中善于发现幽默。孩子的天性是快乐的，让孩子在轻松、充满幽默气氛的环境中成长吧！

下面支点招数。

1. 根据孩子的年龄和认识水平，选择合适的幽默作品让他听读

在欣赏与自己年龄相符的作品时，孩子不仅会对作品本身感兴趣，也会对作品的幽默之处有所期待，在一次次的重复中，他仍兴致盎然，开心地等待最精彩的情节的出现，然后开怀大笑。

2. 在生活中发现幽默

在我们平淡无奇的日常生活中，也有不少妙语和好笑的片断。比如有一个小朋友说："我喜欢下雨天，下雨了，可以用雨水洗盘子，把盘子放在外面就行了。"还有一个小朋友说："有一个外国老师吃火锅，她把蘸的调料当饮料全喝光了。"父母要做个有心人，捕捉生活中有趣的情节和对话，经常与孩子一起分享快乐。

3. 根据孩子的兴趣把握"重点"

有的孩子在欣赏幽默画或幽默故事时，并不喜欢父母完整地讲述整个故事，父母不如就把讲解的重点放在"惊喜"之处，让孩子过把瘾。

4. 尊重孩子，允许有不同的理解和看法

在欣赏同一个作品时，孩子与父母往往从各自的角度、以各自的经验去理解作品。比如在欣赏《父与子》系列漫画时，父母可能理解为"父子情深"，而孩子的理解却是"这个孩子太调皮了"。父母可鼓励孩子大胆地发表自己的看法、发挥想象，这样，他才能在欣赏的过程中获得情感的释放、理解能力的提高和想象力的发展。

第七章　把握与孩子沟通的尺度，孩子才肯听

父母心语

父母多一份幽默，子女就更多一份笑声、多一份欢乐、多一份力量。幽默不仅能消除父母与子女之间人为的紧张情绪，而且可让子女在笑声中健康成长，达到寓教于乐的目的。

别让打骂孩子成为一种习惯

望子成龙、望女成凤，是天下父母们的普遍愿望。为什么竟有父母还采取非打即骂的教育方式？究其原因有以下几点：

一是受传统教养观念的影响。不可否认，传统的教养观念对许多为人父母者仍然有着潜移默化的影响，如"棍棒之下出孝子""不打不成人，不打不成才""打是疼，骂是爱，气极了，拿脚踹""三天不打，上房揭瓦"等。因为在传统观念中，父母与孩子的关系就是上对下，没有尊重孩子、与孩子平等相处的概念。

二是有些父母自己小时候就常常挨父母的打骂，于是在教育自己孩子时继承了上一辈的"光荣"传统。尽管他们也深知被父母打骂的滋味，心里也会产生怨恨、反抗，但毕竟自己已长大成人了，于是就糊里糊涂地把打骂当成了教育孩子的一种顺理成章的措施。

三是有些父母觉得教育孩子是个"苦差"，再加上工作繁忙或其他原因，懒得思考其他的方法来管孩子，认为打骂教育最方便，见效也最快。因此，一旦孩子犯了错误、有了问题，就直接动棍棒，特别是脾气暴躁的父母更会容易这样做。

四是父母自己的生活状态。有的父母自己不成功，在社会生活中相对失落，往往会把全盘控制孩子作为一种逃避和满足，甚至把自己在社会中的压力转嫁到孩子身上，比如要求孩子一定要出人头地，一定要绝对优秀等。

也有的父母打孩子是出于一时冲动，但是，也会造成不良的后果。由于

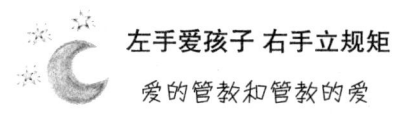

他们教育"失重""失度",有意或无意中采取了打骂的教育方式,结果事与愿违,出现了不少触目惊心的家庭悲剧。

请看下面的两则故事:

故事一:有一对夫妇工作普通、家境普通,但是他们的儿子却不普通,明显比其他同龄孩子活泼、聪明。为了把这么聪明的孩子培养成才,夫妇俩省吃俭用,花钱让孩子上各种辅导班,花钱给孩子买电子琴并请老师教。孩子也很争气,学习好、电子琴弹得好,深得众人喜欢。就是这样一个好孩子,却不能让做父亲的满意,父亲经常为一些小事训斥孩子。邻居时常能够听到父亲训斥儿子的声音。孩子小的时候,父亲的训斥很管用。但是随着孩子越来越大,父亲的训斥就不管用了,还时不时顶撞几句。于是父亲就将训斥升级为打骂。邻居过来劝解,那父亲却说:"这有什么?官打民不羞,父打子不羞,孩子不打不成器……"就这样,儿子在父亲简单粗暴的教育之下,开始逃学、打架、不思进取。当然,这样换来的,是父亲更加凶狠的毒打。一次儿子因为顶撞父亲而被用绳子吊起来毒打,做妈妈的怕儿子被打残或打死,就向110求救。从那天后他们就再也没见到儿子,等他们再见到儿子的时候,儿子已经进了监狱,他们夫妇去看儿子的时候,儿子却不愿意见自己的父亲……

多么让人伤感的故事啊!当然这样的事情有些极端,但是下面的例子就是最平常的了。

故事二:有一位老师晚上10点多在街上巧遇了无精打采的15岁学生小平,问他为什么这么晚了还在闲逛,孩子支支吾吾地说:"早上出门的时候,因为一件小事爸爸骂我时我顶撞了他,晚上回去肯定会被爸爸打的,因此到现在还没有吃饭,也不想回家。"他还说,爸爸对他和妹妹都很严厉,动不动就打骂,走路慢了要挨骂,做错事了要挨打,考试成绩不好要挨打。不管什么事情,只要爸爸看不顺眼,都会责骂,甚至动手。他说,不知道爸爸为什么这么对待他和妹妹,他甚至怀疑自己和妹妹是不是爸爸亲生的。让他疑惑的是,有时候爸爸对他和妹妹又非常关心,非常好。因为爸爸经常打骂他,让他非常愤怒,也没有自信。在爸爸打他的时候,他甚至想杀了爸

第七章 把握与孩子沟通的尺度，孩子才肯听

爸,但想到妈妈,想到妹妹,想到爸爸对自己的好,每次都忍了。但是,他现在真的不想再念书了,他想离家出走,到外面去流浪……

老师感到了事态的严重,一早就去了他家,把头天晚上的事情给孩子父母说了,听完后他们嘴张得大大的,半天说不出话来。之后,妈妈一边不停地擦眼泪,一边埋怨丈夫:"就知道打骂,就知道打骂。"而他的爸爸则低头坐在一边,时不时来一句:"为什么这样,我也是为他好啊!"这位老师告诉他爸爸:"我们为孩子好的出发点是对的,但教育孩子的方法不仅仅是简单的训斥和打骂。孩子大了,有自己的人格和自尊,孩子有缺点、错误应该批评、应该教育,但是不应该这么简单粗暴。我们做父母的应当把孩子当一个大人一样,平等对待,要和孩子坐下来进行交流。孩子大了,沟通、交流要比训斥、打骂有效得多。有时候当自己错了还应当向孩子道歉……"

当天下午,老师组织一家人坐在一起,父母说父母的想法,儿子说儿子的委屈。爸爸向儿子道歉,儿子也原谅了父母。那场面,父母哭、儿子也哭。之后,爸爸变了,儿子也变了,爸爸不再打骂小平,小平的倔脾气也慢慢地改了,不再和同学老师较真,越来越阳光、随和,学习成绩也逐步上升,高中毕业时以优异的成绩考入重点大学。

广大的家长朋友们,从以上两个故事中我们是否能够得到某些启示?我们爱孩子,对孩子严格要求并没有错,错的是不恰当的教育方法。现在有一些家长对孩子的教育就是打、就是骂,而不是尊重,不是说服,更不是沟通。"棍棒之下出孝子""孩子不打不成器"的教育观念已经过时,动不动就打骂、训斥的教育方法也已过时。

有关教育研究指出,孩子如果生活在批评之中,他就学会了谴责;如果生活在敌意之中,他就学会了争斗;如果生活在讽刺之中,他就学会了害羞;如果生活在暴力之中、地狱之中,他就会成为魔鬼!心理学家也指出,杀人犯大多是在暴力的、缺乏爱的环境里培养与成长起来的。

打骂不是教育孩子的好方法。打骂孩子,只会造成严重的亲子隔阂;会让孩子失去自信,悲观厌世;会让孩子变得脾气暴躁,心惊胆战;会让孩子对父母、对学校、对社会产生不满的情绪;会导致孩子说谎的行为;会促使

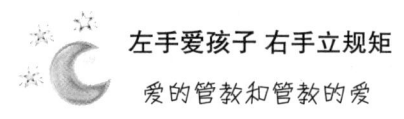

孩子陷入孤独的深渊；会使孩子学习错误的解决问题的方式；会造成孩子人格畸形等。

父母心语

孩子如果生活在批评之中，他就学会了谴责；如果生活在敌意之中，他就学会了争斗；如果生活在讽刺之中，他就学会了害羞；如果生活在暴力的地狱之中，他就会成为魔鬼！

赞美给予孩子奇特的力量

电视上曾播出过这样一个故事。故事中的年仅15岁的女中学生小华前后离家出走多达45次。她父亲采取说教、责骂、体罚、跪求女儿等方式均未能阻止小华离家出走的念头和行为，反而加剧了女儿对父亲的怨恨和反抗。父亲最后不得已将孩子反锁家中达一年之久，但最终还是被女儿设计骗过逃离家门。面对自己教育孩子彻底失败的事实，父亲伤心之余还是把最后的希望寄托在教育专家身上。教育专家在通过与父亲女儿对话了解孩子的成长过程之后，得出了一个令父亲吃惊的结论：孩子始终缺乏家长的赞美是导致孩子畸形成长的诸多因素中的一个关键所在。

有一位钢琴家的故事，很让人感动：

1985年9月，我在联邦德国萨尔布吕肯市给一批年轻的钢琴家上主课时发现，如果我在某个学生的背上轻轻拍一下，他就会表现得更为出色。我便在全班学生面前对他杰出的演奏予以赞扬，使他自己以及全部学生大为惊奇的是，他马上超越了自己的原来水平。

我记得第一次表扬使我感动得如何幸福和骄傲！我当时7岁，我的父亲要我帮忙在花园里干些活。我竭尽全力卖劲地干活，也得到了最丰厚的报酬。当时他亲了我一下说："谢谢你，儿子。你干得很好。"60多年后，他的话

第七章 把握与孩子沟通的尺度，孩子才肯听

仍然在我耳边回响。

16岁时，由于与我的音乐教师发生分歧，我处于某种危机之中。后来著名的钢琴家冯·萨尔——李斯特的最后一个活着的弟子来到布达佩斯，要求我们为他演奏。他专心地听我弹了巴赫的C大调"Toccata"，最后，冯·萨尔起身，在我的前额上吻了一下。"我的孩子，"他说，"在你这么大时，我成了李斯特的学生。在我的第一堂课后他在我前额上亲了一下，说：'好好照料这一吻——它来自贝多芬。他在听了我演奏后给我的。'我已经等了许多年准备传下这一神圣的遗产，而现在我感到你当受得起。"

在我的一生中没有别的什么可以比得上冯·萨尔的赞扬。贝多芬的吻神奇地把我从危机中解脱出来，帮助我成为今天这样的钢琴家。不久将轮到我把它传给最值得接受这份遗产的人。

赞扬有一种神奇的力量。如果运用得当，将使许多受赞扬者获益终生。

赞美是同批评、反对、厌恶等相对立的一种积极的处世态度和行为。一个人不管是通过语言还是通过行为，只要表达出对别人长处和优点的肯定和喜爱，都可以说是赞美。俗话说："好话一句三冬暖，恶语伤人六月寒。"一句真诚的话语会给人温馨给人感激，真诚的赞美更会给人信心给人力量，催人奋进。台湾作家林清玄曾在报纸上发表一篇文章，极力赞美一个小偷的技艺如何高超，脑瓜如何聪慧，并真诚地感叹如果此人将智慧和能力用在正道上，肯定能成大事。恰巧此文章被小偷看到，感动之余，洗心革面，重做新人，几年后成为一个享有盛名的企业家。此赞美的神奇功效让人叹为观止。

美国第16届总统林肯出身于贫寒家庭，以伟大的人品、钢铁般的意志、质朴而又高超的处世艺术，由摆渡工、律师、议员成为总统。他的处世名言是"人人都需要赞美，你我都不例外"。

要想让孩子生活在和谐、温暖、相互信任、相互赞美的氛围中，使孩子养成健康向上的健康心理，能积极主动面对生活中的种种问题，从而使孩子的人生旅途充满着笑声、掌声、充满着决心和信心，那就要学会做赞美孩子

的家长，让你的赞美成为承接孩子昨天成绩与明天进步的加油站。

赞美其实是一种艺术的体现，父母要想演绎好这门艺术，要有一双善于发现的眼睛。

我们许多父母习惯于用审视或挑剔的眼光注视孩子，在这种心态的支配下，我们看到的多是孩子的缺点和不足，而当我们换一种心态，改用信任、欣赏的目光关注孩子的行为时，就会发现，原来每个孩子都有那么多的优点和长处。要想真正做到用信任欣赏的目光关注孩子，必须改变那些根植在我们思想深处的观念。

不要对孩子抱有不切实际的过高的期望值。面对当今日益激烈的社会竞争，许多家长望子成龙心切，都想让自己的孩子无所不能、无所不精、各方面都力求胜人一筹。这种过高的期望值导致家长看着自己的孩子这方面不行，那方面也不行，结果是越看越生气，越比越失望。

不可否认，父母们这样做无疑是出于对孩子的爱。父母对孩子寄予期望也是情理之中，是可以理解的。但是，父母要把握对孩子的期望标准，一旦父母的期望标准背离了社会需要和孩子身心发展的内在规律，让孩子觉得目标可望而不可及时，就会严重影响孩子的性格发展和身心健康。

所以，父母对孩子的期望要把握好"度"。那么，作为父母，又该如何正确把握对孩子的期望呢？

1. 善于鼓励孩子的进步

要求尽善尽美的父母，通常是期望太多，批评太多，总是挑毛病。当父母在孩子身上寄予很高的期望，同时又不断地指出孩子的不足之处时，实际上是在使孩子失去勇气，在降低孩子的自信心水准，这些父母往往忽略了孩子较小的、积极的行为，这就很容易犯苛求和越权的错误，而漠视孩子的权利，这与孩子的成长是不相适应的。相反，如果父母时刻注意到孩子的每一点进步，并及时加以鼓励，就会使孩子充满活力，并且产生要多做一点的欲望。这应当引起父母的足够重视。

2. 激发孩子的动机

如果父母要使期望成为现实，就必须让孩子把期望化为自身发展的内在

第七章 把握与孩子沟通的尺度，孩子才肯听

动力。如今的孩子，大都生来就享受着众多成人给予的关爱。在这样的生存空间里，孩子不知不觉地养成了一种被动的习性，习惯于等待外来的指令和安排，而真正源于内心的需求与动机则显得相当缺乏，从而导致主动性与创造性水平低下。有时处理不好甚至还会产生逆反心理。这样的期望，能对孩子产生作用吗？

3. 设立积极恰当的期待

作为父母，给孩子提要求是必要的，因为孩子的自我约束能力差，需要有人帮他树立目标并促其前进。但是，这种要求和期望应该现实一些，如果孩子的基础较差，父母就不要定过高的目标。如果孩子觉得自己和这个目标差距太大就会丧失信心，产生自卑。日久天长，对孩子的一生都会有严重的不良影响。一般而言，给孩子树立一个"跳一跳就能够得到"的目标是最合适的。教育心理学家认为，对孩子提出恰当的期待和要求，这更容易产生良好的"期待效应"。

相信天下的父母都是爱孩子的，都希望自己的孩子健康快乐地成长，所以，父母要有平和的心态，适当降低对孩子的期望值，给孩子减少压力，根据实际情况和孩子一起制订合适的奋斗目标。应该学会倾听孩子的心声："因为我是菊花，所以请别让我在夏天开放；因为我是白杨，所以请别指望从我身上摘下松子。"

尊重了解孩子，不随便将成人的意愿强加给孩子。父母应对孩子的这种自主性的表现给予鼓励和赞赏，并为孩子提供锻炼的机会。

4. 不以成败论英雄，而应多关注孩子努力的过程

如果你细心观察，在孩子的行为过程中你会发现许多美妙之处。如孩子在绘画时的专注神情、玩玩具时的丰富想象、游戏中的相互协作、表演时的乐观真诚等无一不是值得我们成人欣赏的。如我们直奔结果而去，我们可能什么都看不到，因为孩子的行为结果可以说是没有什么社会价值，他们通常是为体验过程而去做某些事情的，这也正是孩子们的可爱之处。

父母们请务必记住，对待任何一个孩子，往往是表扬越多优点越多，训斥越多毛病越多。

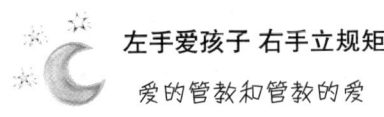
左手爱孩子 右手立规矩
爱的管教和管教的爱

赞美是父母送给孩子的最好礼物。父母越是能够发现和放大孩子的优点，孩子就会具有更多的优点，就会变得更加优秀。

父母心语

学会做赞美孩子的家长，让你的赞美成为承接孩子昨天成绩与明天进步的加油站。

第八章

最宽松的规矩，走出最优秀的孩子

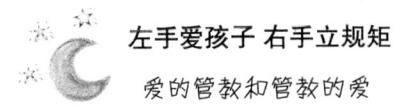

左手爱孩子 右手立规矩
爱的管教和管教的爱

让孩子有一片自由的天空

什么是快乐的孩子？我们每个人都会清楚，有自由的孩子才是快乐的孩子。在童年时代我们都会很贪玩，只要孩子懂得玩的限度就可以了；其实玩对孩子来说也是一种学习、交往的方式，是锻炼胆量、意志的一种方式。有时候这种玩会给他带来人生的动力和成长的启示。

我们经常会听到类似的呼声"给孩子减负，让孩子自由"，而有关的部门也正在努力做，正如有老师说："我们已经在学生的课业上减负了，但是家长们却没有给孩子减负，不是给孩子找家教就是上各类的补习班，不是学弹钢琴就是学画画，孩子大部分的自由时间都被挤占了。"望子成龙、望女成凤是普天之下所有父母的心愿，我们对此没有什么异议，但爱孩子的同时你是否替孩子想过，他们的心里在想些什么？他们需要什么？他们喜欢过什么样的生活？如今的父母都在千方百计地为孩子着想，让他们从小有文有武，总想着多学点东西以后会更优秀，父母们的这些做法都有着自己的道理，但是如果你的孩子不乐意去学，那还能达到你预想的效果吗？

让孩子拥有多种技能，父母的用意是好的，但是如果把孩子的自由时间全部都排满了，孩子没有一刻闲着，那孩子就永远只能活在束缚下，永远都长不大了。因为一个真正成熟的孩子，是一个不用靠他人管教的孩子，是一个能独立的孩子，他能成为自己的主人。而要做主人就必须有足够的自由、自主能力，可以按照自己的条理来安排好自己的生活。

有时候孩子不听话，是其要求独立自主的表现。独立自主是健康人格的重要构成，它对孩子的生活、学习质量以及成年后事业的成功和家庭生活的美满都具有非常重要的影响。

有一天下午，家里的"小皇帝"马俊峰要买一支气枪，父母没答应。又有一天，马俊峰捂着肚子，硬要钱去买哈密瓜吃，得到的却是父母的白眼。

第八章 最宽松的规矩，走出最优秀的孩子

再有一次，马俊峰要玩遥控飞机，伸手去爸爸口袋里掏钱，没想到竟挨了一巴掌……夫妇俩严格地"控制"着儿子，连一些正当的要求也不肯满足他，这与之前"衣来伸手、饭来张口"的巨大反差，使儿子产生强烈的不满和怨恨。有一天，他趁父母不在，撬开大立柜，摸出100元钱，就到街上吃喝玩乐去了。

夫妇俩并没有察觉到儿子的异常行为，反而为儿子不再像从前那样伸手了而感到很满意：还是严点儿好，这孩子还懂得父母心。夫妇俩哪里知道，儿子自从第一次偷拿钱以后，便变得毫无顾忌了。他由偷拿几十元钱发展到偷拿上百元钱。甚至把大立柜里一张3 000元钱的活期存折都拿走了。夫妇俩终于发现了儿子的"秘密"，顿时火冒三丈——父亲抡起了巴掌，沉稳的母亲也动了拳脚，直打得独生子哭天叫地，好不悲凉。

饱尝了皮肉之苦的"小皇帝"开始对父母疏远了，常常饿着肚子也不回家吃饭。这时，一帮小哥们围上了他，他们给他饭吃、给他钱花，并引诱他偷窃掏包。马俊峰被人当场抓住手腕三次，只是被偷者见他年纪小，没忍心对他大动干戈罢了。马俊峰并未引以为戒、痛加改悔，反而变本加厉、愈演愈烈，先后四次进了收容所。

上述案例是一个因控制孩子过严酿成的悲剧。假如因为这样教育出了不听话的孩子，那么责任应该谁来负呢？自然是父母。

要想让孩子具有自主性，要想孩子减少不听话行为，父母应该适当放手，让孩子自己去做事情。其实，父母们只要肯放开手，就会惊奇地发现孩子的潜力是无穷的，他们能做许多在父母看起来不可能做到的事情。至于父母应该具体如何做，教育专家给出了如下建议。

1.给孩子空间，让他自己往前走

孩子当然喜欢生活在母亲的怀抱里，但是他不能永远这样。有这样一位母亲，孩子已经上小学二年级了，送他上学还要费力地背着他走，直到离学校几十米远的地方，因为怕老师看见，才不情愿地把孩子放下来……如此被母亲呵护长大的孩子，他的自主性从何谈起呢？做父母的，应根据孩子自身的特点和能力，扩大孩子自由活动的空间，如鼓励他自己找朋友玩，让他在这个空间里自己当主人。

2. 给孩子条件，让他自己去锻炼

用拔苗助长这种违反客观规律的做法培养孩子，肯定是要失败的，但完全采用"顺其自然"的态度，也不利于孩子的成长。遵照客观规律，积极创造条件，让孩子去锻炼，这才是父母应该采取的正确做法。

3. 给孩子困难，让他自己去战胜

俗话说"穷人的孩子早当家"，生活在穷困家庭的孩子，恶劣的生存环境自然就为他准备了艰苦锻炼的条件；现在生活水平普遍提高了，父母应多想办法给孩子设置一些困难，让孩子去解决；孩子在生活中碰到困难，也要求他尽量自己去解决，从而培养孩子应对未来的能力和意志。

4. 给孩子冲突，让他自己去解决

和成年人一样，孩子在一起时也难免有冲突。解决冲突的过程，正是孩子健康成长、走向成熟的过程。当孩子向父母诉说自己遇到的诸如人际交往之间的矛盾时，父母应鼓励孩子去面对，指导孩子自己去解决，而不是回避它，更不宜由父母代替孩子解决问题。

5. 给孩子权利，让他自己去选择

孩子的自主性在他的自主选择上表现得最为明显。但不少父母怕孩子选择错误，从来不给孩子选择的权利。这样的孩子长大后，就不能很好地适应竞争激烈的社会生活。父母应主动给孩子选择的权利，并告诉孩子要对自己的选择负责。

6. 给孩子题目，让他自己去创造

创造是自主性的最高层次的表现。孩子的创造性不是自然而然产生的，它需要父母的积极引导和巧妙激发。有一个孩子特别爱玩泥，而且能捏出一些花样来。于是父母主动给孩子买了各种各样的泥塑和橡皮泥，对孩子说："你要玩就好好学、好好捏、好好练，要有新点子。"在父母的鼓励下，孩子充分发挥自己的才智，初中毕业时，已经能轻松捏出栩栩如生各具特色的人物形象，后来还以此特长考上了工艺美术学校。

第八章 最宽松的规矩，走出最优秀的孩子

父母心语

没有比友谊更贵重的礼物。在充满爱、耐心和温存的指教下，父母能使孩子们学会这些方法。

要欣赏和肯定自己的孩子

国外有一位小学教师做过一次心理实验。她将学生分成"蓝眼睛组"和"棕眼睛组"。她对学生们说："最近的科学报告已证实，在学习上，蓝色眼睛的孩子比棕色眼睛的孩子更聪明，学习成效更好。"

大约一周以后，"棕眼睛组"的能力水平明显下降，而"蓝眼睛组"的能力有了显著的提高。然后，小学老师又对全班宣布是自己弄错了，蓝眼睛和浅色眼睛的孩子才是"弱者"，而棕色或深色眼睛的孩子才是"强者"。很快"棕色眼睛"的学生能力提高了，而"蓝色眼睛"的学生能力下降了。

心理学上说，心理暗示可分为良性暗示和负面暗示。每个人都需要良性暗示，因此我们应该随时随地给孩子以高声喝彩，做一个拉拉队员。

有一个严厉的妈妈，她只是希望女儿比一般的孩子稍微好一点儿。她无微不至地照顾女儿的衣、食、住、行，又紧张于她的学习。虽然她没有过多地在孩子面前表露自己的心声，但是，她对女儿的爱浸透在每一件洁白的衬衣上、每一本漂亮的书皮上和课外辅导教室外每一分钟的等待中。她觉得自己是一个好妈妈。

忽然有一天，女儿的话惊醒了自以为是的她，女儿说："妈妈不爱我，妈妈总觉得我还不够好，妈妈也不以我为荣。"

那天，妈妈想了很久很久，她原以为只有老师才需要学习先进的教育方法，其实，她这个做妈妈的何尝不需要学习呢？

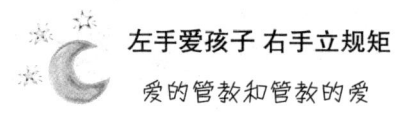

孩子需要妈妈的鼓励,需要妈妈的掌声,需要妈妈为她骄傲,胜过其他一切。孩子的心灵像干涸的小苗,渴望被肯定,渴望得到积极的评价!

有一位优秀的母亲。她有一个很有才气的女儿洋洋,洋洋16岁时就出版了一本诗文集。母亲述说的女儿写诗的故事,让我们看到一个女孩的才华是怎样被激发出来的。

母亲常对女儿说:"孩子,妈妈是你永远的读者。"正是这样忠实的读者培养了这样的少年诗人和作家。

妈妈的鼓励,让女儿信心大增,写诗方面的潜能逐渐表现了出来。以后,女儿又陆陆续续地写了第二首、第三首……后来又开始写散文、小说。

洋洋说:"妈妈的欣赏是我写作的最大动力!"

可见,用欣赏的眼光看待孩子,是现代父母送给孩子最好的礼物。父母若期望孩子成人、成才、成功,最佳的办法就是:永远做孩子的欣赏者,培养孩子的自信,欣赏孩子的才华。

琳琳小的时候学东西比别的孩子慢半拍,为此,她的父母曾为此非常担心,孩子以后会学习好吗?能跟上其他孩子的学习进度吗?琳琳上小学了,爸爸妈妈还是鼓励她,说她一定能行的。正当父母都认为琳琳不会有什么好成绩的时候,琳琳却带回了一张100分的试卷。这是一张数学测验的试卷,上面被老师画满了红色的勾勾。

"这是你的卷子吗?"妈妈有些不相信,她吃惊地问琳琳。"当然是我的,不然还会是谁的啊!"琳琳自豪地对妈妈说。"琳琳真不错,告诉妈妈你是怎么考出这么好的成绩的?"妈妈问道。

"老师讲课的时候我经常听不太懂,所以下课之后同学们都出去玩,我就把不懂的地方拿去问老师,老师再给我讲一遍,我就全懂了!做作业的时候如果有不会做的题,我就把老师讲的课再复习一遍,不会做的题也就会做了。所以考试的那些题目我都会做,就考了100分。"琳琳高兴地对妈妈说。听了琳琳的话,妈妈更自豪了,虽然自己的孩子算不上聪明,却如此好学和努力。

赏识自己的孩子,告诉孩子成功与失败并不是对立的,它们不过是一种

第八章 最宽松的规矩，走出最优秀的孩子

比较。有时，成功只是比失败多了一点点，只要刻苦努力，就是在不停地前进。就像上例中，琳琳的父母鼓励孩子，看到了孩子的刻苦努力，并因此为自己的孩子感到由衷的欣慰。

作为父母，应该赏识自己的孩子，对他们的努力给予最热情的支持和鼓励。不要因为自己孩子的不聪明而气馁，而应该尊重孩子、多鼓励孩子。很多情况下，父母应该故意淡忘孩子的聪明与否，而重视孩子的努力，并把这种理念传递给孩子，让他们感觉到只有努力才能获得父母的认可和夸奖。

有个孩子对一个问题一直想不通：为什么他的同桌想考第1就考了第1，而自己想考第1却才考了全班第21名。回家后他问妈妈："我是不是比别人笨？我觉得我和他一样听老师的话，一样认真地做作业，可是，为什么我总比他落后？"妈妈听了儿子的话，感觉到儿子开始有自尊心了，而这种自尊心正在被学校的排名伤害着。她望着儿子，没有回答，因为她不知该怎样回答。

她想为儿子的问题找到一个完美的答案。

儿子小学毕业了，虽然他比过去更加刻苦，但依然没赶上他的同桌，不过与过去相比，他的成绩一直在提高。为了对儿子的进步表示赞赏，母亲带他去看了一次大海。

儿子和母亲坐在沙滩上。母亲指着前面对儿子说，你看那些在海边争食的鸟儿，当海浪打来的时候，小灰雀总能迅速地起飞，它们拍打两三下翅膀就升入了天空；而海鸥总显得非常笨拙，它们从沙滩飞入天空总要很长时间，然而，真正能飞越大海横过大洋的还是它们。

后来，儿子再也不担心自己的名次了，也再没有人追问他小学时成绩排第几名，因为后来，他已经以全校第一名的成绩考入了清华大学。

母亲给出的答案多么经典：当海浪打来的时候，只有笨拙的海鸥才能真正飞越大海横过大洋。父母给孩子的是鼓励和欣赏，而不是迁就和姑息。

有时候，也许孩子所取得的结果是错误的，但是其间所付出的努力和收获却是宝贵的。例如一道比较难的数学题，孩子通过冥思苦想，终于想出了解答方法。当他运算的时候，却因为马虎，算错了一个数字，最后导致整个

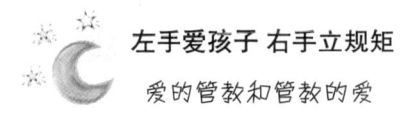

题目的答案算错了。这时,父母首先该怎么做?是训斥孩子算错了,还是表扬孩子找到了解题的方法?许多父母可能会先想到前者,他们只看到孩子把结果弄错了,而没有看到做事过程中孩子的努力与收获。所以,每当父母觉得孩子错了,想骂他、打他的时候,一定要从另一面去"发现"孩子。

父母心语

作为父母,应该赏识自己的孩子,对他们的努力给予最热情的支持和鼓励。不要因为自己孩子的不聪明而气馁,而应该尊重孩子、多鼓励孩子。

多给孩子一些关注

有这样一个小故事:

我曾经和花儿对过话,就那么三句话,那是在一个特定的痛苦条件下发生的故事。

八年前安眠药没能杀死我的生命,连续失眠了七天七夜,吃不下任何东西,最后一天我做了一个梦,而梦醒了以后,我就可以和花儿对话了,那是平生第一次,也仅有那么一次。

我问花:你为什么不说话?

花答:因为你没有在意我。

我又问:你为什么现在又说话了呢?

花答:因为你现在在意我了。

我又问:你为什么存在?为何而美丽呢?

花答:为在意我的那些人。

这三句话震撼了我的整个生命。

我愿意透露这个能够让人觉得属于秘密的故事,只是想说一句:关注是一种爱,至于爱有多深,就看你关注得有多深、多细致了。

第八章 最宽松的规矩，走出最优秀的孩子

每个孩子都需要从父母那里得到足够的重视。孩提时代缺乏父母的关注的人往往自私、执拗，不懂得理解别人，也往往不信任自己。

一天，一个中学校长气冲冲地对班主任说："我去上厕所，回到校长室，正好看到这个女孩在翻我的抽屉，手里有两枚一元硬币。"

班主任听后倒抽一口冷气，气急败坏地对这个女孩说："昨天你私进美术室拿走四罐橡皮泥的事，还没有解决呢，今天居然……"班主任像泄气的皮球坐在凳子上，打量面前这个胆大妄为的女生：乱糟糟的头发，脏兮兮的衣服，光从外表就是一个不惹人喜爱的孩子。

"你去校长室拿了多少钱？"

"就两元。"

"做什么用？"

"买铅笔。"

"为什么不问家长要？"

"他们不给，说我乱花钱，他们只喜欢弟弟。"最后那句话充满委屈。

放学后，班主任去了女孩家做家访。

女孩所谓的家只是村里的汽车库，闷热、潮湿，屋里乱七八糟堆满了生活必需品和劳动必需品。与父母的交谈中班主任得知：女孩从小在农村长大，祖辈也甚为娇宠，为了上学才来大城市与父母一起生活，家中还有一个弟弟，父母在车站靠帮人拉行李运东西谋生，每日起早贪黑、忙于生计，无暇顾及姐弟的生活，即使有空闲，也仅对家中的男孩关注多一些。于是经常看到女孩脏兮兮的衣着、乱糟糟的头发，同学的疏远也就难免了。

女孩小时候也是被祖辈宠爱着长大的，如今在家中在学校都备受冷落，幼小的心灵就这样迷路了。其实女孩是缺乏关注，得不到成人世界的肯定和鼓励，孤独的她需要用各种反常的行为来引起成人世界的关注，加之小时候在祖父母身边长大，难免任性，缺乏良好的行为习惯，父母又没有耐心和时间来关心教育她。

女孩很孤独，父母的忙碌、学习的普通，使她失去了家长和老师应有的关注，她用过激的行为来寻求关注，以此引起老师和家长的重视。其实现

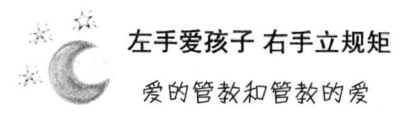

在的独生子女都很孤独,家长把过多的精力放在了生活的忙碌和生存的压力上,好像这成了生活的本来意义和目的,老师忙于通过批改和加课来提高教学质量,好像这就是学生在学校的唯一目标,人们无暇或疏于通过口头或肢体的语言向自己的亲人表达关注的情感。孤独的孩子有的沉默,有的内向,有的借助于电视,有的借助于同学或朋友,不断寻找弥补的对象。他们的成长尽管不缺乏物质的满足,不缺乏知识的灌溉,却缺乏应有的爱的关注。

试想,人群中除却少数优秀和少数后进的以外,其余的却都是大多数,他们不会有骄人的成绩,也不会有反常过激的行为,每天不需要父母和老师费多少心思,他们"乖乖"地生活和学习,教室里老师甚至感觉不到他们的存在,家里父母也只关注学习成绩,也可能一学期老师都没有和他们谈过话,也可能在家里和父母的谈话仅限于"功课做好了吗""考试成绩怎样了"等简单的话语,谁来关注他们内心世界的波动和烦恼,他们的心理成长几乎是自生自灭的,或者可以说是在孤独中摸爬滚打的。

有人说,21世纪将是心理疾病高发的时代,我们的孩子何其不幸,要面临这样一个压力空前的生存环境,父母应该尽可能地做出努力,每天给孩子多一分关注,让孩子远离因缺乏关注而造成的孤独,别让他们在孤独中成长。

父母该如何给予孩子积极的关注呢,具体该怎么做?

(1)经常聆听孩子的倾诉,力争准确理解并表述出对他的感受,使孩子感到他在父母心中所占的重要位置。

(2)及时赞许孩子表现出的良好品行,使孩子有许多机会了解自己的优点、长处和进步,从而引起积极的进取愿望和信心。

(3)生活中,父母应尽可能多地抽出时间与孩子进行一些亲子阅读或亲子游戏之类的活动,活动中父母可以"助手"或"顾问"的身份,给予孩子好的建议,引导他们提高活动能力和水平。

(4)适当让孩子做一些简单的、力所能及的家务,让他在劳动中体验自己的价值,并增强为家庭成员服务的责任感。

第八章 最宽松的规矩，走出最优秀的孩子

父母心语

每个孩子都需要从父母那里得到足够的重视。关注是一种爱，爱有多认真，关注得就有多深、多细致。

把时间分给孩子

一位爸爸下班回到家很晚了，很累并有点烦，发现他5岁的儿子靠在门旁等他。

"我可以问你一个问题吗？"

"什么问题？"

"爸，你1小时可以赚多少钱？"

"这与你无关，你为什么问这个问题？"父亲生气地说。

"我只是想知道，请告诉我，你1小时赚多少钱？"小孩哀求。

"假如你一定要知道的话，我1小时赚20美金。"

"喔，"小孩低下了头，接着又说，"爸，可以借我10美金吗？"

父亲发怒了："如果你问这个问题只是要借钱去买毫无意义的玩具的话，给我回你的房间并上床。好好想想为什么你会那么自私。我每天长时间辛苦工作着，没时间和你玩小孩子的游戏。"

小孩安静地回自己房间并关上门。

父亲坐下来还生气。约一小时后，他平静下来了，开始想着他可能对孩子太凶，或许孩子真的是很想买什么东西，再说他平时很少要过钱。

父亲走进小孩的房间："你睡了吗孩子？""爸爸，我还醒着。"小孩回答。

"我刚刚可能对你太凶了，"父亲说，"我将今天的气都爆发出来了，这是你要的10美金。"

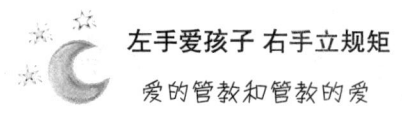

"爸,谢谢你。"小孩欢叫着从枕头下拿出一些被弄皱的钞票,慢慢地数着。

"为什么你已经有钱了还要?"父亲生气地说。

"因为这之前不够,但我现在足够了。"小孩回答。

"爸,我现在有20美金了,我可以向你买1个小时的时间吗?明天请早一点回家我想和你一起吃晚餐。"

将这个故事与你所喜欢的人分享,但更重要的是与你所爱的人分享这价值20美金的时间这只是提醒辛苦工作的各位,我们不应该不花一点时间来陪那些在乎我们、关心我们的人而让时间从手指间溜走。

美国曾经一项对全国3~12年级的1 023名学生的调查表明,孩子希望有更多的时间同父母在一起,希望父母不要总是忙忙碌碌,并希望父母重视自己。华盛顿的"青年发展研究所"对年龄在11~14岁的429个孩子的调查发现,孩子普遍希望能与父母有更为紧密的联系,希望能与父母在一起做些简单的事情。美国许多孩子说:"对我们来说,能与父母在一起多呆一会儿是最大的愿望。"

教育专家们也指出,父母能够给予孩子的最好礼物就是时间。

现代生活的快节奏和人们心理的躁动不安,以及各种复杂的社会和生活问题,使得人们很难安心地与孩子们在一起。也许我们真的有无数事情要做,但这并不意味我们在工作与照顾孩子之间必须做出选择。父母只要稍动脑筋,就会发现许多事情都可以变成娱乐。做饭时,父母不妨与孩子玩玩"过家家的游戏",其实这并不耽误做出一顿丰盛的晚餐,还能培养孩子的家庭责任感。与大一点的孩子一起做家务、猜谜、说故事、讲谚语都是不错的内容。

调查显示,我们身边超过40%的家长与孩子沟通时只谈孩子的学习,而沟通的方法多数仍以"家长"自居,以命令口吻与孩子说话,更有一部分家长干脆承认无法与孩子沟通。如今孩子喜欢的父母是和蔼的、朋友式的、愿与孩子沟通的、有幽默感的,而家长对孩子的尊重是良好沟通的前提,因而家长应学会倾听孩子的心声。

现今,不少家庭由于种种原因把孩子交给老人抚养和教育,这种由祖辈

第八章 最宽松的规矩，走出最优秀的孩子

对孙辈的抚养和教育称之为隔代教育，隔代教育有利也有弊。有利的因素有以下几个方面：老人有较多的育儿经验，有充裕的时间和足够的耐心。由于祖孙的血缘关系，老人会本能地对孙辈产生慈爱之心，这就有了隔代育儿获得成功的心理基础。多数老人们常有一种儿童心理，特别喜欢和小孩玩乐，极易形成融洽的关系。因此，为教育孩子创造了良好的机会和条件。老人丰富的生活知识和深厚的人生阅历为教育孩子提供了资本和权威性。

然而，由于老人受历史条件和自身年龄特点的局限，不可避免地存在一些不利因素，我们对此应该有清醒的认识。老人容易溺爱孩子。多数老人常有一种因自己年轻时生活和工作条件所限没有给予子女很好的照顾，而把更多的爱补偿到孙辈身上的想法。这种想法往往导致产生"隔代惯"的现象。老人对孙辈疼爱过度，处处迁就孩子，容易造成孩子任性、依赖性强和生活自理能力低下。还有一些老人因过度疼爱孩子而"护短"，致使孩子的弱点长期不能得到矫正。老人对孙辈的溺爱和护短，造成孩子很难接受其父母的严格要求和批评，还容易形成感情隔阂和情绪对立，使正常和必要的教育难以进行。

许多老人不顾时代已发生了很大的变化，仍用老观点要求孩子，教给孩子过多的老经验，缺乏开创性精神和发散性思维的培养。

下面支点招数：

（1）父母每天都要尽量花一定时间与孩子在一起，时间长短并不重要，重要的是每天都要花一定时间坐下来与孩子朋友似地谈心。

（2）远离日常事务走出家门，对孩子和大人都有益处。只要有可能，父母就应设法与孩子一起去郊游、散步等。

（3）如果你的工作的确很忙，不妨每天制定一个工作时间表，并尽可能取消应酬、聊天等不是非干不可的事情，这些时间完全可以奉献给孩子。

父母心语

无论我们多忙，关心孩子都应该成为有责任心的家长的首要任务。

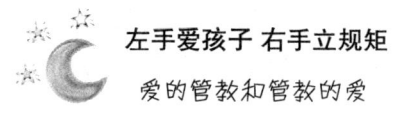

爱子需要掌握好"度"

在那些溺爱孩子的家庭里,常常会看到类似的场面。许多父母都会为自己辩护说:"我只是希望让孩子得到最好的。"但是事实却是:过多的爱只会害了孩子。专家有时将父母对孩子的溺爱称之为"甜毒品",虽然表面上香甜可口,但其实,它就像毒品一样,会对孩子的成长造成不良影响。

父母爱自己的孩子,这是人之常情。它对孩子的健康成长起着很大的促进作用。那么,怎样才算是真正爱孩子呢?也就是说应该如何掌握爱孩子的"分寸"呢?

1. 要有理智的爱

这就是说,在爱孩子的过程中,父母要能自觉地控制自己的感情,克制那些无益的激情和冲动。苏联著名教育家马卡连柯的《父母必读》一书的序言中有这样一段话:"子女固然由于父母方面的爱的不足而感受痛苦,可是,他们也会由于那种过分洋溢的伟大的感觉而腐化堕落。理智应当成为家庭教育中常备的节制器,否则孩子们就要在父母最好的动机下养成最坏的特点和行为了。"这段话讲得十分深刻。然而,我们有些父母,尤其是相对年轻的父母,在对待孩子上,往往缺乏应有的"分寸感"。他们对待孩子往往是无原则的,过分地溺爱。有的对孩子姑息迁就,任其发展;有的只知道想方设法满足孩子的衣锦食美,却不懂得给孩子良好的精神食粮和思想营养。这样,势必把孩子惯坏、宠坏。这种"爱"是盲目的、有害的。

2. 爱要与严格要求相结合

严格要求也是爱孩子的一种体现。所谓"爱之深,责之切",就是说,严格要求正是出于深切的爱。所以,做父母的不应该受盲目的爱所支配,要"严"中有"爱","爱"中有"严"。当然严格要求并不意味着对孩子的严厉、动辄训斥打骂,而是要做到以合理为前提。同样,态度应该是耐心

第八章 最宽松的规矩，走出最优秀的孩子

的，循循善诱的。

严格要求对孩子来说，是很重要的。这是因为，孩子们往往缺乏经验，是非界限有时不清，而且对自己的情感和行为往往也不善于独立控制。如果家长对他们不严格要求，他们往往还不能主动、自觉地学习和按行为道德标准来行动。因而，这就更需要父母对他们的思想和行为有严格的要求，使他们养成良好的思想和行为习惯。仅有爱不见得能教育和培养出优秀的孩子来，而应该把爱和严格要求结合起来。

3.选择正确的处罚方式

采取"暂时的隔离"的处罚方式，可以使孩子真正地改过向善，又没有后遗症。"暂时的隔离"就是在孩子犯错时让他暂时不和别人接触，例如让他坐在角落的一张椅子上，以1岁1分钟为原则。不过，这不是把孩子关进厕所或单独留在一个房间里，那会造成孩子恐惧的心理，影响极深远。处罚的同时要让孩子明白自己做错了什么，因为孩子如果不明白自己为何受罚，那么处罚就没有意义了。

4. 爱子忌矫枉过正

现在的父母比以前的父母更易宠溺自己的孩子。产生这一现象的一个很自然的原因就是，现在大多数的家庭只有一个孩子，父母及其他家人把全部的精力和注意力都放在一个孩子身上，并很自然地认为，反正只有这么一个孩子，不对他好还对谁好？

有些父母因为自己小时候父母管教得特别严厉，或者生活不是很富裕，所以到了他们自己有了孩子的时候，往往会走入另一极端，对孩子完全放任自由，予取予求，并认为：自己孩子的生活当然应该比自己小时候好。

还有些父母因为工作等原因，不能经常陪伴孩子，于是，这些父母常常无止境地为孩子购买贵重的玩具，满足他们的任何要求，以此来弥补他们无法经常陪伴孩子的遗憾。

对于那些身有残疾的孩子，或者父母离婚的孩子，父母总会觉得对孩子有亏欠，觉得对不起孩子，为了补偿他，这些父母常常会特别溺爱孩子。

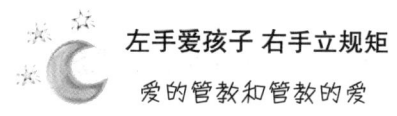

父母心语

父母对子女一定要怀着带有严格要求的爱,千万不要溺爱姑息孩子、过分地迁就孩子与宠爱孩子;一定要有理智,有分寸感。只有这样,才能把孩子培养成为有良好个性和品行的优秀人才。

环境是重要的教育环节

战国的时候,有一个很伟大的思想家孟子。孟子小的时候非常调皮,他的妈妈为了让他受到好的教育,花了好多的心血呢!当时他们住在墓地旁边,孟子就和邻居的小孩一起学着大人跪拜、哭嚎的样子,玩起办理丧事的游戏。孟子的妈妈看到了,就皱起眉头自己对自己说:"不行!我不能让我的孩子住在这里了!"孟子的妈妈就带着孟子搬到市集旁边去住。到了市集,孟子又和邻居的小孩,学起商人做生意的样子,一会儿鞠躬欢迎客人、一会儿招待客人、一会儿和客人讨价还价,表演得像极了!孟子的妈妈知道了,又皱了皱眉头说:"这个地方也不适合我的孩子居住!"于是,他们又搬家了。这一次,他们搬到了学校附近。孟子开始模仿祭祀、打躬作揖、进退朝堂的礼仪。这个时候,孟子的妈妈很满意地点着头说:"这才是我儿子应该住的地方呀!"

后来,大家就用"孟母三迁"来表示人应该要接近好的人、事、物,才能学习到好的习惯、得到好的教育!

天下的父母大多爱护自己的子女,这已经成为人人接受的不容置疑的真理了。然而,实际上许多父母对子女都进行过精神虐待,只是他们自己全然不知罢了。这并非危言耸听。美国的一些精神病学者和儿科医生认为,父母在不知不觉中对子女进行的精神虐待可归纳为三种。

(1)表面的冷漠。有些父母为了严格要求子女,在他们面前故意喜怒不形于色,还有些父母为了增加孩子的独立自主意识,对他们的一切常显出不

第八章 最宽松的规矩，走出最优秀的孩子

闻不问的样子。殊不知，这些父母往往使他们的孩子失去安全依附感，孩子们会渐渐疏远他们，不再对他们推心置腹，因为这些其实已经受到精神虐待的孩子害怕遭到碰壁和冷遇。

（2）夸大的指责。有些父母在批评做错事的孩子时，习惯用"总是""从来不"之类的字眼，对孩子的过去及其他一切进行不负责任、夸大其词的全盘否定。还有些父母由于望子成龙心切，爱用对成人的标准来要求自己未成年的孩子。一些孩子做的事情，对他们那样的年龄已经堪称"壮举"了，但被他们的父母用成人的眼光一衡量，就变得无足轻重、微乎其微、不值一提了。这样做给孩子们带来的精神刺激是可想而知的。其后果可能会挫伤孩子们进取向上的积极性，促使他们养成胆小怕事、自卑无能的性格。

（3）爱的束缚。有些父母出于对子女的爱，常用威胁恐吓的办法来束缚他们，欲使他们免遭灾祸。有这样一个事例，四岁的汤杰做了扁桃体切除术，快要康复了，然而这时护士发现他变得异乎寻常的孤独离群，不肯与任何人讲话了。后来，医生了解到，原来汤杰的母亲为了能让儿子早日病愈，便吓唬他说，如果他对陌生人讲话就会死的。

做父母的利用子女对自己的信任，让他们置身于恐怖的境地，终日神经紧张、提心吊胆，这难道不是残酷的精神虐待吗？

环境具有强大的影响力，它给孩子耳濡目染、潜移默化的力量，孩子在不同的环境中会长成不同的个性。

孩子成长需要哪些环境，父母又该如何给孩子建设一个有利成长的环境呢？

1. 人际环境——民主、平等、和睦

孩子是家庭中平等的一员，父母不要娇宠溺爱，也不要冷落他。一家人要做到互相关爱、分工劳动、遇事商量、共同享受生活的乐趣；一家人还要互相赞美良好的行为表现，运用礼貌语言和幽默；一家人可以经常开故事会、朗诵会、运动会、表演各种节目，还可请亲戚、朋友、小伙伴来家里玩，尽情享受亲情和友情。

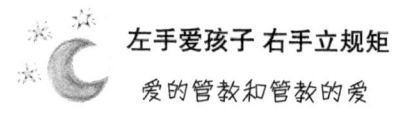

2. 智慧环境——爱阅读、爱提问、爱操作

父母要给孩子准备好小书桌、小书柜、玩具柜、大地图、地球仪。生活环境要整洁优美，特别是孩子的生活环境要有色彩鲜艳的图案、美丽的风景画、优美的书法作品，开设"好宝宝表扬栏"对孩子进行积极的鼓励。当然别忘记给孩子设立一个锻炼身体的环境，如能打沙包等。

3. 意志环境——按时起居、规律生活、自我控制

养成孩子良好的行为习惯，父母可以和孩子一起制定各种作息时间，如早起、早锻炼。制定作息时间表有利于孩子养成有动有静的活动习惯。培养孩子按时吃饭、洗漱、排便、睡眠、劳动、看电视的习惯，逐步做到不催促、不提醒，培养孩子的责任感和坚持力。3岁以后的孩子看什么电视，父母要事先与孩子商量好，以儿童节目为主，在规定的时间内不多看也不少看。3岁以前的孩子每天以10分钟为宜，3岁以后每天20～30分钟为宜。

闲暇与假期，让孩子多到邻居、亲戚、朋友的家里去串门做客，与各种各样的人交往，既可开阔他的心胸、启迪他的智慧，又可培养他的胆识，造就他豁达的性格。即使他在与别人交往中发生争执，也可提高他的思辨能力以及口头表达能力。

父母心语

我们是否该把"望子成龙""逼子成龙"改为"让子成龙"。现代社会所需要的不是书呆子，让孩子拥有更多创造的自由，激发孩子的创造力和学习欲望，让孩子自己渴望成龙，这样，孩子才能自觉求知，最终成为真正的龙。

孩子的世界像水晶

有这样一个故事：

英国某家报纸曾举办一项高额奖金的有奖征答活动。题目是：在一个充

第八章 最宽松的规矩，走出最优秀的孩子

气不足的热气球上，载着三位关系世界兴亡命运的科学家。

第一位是环保专家，他的研究可拯救无数人，使他们免于因环境污染而面临死亡的厄运。

第二位是核能专家，他有能力防止全球性的核子战争，使地球免于遭受灭亡的绝境。

第三位是粮食专家，他能运用专业知识在不毛之地成功地种植食物，使几千万人脱离因饥荒而亡的命运。

此刻热气球即将坠毁，必须丢出一个人以减轻载重，使其余的两人得以存活，请问该丢下哪一位科学家？

问题刊出之后，因为奖金数额庞大，信件如雪片般飞来。

在这些信中，每个人皆竭尽所能，甚至天马行空地阐述他们认为必须丢下哪位科学家的宏观见解。

最后结果揭晓，巨额奖金的得主是一个小男孩。

他的答案是：将最胖的那位科学家丢出去。

孩子的声音无疑是伟大的！有人说，千万不要当着孩子的面说谎，因为那是上帝的眼睛在看着你。孩子的童心世界，装满了梦！代表着纯真、新奇、祥和、简单、友爱。孩子那清澈透亮、活力充盈的眼神，清纯得让你的良心不忍欺骗他、碰伤他。在孩子眼中，一切都是新的，没有所谓的社会、礼仪、道理、经验、尊卑甚至你我之分，完全是"自然人"状态，而后的种种经历、说教、文字和声音等的影响才使之逐步变成一个社会人，完成了"从猿到人的惊险一跃"！可以说，孩子本身代表着一种文化，比如诚信、创新、人本、爱心、无边界等，都在孩子身上有所体现。

循循善诱、充分的说理，是家长教育孩子的重要手段，跟孩子说理不仅需要有耐心，还应结合少年儿童的心理特征，选择恰当的方法和技巧。

1. 要充分肯定孩子的长处

古语云："数子十过，不如奖子一长。"父母跟孩子讲道理，应充分肯定孩子的长处，对孩子的进步给予及时的表扬和鼓励，在此基础上再对孩子的过错予以纠正，这样孩子就容易接受父母的意见。如果父母一味地数落孩子，责怪

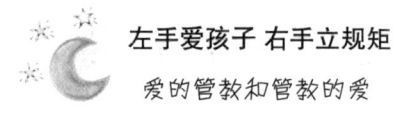

孩子这也不是那也不对，只会让孩子产生自卑心理和逆反心理。

2.所讲的道理要"合理"

父母跟孩子讲的道理应合情合理，不能信口胡说，也不能苛求孩子，因为父母信口胡说，孩子是不会服气的，父母的要求过分苛刻，孩子是办不到的，比如生活中有的父母自己喜欢吃零食，却对孩子大讲吃零食的坏处，如此，孩子是不会听从的。

3.要给孩子申辩的机会

父母跟孩子说理时，孩子可能会对自己的言行进行辩解，父母应给予孩子申辩的机会。父母应该明白，申辩并非强词夺理，而是让孩子把事情讲清楚讲明白；给孩子申辩的机会，孩子才会更加理解你所讲的道理，才能使教育收到良好的效果。

4.要了解孩子的情绪状况

孩子和父母一样，情绪好时比较容易接受不同的意见，不高兴时则容易发拗，因而跟孩子讲理，要充分了解孩子的情绪状况，在其情绪较好时，对其进行教育，若在孩子情绪低落时跟他说理，是不会奏效的。

善于发现孩子的长处，并使之发扬光大，这才是聪明的父母。发现孩子的长处，从孩子的兴趣入手，因势利导，就容易获得良好的效果。

父母心语

每一个正常的孩子都在一定程度上拥有多项技能，所不同的只是技能的拥有程度及组合不同。不要把世俗的复杂与混沌带给孩子，因为他们的世界像水晶——简单而透明。

让孩子成为最好的自己

一旦为人父母，一个问题就摆在了面前："孩子的人生开始了，这一生我

第八章 最宽松的规矩，走出最优秀的孩子

是该让孩子快乐，还是该让孩子成功？"

"成功派"的观点是：人生就是要追求成功，没有成功谈不上快乐，为了成功，即使让孩子们先"痛苦"若干年也在所不惜。"梅花香自苦寒来"嘛！

"快乐派"的观点是：人生理当活得快乐，没有快乐的成功毫无意义，只要快乐，孩子没出息也无所谓。"我平庸，我快乐！"

其实，快乐与成功的关系远没有这样简单。两者既是矛盾的，又是相容的，还是并列的。

有的孩子既成功又快乐，失败不能令他们沮丧，烦恼也不会妨碍他们继续追求成功，对这种孩子，既不必强调成功，也不必嘱咐他们去寻求快乐；有的孩子看来很成功，但是快乐的源泉过于狭小，完全寄托于练好妈妈让练的钢琴，那么一旦练不好，就有可能崩溃。对这种孩子，就不能过于强化狭隘的成功意识。

有的孩子潜力本来很大，但嘻嘻哈哈、打打闹闹地过日子，这时候适当强化他的成功意识，或许能使他活得更充实，也更快乐。

有的孩子每天无忧无虑，学习也尽了力，但能力如此，这时家长若拼命逼他"成功"，则有可能使他既失去快乐，又失去他本来可能获得的那种成功，终成一个心灰意懒的失败者。

有的孩子只有成功才能快乐，有的孩子成功不成功都可以快乐；有的孩子只有快乐才能成功，有的孩子皱着眉头也能得到成功。世界是复杂的，孩子什么样的都有，想按一个或几个公式来塑造孩子，极不明智。"快乐派"和"成功派"家长都太急于"简化"真理了，他们很可能缺乏"因人施教"的耐心和水平，而这是一个优秀家长必备的条件。

著名京剧大师梅兰芳从小就失去父亲（母亲也在他年少时去世），童年十分凄苦。后来，他跟随老师学京剧，更是冬练三九、夏练三伏，很小就没有像许多孩子那样享受父母的呵护和关爱。因此，大伙都说他是苦水里泡大的。后来，梅兰芳经过多年的刻苦努力，终于成为享有国际声望的艺术大师。他有了家庭，也有了孩子。但是，尽管生活好了，梅兰芳明白这样的一个道理：疼爱孩子并非体现在生活上的满足和给予，更应在心理和人格上进

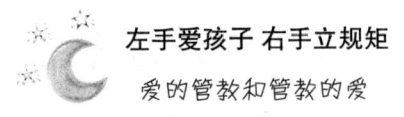

行塑造，只有这样，孩子才会健康成长。因此，尽管梅兰芳在社会上大名鼎鼎，但是，在家中却是一位和蔼可亲的好父亲。

当时，戏剧界流行子承父业，也就是孩子也要从小就像父亲一样学习演戏，长大去当京剧演员。但是，梅兰芳却不这样做，他极力主张父母不能为孩子选定将来的工作，而应充分尊重他们的天性和性格。而且，梅兰芳特别反对当时好多戏剧演员不重视孩子上学读书的陋习，主张应先让孩子学文化。正是因为梅兰芳有这样的先见之明，因此，在他家中父母对孩子的"溺爱"就是全力地支持孩子到最好和他们最喜欢的学校去学习。并且，梅兰芳还特别注重观察和了解每一个孩子独特的爱好和兴趣，在此基础上，结合孩子的性格，帮助他们确立今后的生活和工作的方向。

他的长子梅葆琛生性稳重、乐于思考，于是，梅兰芳便为他在理工科方面发展提供条件，后来，梅葆琛果然考上名牌大学的建筑系，日后终于成为有名的建筑师。

二儿子梅绍武聪明伶俐活络、形象思维活跃，于是，梅兰芳便于抗战时送他去美国上文学系。后来，梅绍武成为了一名著名的翻译家，译有纳博科夫小说等重要西方文学作品。

梅兰芳唯一的女儿梅葆玥则沉稳娴静、温婉端庄，于是，梅兰芳便鼓励她大学毕业后当一名大学老师。后来，在梅兰芳的支持下她成为有名的京剧演员。

梅兰芳最钟爱的小儿子梅葆玖自幼心灵手巧，极具艺术家的潜质，加上嗓音和形象俱佳，真是继承梅兰芳创立的"梅派"艺术的最佳传人。但是，即使如此，梅兰芳也并不急于让他少年习艺，而是直到梅葆玖大学毕业才让他正式随剧团学艺。正因为此，今天，梅葆玖终于成为极有修养和独特魅力的表演艺术家。

梅兰芳先生善于育子成才，经常有人向他请教培养子女的经验。每当此时，梅兰芳先生总是微微一笑，淡淡地说："尊重孩子就像尊重观众一样！"

如何培养孩子成为最好的自己呢，家长务必认识到以下几点。

1. 认识到成长不等于成材

很多父母将孩子的成长与成材相等同，往往忽视成长、直奔成材，甚至将成材恶俗化，认为成材就是上高校。其实，社会是需要多方面、多层次的人才的，要做到人尽其才，而不是人唯高才。因而，孩子的出路并非只有一条：上高等学校。大量的专科及高职类院校同样是他们求学成才的去向。另外，高中毕业后不能升入高等学校，走上社会成为自食其力的劳动者也是另一种形式的成才之路。在谋生的征途中可以自学深造。这样的事例在广大城乡有着数不清的人在实践着，他们用自己的行动告诉世人：世上千百行，行行出状元。

2. 从孩子的实际出发，及时调整自己的期望值

对有能力冲击大学本科层次的孩子，要鼓励他刻苦学习。这一过程中应时刻告诫自己的孩子：人首先要学会做人，然后才能成为人才。而对于因各种因素无力冲击本科院校的孩子，家长更应该静心分析一下自己孩子的实际情况，切不可鲁莽心急、草率，放弃管教，也不能怨天尤人。家长要想有效地帮助孩子提升，一定要先仔细分析孩子学业成绩差是智力因素造成的，即由于基础差、接受能力差而导致跟不上班，或由于课文内容深、难，致使难以理解、消化吸收造成成绩不理想，还是因非智力因素的影响。

3. 与老师配合一致，同时自己也要身体力行

家长应多与老师交流，尤其是与孩子的班主任老师配合好，决不能把孩子送入学校就万事大吉，等着拿高等学校录取通知书。孩子进入高中后，作为家长切不可只关注孩子的学业成绩，不管其思想品德及言行举止。因为这一时期的孩子可塑性极大，而且现在的外部环境又是错综复杂的，孩子的心理承受能力也并不是很强，遇到挫折和失误如何对待，其父母亲的影响极为重要。

孩子是你生的没错，可路需要他们自己去走。快乐应该是他们自己的快乐，成功应该是他们自己的成功。把握住这一点，作为一个家长，相信你才能像你期望的孩子一样——既成功，也快乐。

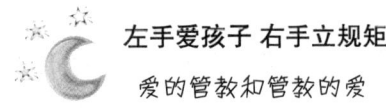

左手爱孩子 右手立规矩
爱的管教和管教的爱

父母心语

在中国父母的眼里，孩子永远是孩子，孩子像风筝一样，飞得再高再远，父母都不会放走手中的线绳。但孩子毕竟不是风筝，而是一个真实存在的有思想的人。

第九章

遵守心灵契约，给孩子一个自由空间

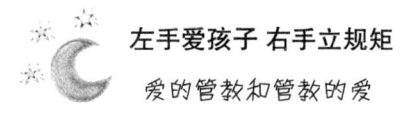
左手爱孩子 右手立规矩
爱的管教和管教的爱

呵护孩子的心灵之花

"再穷不能穷教育",这种"穷"不仅仅是对物质投资的衡量,还有包括精神领域的投入。作为家长,更应该主动去倾听孩子的心声,和孩子交流、谈心和玩耍。

我们需要一起关注孩子的心灵教育,孩子幼小的心灵在成长的过程中需要成人的关注和引导,正如苏霍姆林斯基说的:"我们的教育对象的心灵绝不是一块不毛之地,而是一片已经萌生着美好思想道德的田地。"因此,父母的责任首先在于发现并扶正孩子心灵土壤中的每一株幼苗,让它们不断壮大,其次排挤掉已有缺点的杂草。让父母与孩子成为好朋友,走进孩子的心灵世界。

首先,孩子心灵的成长需要尊严。

一个人的心灵世界是靠尊严支撑的,人不怕没有钱,就怕没有尊严。一个孩子是不是有尊严,不取决于家庭物质条件的好坏,而在于他的成长和教育环境。父母的生活态度和看法直接影响到孩子,父母能给孩子这份人生财富。父母有颗平常的心,自尊自强,就能给予孩子这份财富,你的孩子一定会有健康美好的心灵和乐观的心态。尊严是人生的丰碑,尊严的丰碑一旦倒塌,心灵就会被践踏。所以,父母要把指责变成鼓励和支持,这样,每一个孩子都能发挥自己的聪明才智,以良好的心态面对人生。

其次,包容孩子,正确对待孩子成长过程中的错误。

其实我们每个人都会犯错误,孩子如此,大人何尝不是如此。我们现在之所以不再犯孩子一样的低级错误,正是我们从无数个错误当中吸取了宝贵的生活经验。要知道成人在禁止孩子出错的同时,也使孩子失去了通向正确、通向成功的机会,使孩子束缚自己,变得胆小、畏缩。孩子需要在错误中成长,错误是孩子成长中的形态,要理解包容孩子,即使孩子真的错

第九章 遵守心灵契约，给孩子一个自由空间

了，也不要剥夺他"错"的机会，而让他亲身认识到自己的错误，这要比你直接告诉他不能这样做效果要好。当孩子有一些过失性行为，当孩子犯了错误，当孩子好心做了坏事，甚至当孩子出现了一些幼稚、不成熟的缺点与不足的时候，我们要宽容他们，用爱去包容孩子的一切。

生活中，我们会常听到家长或老师抱怨说，哪个孩子总是坐不住，一天到晚不消停；哪个孩子总是不听话，喜欢招惹别人，惹出麻烦……其实，这都是孩子成长到特定阶段的特定表现，是再正常不过的事情。如果我们横加指责，处理不当的话，就会错失教育的良机，甚至会伤害孩子的心灵，也许还会影响孩子的一生，所以在孩子面前，一定要冷静地告诉自己：孩子的这些行为并不是问题的所在，关键在于找到问题产生的根源，对症下药，理解孩子、引导孩子，包容和帮助他们。

还有，最重要的一点是：永远不要说伤害的话。

美国一权威机构曾对1万名0~10岁的孩子进行跟踪调查，最后发现，对幼小心灵伤害最大的是来自父母的"语言伤害"。这种情况在我国也较为普遍。

镜头一：5岁的茗茗不小心把杯子碰倒在地，妈妈气急败坏地说："你怎么这么蠢，真是个笨蛋、傻瓜，一点用都没有……"

危害：家长的这种对人不对事、直接进行人身攻击的"破坏性批评"会导致孩子不正确的自我评价，使之丧失自信，变得自卑。

镜头二：6岁的小静贪玩，不好好练琴，气得妈妈经常说："孩子，爸爸妈妈多不容易，挣钱给你买钢琴，还付学费，你一点不争气，一点都不像其他小孩那么乖、那么聪明。你不好好练琴怎么对得起我们？"

危害：这样教育的结果，要么增加孩子的内疚感，产生自责心理；要么让孩子看不起父母，对父母的这份苦心和付出置之不理，久而久之导致孩子产生人格障碍。

镜头三：洋洋不愿学画，爸爸哄他说："洋洋乖，你好好学画，爸爸给你买玩具，否则什么也别想得到。"

危害：从此孩子知道了，爱不是无私的，爱是有条件的，甚至是虚伪

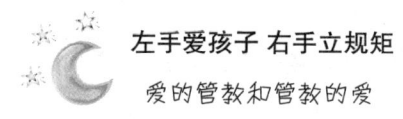

的。于是孩子对爱的认识产生了偏差,孩子的爱心被功利扭曲了。

镜头四:明明数学考试得了73分,比邻居家的东东少了25分,气得明明妈妈一直唠叨:"你看人家东东考了98分,你怎么就不如东东,也考个98分让妈妈高兴高兴?父母辛苦挣钱就换来你考这点分?怎么生了你这么一个笨儿子?瞧你这没出息的样儿。"

危害:如此拿自己的孩子和别人进行横向比较,不全面分析孩子的具体情况和个性特点,一味争强好胜、要自己的面子,会导致孩子在同伴面前没有面子,失去自信,甚至使得孩子不能正确地对待自己和他人,或自怨自艾或怨恨同伴。

镜头五:一个学习不太好的女孩跟爸爸说:"我今天考了100分。"爸爸问:"哪门课考了100分?"女儿高兴地回答:"自然课。"爸爸的表情一下子就变了:"走开,走开,我看见你就烦,自然算什么玩意儿,你有什么好得意的,真是没有出息。"

危害:这位急功近利的父亲,没有抓住这个机会让女儿扬起自信的风帆、把其他功课带上去,而是无情地破坏了孩子那一点良好的自我感觉,摧毁了孩子的自信。

经常遭受"语言伤害",孩子的心灵就会扭曲,即使成年之后也会出现较多的行为障碍和个性弱点,难以适应社会。为了孩子健康成长,家长们要对不良语言的严重后果予以高度关注,不要以为区区几句过头话不会对孩子造成多大危害,气急之下就口不择言地说许多刺激孩子的话,对孩子造成了心理伤害却浑然不知。要知道这种心灵的伤害甚至比肉体的伤害更严重。家长作为孩子的"第一任老师"和"最亲近的朋友",切不可成为这样的伤害者,让孩子感觉"最亲近我的人伤我最深",因而疏远、躲避家长。

拥抱孩子、理解孩子、包容孩子、肯定孩子,这是在孩子成长过程中我们所能给予孩子最好的礼物,和孩子成为朋友,也是送给孩子的一种最为轻松的爱。有了这种爱,他们才会有一个良好的发展空间与氛围,他们的潜能才会得到良好的挖掘与培养,心灵之花才会越开越美。

第九章 遵守心灵契约,给孩子一个自由空间

父母心语

父母的责任首先在于发现并扶正孩子心灵土壤中的每一株幼苗,让它们不断壮大,其次清除掉已有缺点的杂草。让父母与孩子成为好朋友,走进孩子的心灵世界。

积极疏导孩子的心理压力

有这样一个女孩子,上小学时一直学习很努力,成绩也不错。妈妈一天到晚说:"好好学习,一定要考上好中学,考不上好中学就没有出路。"在妈妈的督促和自己的努力下,她如愿以偿,考上了理想的中学。妈妈又说:"你在班里的成绩要进入前十名,否则就没有发展前途。"这个女孩子不懈努力进入了前十名。妈妈又说:"你得争第一,这就是出路。"很自然,接下来妈妈会要求考大学,考名牌大学,否则就一事无成。

这个女孩子就在妈妈无休止的要求中艰难地成长。

她在日记中写道:"妈妈无止境的加码,压得我实在喘不过气来……每当我实现了妈妈的愿望,妈妈就高兴极了,此刻我就成了天上的星星;当我失败没达到妈妈的要求,我就成了地上的狗熊,无休止的奚落就会劈头盖脸地扑来……

"多少年来,在我的心中只有第一,必须第一,无数个第一整天在追赶着我,我真是太累了……"

试想这样的孩子一旦失利会怎样呢?在这个紧张不安、充满竞争、快速发展的社会里,每一个人,包括孩子,都会遇到压力。现在,孩子的课业负担重,学习时间长,父母管得过死,还有考试不及格,竞赛不入围,升学上不了重点校,和同学、老师关系不好等,这些都会给孩子带来心理压力,影响孩子个性的发展。特别是那些性格内向的孩子,学习成绩差的孩

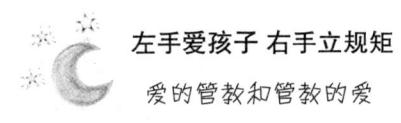

子，单亲家庭的孩子，智商低或生理有缺陷的孩子，调皮的孩子或失足、有过错的孩子，他们面临的问题更多，再加上一些家长不能正确对待他们，使这些孩子在遇到不愉快的事情时，就会有话不敢说，忍气吞声，心理的郁积得不到疏散。久而久之，他们就会表现出注意力不集中、行为迟钝、精神不振、人际关系紧张等情况。

许多父母和老师说，现在的孩子太娇气，心理承受能力太差。的确，一个人只要参与社会生活，就会遇到各种压力、困难和挫折。对此，有的人坚强、乐观，勇敢地去战胜它；有的人就显得懦弱、悲观，处处逃避它。做多大的事需要多大的心理承受能力，使孩子逐步形成遇忙不乱、遇惊不颤、宠辱不惊的心理品质，保持心理健康。家长要从关心孩子出发，有爱心、有耐心地与孩子多谈心，做孩子的知心朋友，只有这样，才能使孩子的郁闷得到疏散，使孩子每天都有个好心情。具体可采取以下做法。

1. 父母不要给孩子制定不切实际的奋斗目标

父母不要给孩子的行为太多的约束。如果不顾孩子自身实际，只知道让孩子这个拿第一，那个要优秀，就会给孩子造成巨大的压力。还有些父母只让孩子学习，这也不让干，那也不让干，这也会让孩子感到压抑。

2. 要让孩子有足够的休息和娱乐时间

如果孩子不能得到足够的睡眠，休息不好，就会感到身心疲劳，无法集中精力学习，最终孩子会感到紧张，给孩子带来压力。娱乐是化解孩子压力的较好途径，与孩子一起做游戏，使孩子沉浸在快乐的事情之中，压力就会被抛到九霄云外了。

3. 积极鼓励孩子

减轻孩子的心理压力，做父母的还可以采取积极鼓励的态度，这也能大大减轻孩子的学习压力，而父母对孩子的否定态度则往往会增加孩子的学习压力。如做父母的往往会这样说："你看某某又得了满分，你又只有80分，真笨，没出息！"而持积极鼓励态度的父母则可能说："虽然你比他考得差些，但只要你像他那样努力，你可能做得比他更好。"所以，要想减轻孩子的压力，父母应该理解孩子、多与孩子交流；应该尊重孩子，对孩子表示信任；

要积极鼓励孩子，尤其是在孩子失败的时候。

4. 教孩子的思维不要绝对化

要让孩子多渠道思考问题，不要把人生的希望放在"必须"和"唯一"的赌注上，否则孩子一旦失利，就无法承受失败的后果；要从绝对化的思维方式中解放出来，像有的家长教育高考落榜的孩子"榜上无名，脚下有路"就避开了"必须""一定"等绝对信念的左右。

有些家长把进大学深造看作孩子的唯一出路，自然孩子就会潜移默化地接受家长的思想，一心一意努力奋斗，为上大学而学。那么在竞争激烈强手如林的考生中，如果孩子一旦失利，没有迈进大学的校门，那你想他会有出路吗？他还会有希望吗？因为他把出路和希望都寄托在"一定"或"必须"上了，后果可想而知。

中考、高考失利自杀或出走的事例还少吗？这还不值得我们深思吗？

5. 孩子平时广交朋友

性格孤僻，没有朋友，遇事只能闷闷不乐、苦思冥想、没有交流、无处发泄。而多渠道交流、沟通是开心的钥匙，性格开朗的人心理承受力就强，通过别人看自己，了解别人更大的不幸是治疗自己不幸的良方。

有的孩子，在家与父母意见相悖，发生分歧，父母无休止的叨唠、训斥、指责，使他感到压抑、无助，在他的眼里，此刻的家已失去了往日的温暖。人，都有偏激、固执、失衡的一面，此时的他不理解父母在训斥、责备中的爱护和期待，而只是一味强调眼前的不解。这时，如果他把自己的苦恼、不解与朋友交谈发泄，就能分解他的忧愁，平静他的情绪。若有善解人意、开明豁达的朋友，帮助、开导他理解父母的爱护和关心，那本来属于不开心的苦恼以及对父母的责怪，也许就会化转为对父母的理解和感激。

父母心语

家长要从关心孩子出发，有爱心、有耐心地与孩子多谈心，做孩子的知心朋友。只有这样，才能使孩子的郁闷得到疏散，使孩子每天都有个好心情。

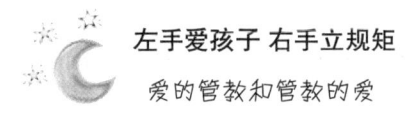

密码锁的秘密

15岁的小歌是初三学生,她在自己房间的书桌抽屉上加了锁。上初三后的一天,母亲收拾房间时发现女儿忘记了锁抽屉,不由得拉开抽屉来看,这一看使她吃了一惊。里面有不少信件和贺卡,还有女儿的日记本。据母亲判断,大部分信件和贺卡是出自男孩子之手,女儿的日记中也描述了一些男孩子的情况,而且小歌还把班上的男生进行"排队",她在日记中写道:"有10名男生有一些长处值得我学习……前3名有可能成为我未来的恋爱候选人。"难道女儿在早恋?这位母亲立即紧张起来,她顾不得与丈夫商量,马上配了一把女儿抽屉的钥匙。

几天以后,这位母亲"偷"出了女儿抽屉中的日记和信件,来见心理医生。"青春期的少女关注异性很正常,她的日记和信件都说明,她并没有与男孩早恋,只是正常的爱慕心理,无可非议,而且也没有影响学习呀!如果女儿没有发现你开过她的抽屉,就悄悄把她的东西放回去;若是被女儿觉察了,就要争取主动,向她承认错误,这样可以消除误解。"心理医生及时避免了一场母女关系破裂的悲剧。

如今大多数的家庭是独生子女,对于家长来说关心、培育好孩子可谓煞费苦心,而孩子常常反映父母不理解自己。上述例子中的小歌就是为了防备父母偷看日记,用带密码锁的日记本或给抽屉上锁,来保护自己的"秘密"但遭到了父母的"偷窥"。

处于花季的少男少女,总爱将自己的抽屉上一把锁,似乎有什么不可告人的秘密。其实,这只是孩子独立、自尊意识的一种体现,孩子以此表明自己已经长成一个拥有个人行为秘密的人,再也不像童年那样随时随地都愿对父母敞开心扉。

孩子记日记正反映了中学生最显著的心理特点——闭锁性。他已不再像

第九章 遵守心灵契约，给孩子一个自由空间

儿童时那样直率、愿意把内心的一切秘密轻易地吐露，可他们又需要倾吐，日记便成了最好的倾吐对象。随着年龄的增长，孩子已经拥有一个相对完整、真正属于自己的世界，这个隐秘世界是孩子的自由王国，孩子常会用一些细小的举动为其勾画出一条"警戒线"。这条"警戒线"是包括父母在内的其他任何人都不能随便跨越的。但是，许多父母不能正确对待孩子的这种心理需求，总是千方百计地窥视、猜测孩子的隐私，强迫孩子按照自己的意愿行事。父母的这种"爱心"往往会使孩子产生强烈的逆反心理，不利于孩子的健康成长。

隐私应该被尊重，一个孩子如果没有体验过被尊重的感觉，他就不懂得尊重别人。尤其是当孩子10岁以后，逐渐进入青春发育期，生理上的成熟引起心理上的变化，会出现一种"闭锁心理"，开始有了自己的小"秘密"，不想把什么都告诉父母，这就是孩子青春期的"隐私"。这在青少年时期是很正常的现象。孩子有了隐私是孩子长大的一个重要标志。如果家长不理解，往往会发生严重的亲子关系冲突。

为人父母者应该自省：如果孩子信任你，一定会把心中的秘密告诉你；若是两代人之间存在所谓"代沟"，孩子当然就会形成"自我保护"的心理防御机制，必然要设法保护自己的隐私。本来，每个公民都有保护个人隐私的合法权益，作为未成年人的孩子也不例外。不可否认，有时孩子的隐私中也可能包含某些不良行为或是越轨行为，因为青春期本来就是危险期；父母要做到既尊重孩子的隐私，又不致发生孩子的"失教"与违法犯罪，就特别要尊重孩子，善于与孩子很好地进行心理沟通。如果孩子视父母为可信任、可亲近的大朋友，也一定会适时地向父母说出自己内心最隐秘的事情。

那么，这些孩子为什么对父母偷看他们的日记、私拆他们的信件如此反感呢？又为什么总爱在家中自己使用的抽屉上锁上一把锁呢？

其实，孩子到了一定年龄后会强烈感觉到自己的独立性，想拥有自己的隐私，也渴望被尊重。这是孩子独立意识和自尊意识的一种体现。随着年龄的增长，孩子对父母的依赖减少，独立意识逐渐增强，成人化倾向明显，希望别人尊重他们的自主性、独立性；同时，随着生活领域的扩大，知识信息

的增多，他们的内心变得敏感起来，感情变得细腻起来，会产生许多想法，原先敞开的心扉渐渐关闭，有了自己的隐私；而且，即使他们有不少话想说，但观点已经与父母有所不同了，于是他们与父母的心理沟通就会明显减少，转而把自己的"秘密"和内心的感受都倾诉在日记里。

这时，如果父母采取强硬和蛮横的手段，想方设法去查看孩子的日记、偷听孩子的电话等，无视孩子的感受，随意侵犯孩子的隐私，则会带来许多负面影响，甚至产生意想不到的后果。孩子会因为自己的隐私受到侵犯而采取更极端的措施将其保护起来，把自己的心紧紧锁闭，导致父母与孩子关系的恶化。这样，父母想了解孩子就变得更加困难了。

如何尊重孩子的隐私权？理智的做法是尊重孩子的隐私权，给他们一个自由的空间，这样做并非放任自流，而是对孩子的隐私给予充分的关注和积极的引导。

1. 从心底承认孩子是独立的个体

孩子是个人，不是物。他是人，他就有感情，就有他自己的行为方式，就有自己的独立人格，也有他的隐私权。为人父母者，如果你想把自己的孩子培养成为高素质的人，那么，你首先要做这样的人。要让孩子尊重你，你便应当先尊重孩子。

尊重孩子的隐私，在家庭教育中应当表现为更多的契约精神和民主、协商的方法和方式。比如，父母进入子女房间应该先敲门；移动或用孩子的东西应该得到他的允许；任何牵涉到子女的决定应该先和子女商谈；不要随意翻看子女的日记或隐私；应该尊重孩子的所有权利，把孩子当作成人一样尊重。

2. 父母要经常与孩子沟通

试着了解他们的想法，要相信孩子、理解孩子，宽容孩子在成长过程中的稚嫩想法和做法。要注意培养孩子独立的人格，培养孩子明辨是非的能力，尽量以平等的身份多与孩子交流，倾听和征求孩子的意见和建议。作为父母，如果真的想看孩子所写的东西以便更好地了解孩子，一定要争取使孩子信任自己，使孩子主动、自愿地披露心中的隐私。

3. 别贸然去窥探秘密

青春期的孩子有个最大的特点就是他有秘密，而且不想让别人知道自己的隐私，虽然那个秘密不是很大，但是家长这种不信任的做法让他特别反感。所以这时候要尊重孩子的意见，给孩子留点空间，别去偷看孩子的日记。这一点在孩子的人格发展中是非常重要的一点，要爱护他这一点，给他们留点秘密。哪位父母要偷看孩子的日记，你再好心，孩子也会不满。因为这会使孩子感到受了侵害。

4. 给孩子以信任

偷看孩子的日记，无疑是由一片爱心驱动。然而，爱，就要信任。凡是坚持写日记的学生，几乎都是好学上进、有自尊心的学生。也许他们在为人处事上不免有些失误，而吃一堑长一智，正是人生的必修课啊！

5. 学会做孩子的大朋友

对孩子闭锁的心灵不去贸然探秘，难道可以不闻不问？当然不是。需要的是你要放下架子，与孩子营造一种朋友关系。孩子不会拒绝朋友。所以父母应该放松一点，就跟平常聊天一样，跟孩子聊聊青春期一些比较隐私的事，在聊天中孩子就掌握了应该跟什么样的人交往。其实也没什么，就是好感，当然男孩和女孩都应该互相产生好感，其实好感并不一定最后就发展成一种什么样的感情。

6. 给孩子留一块独享的天地

任你想尽一切办法，也不可能把孩子的心声全部掏出来，而且也没必要。独享一块心灵绿地，不要任何人来涉足，这是一个心理健全的人的基本心理需求。孩子长大了，就应该有一块仅属于自己的天地。把这方天地留给孩子独自享有，这也是对孩子的爱。

孩子终究是要长大的，孩子大了，内心里有不愿告诉别人的秘密也是自然的事情。尽管孩子的内心世界里的秘密不一定正确，但这些秘密毕竟是孩子成长的表现，也是孩子成长过程中的正常现象。所以，父母对此应该给予充分的尊重。在生活中，父母要密切注意孩子在态度和行为上的细微变化。当孩子希望自己的房间没有人打扰时，父母就不要随便进入；当孩子希望拥

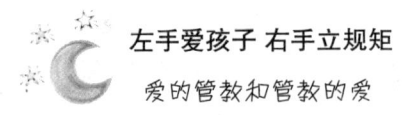

有记录自己秘密的日记本时，父母就不要偷看，更不能采取打骂体罚的方式。

保护个人隐私是适应社会生活的一个方面，保护隐私就是保护自己。当孩子的隐私意识逐渐增强时，父母应当高兴才对。

天下父母们，当你用自己的语言和行为去赏识和尊重孩子，孩子也同样会尊重你，从而把你当成他的好朋友。当他们遇到什么事情或者心中有秘密的时候，才有可能主动向你谈起。请记住，你越尊重孩子的隐私，你与孩子的距离也就越近。

父母心语

为人父母者应该自省：如果孩子信任你，一定会把心中的秘密告诉你；若是两代人之间存在所谓"代沟"，孩子当然就会形成"自我保护"的心理防御机制，必然要设法保护自己的隐私。

天外来信是谁

小敏是中学三年级的学生，平时学习优秀，是一个懂事的好孩子。为了自己的隐私权，她曾与父母争吵过、僵持过。事情很小：她小学时就与农村贫困学生结对子互助学习，她们经常书信来往。一天父亲询问："文句写得不太顺畅。"敏感的她意识到，信封忘记贴邮票及时寄出去，父亲偷看了自己的信件！为此，她告到爷爷、奶奶那儿："这样侵犯我隐私权的人不配做我的父亲！"

其实，尊重孩子的隐私，教育孩子保护好个人的隐私，是父母的重要职责。孩子有了隐私是成熟的一个标志，家长应该学会尊重。家庭是孩子最安全的地方，如果父母伤害了孩子的隐私，不但会形成隔阂，而且容易使孩子产生过激的行为，如出走等。孩子有独立的人格和心理，应该给他们独立的

第九章 遵守心灵契约，给孩子一个自由空间

空间，家长不要私探他们的隐私。尤其是孩子进入青春期后，随着成人意识的出现，他们的隐私内容发生了变化而且范围逐渐扩大。

现在，不少家长认为"孩子越大越不听话，不像小时候那样，什么事都和父母讲"。有的家长发现孩子有些事背着自己，如同学之间的书信和日记总要放到装了锁的抽屉里，他们对孩子的这种行为感到不安，怕孩子染上坏毛病，于是父母在关心孩子时就表现出不同方式。有的家长认为孩子没有什么隐私，自己想怎么做就怎么做；而有的家长则对如何处理孩子的隐私表示困惑。一位女儿上高三的杨先生说，他也知道随便查阅女儿的东西不太好，但发现女儿成绩下降或与家人沟通不多时，实在忍不住去查看女儿的手机、电话本，偷听谈话内容，这是无可奈何的事。可是这样做进一步关闭了父母和孩子之间沟通的渠道，失去了孩子的信任。家长关心孩子的心情可以理解，但这种过度保护、过度干涉，不允许孩子保护自己隐私的做法是不妥的。

婴幼儿时期，孩子一切依赖父母，少年时期也许孩子仍把父母当作学习、模仿的第一榜样。但是，进入青春期后情况发生了变化。随着成人意识的出现，他们要在更广的范围内接触社会和人生，此时，隐私内容发生了变化而且范围逐渐扩大。

当孩子的隐私意识逐渐增强时，家长应当高兴，因为这是孩子开始走向成熟的标志。一个毫无保留地在父母和他人面前诉说自己内心的孩子是不会成为成熟的人的。有些女孩子，上了初中、高中会收到一些同学的来信，包括男生的信。我们在教育她们如何与男生搞好关系、与异性交往中应注意的问题时，还嘱咐她们一定要收好这些信件，不要遗失在外面，免得给自己同学带来不必要的麻烦。

除了信件以外，生活在现代高科技下的父母们还会遇到短信以及上网聊天这些类似信件的通讯方式。也有家长会问，孩子都在聊些什么，为什么要采取这种方式呢？所以，孩子在打电话时总会遭到来自父母、兄弟或姐妹的批评和妨碍。

至于聊天内容，很简单，主要聊学校里发生的事以及对同学和老师的看法等。由于平时学习紧张，同学们放学后就各自回家了，很难有时间在一

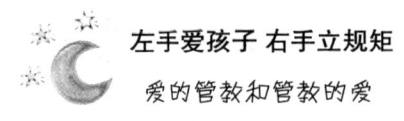

起聊天，短信和上网聊天弥补了这一不足，有些当面不方便说的话，也可以用短信交流。

面对孩子的私人信件或短消息，家长应采取什么态度呢？可以从以下几点入手。

1. 改变交流方式

发现孩子锁日记，或者发现有不向父母公开的信件，父母应该注意加强和孩子的沟通，但不要直接逼问，而应采取关心、倾听的态度，这样才能更多地了解孩子。教育、指导孩子时，应采用讨论和商量的口气，给孩子发表意见的机会，既有利于增进对孩子的了解，又能够促进孩子的独立和成熟。

2. 为孩子的成长感到自豪

告诉孩子，你对他能够良好地与他人采取各种方式进行沟通表示高兴，提醒他收好并妥善处理来自朋友的来信、聊天记录以及短信，以防带给别人不必要的困扰。

3. 告诉孩子你的立场

任何时候，你都可以表明自己的立场，让孩子知道你的价值观，但不要强加于他；当你指出孩子"不可以这样"的同时，最好告诉他"什么是可以"的。比如，你明确告诉她"不可以单独和一个异性同学密切交往，但不反对她与多个异性同学、同性同学一起交往"。

4. 设定一定的家规

应该有明确的必要的家规，让孩子从小知道，什么是允许的，什么是不允许的。但家规要适合时代的特点，比如，"上大学之前，晚上出去须经父母同意"，这是必要的家规，而"上大学之前，晚上不可以出门"，就过于苛求了。

父母心语

保护个人隐私是适应社会生活的一个方面，保护隐私就是保护自己。当孩子的隐私意识逐渐增强时，家长应当高兴，因为这是孩子开始走向成熟的标志。

第九章 遵守心灵契约，给孩子一个自由空间

遭遇"电话"

作为家里"独苗"的菲菲，一直被父母视为掌上明珠，但父母对她管得也很严。平时学校和家里"两点一线"距离就是她生活的全部空间。贪玩是孩子的天性，她也不例外。她还是个活泼好动的女孩子，和同学们关系很好，同学们都喜欢找她玩。可是在家里是个乖乖女的她，能跟同学出来玩的机会并不多，同学们只好选择打电话跟她聊天。可令菲菲烦恼的是每次同学们打电话给她的时候，妈妈都会先"面试"一番，然后才让她接电话，有时还没那么简单，妈妈还会在自己的房间里用另一个电话听他们"聊天"。她也不知道是什么原因，觉得可能是父母担心她谈恋爱。但是她却从来不敢和妈妈提意见，是因为害怕妈妈责骂。她很不喜欢妈妈的这种管束方式。她觉得自己已经长大了，需要有自己的隐私和自己的空间，她不想一直生活在妈妈的"阴影"下。

很多母亲不明白：为什么现在孩子有话不愿意和自己说，但却可以和朋友煲几个小时的"电话粥"？其实，现在家庭大多数是独生子女，这些孩子大部分都会存在着一种"逆反"心理。他们不愿意接受父母亲或者老师长辈的教诲，而倾向于接受同学或朋友之间的建议。之所以会这样，主要是因为他们都互相了解，都能感受到彼此间所处的困境。而家长多数用强迫的方式让孩子做事情或接受意见，通常以自己的经验来教导或命令孩子。而从长远的目光来看，这样做是不合适的。

很多家长都希望孩子像个水晶人一样是透明的，但是实践告诉家长这是不可能的。孩子越大越不透明。有的家长为了多了解孩子，就偷听孩子的电话，这对于孩子来说是一种伤害，孩子会认为"你不信任我"。

孩子有自己的小伙伴，小伙伴之间有时候有秘密，好奇心太重的家长就千方百计地想要问出来，但却不知道，如果真的问出来了，孩子可能在小伙

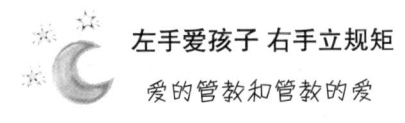

伴中失去威信。这对他以后的成长都会造成影响。秘密很多时候意味着独立面对和承担责任，没有秘密的孩子长不大。那么，作为家长的我们，又应当如何对待孩子的电话呢？

1. 礼貌地对待来电话的孩子

当你接到打给孩子的电话时，不要做人口普查员，不要去查问对方的姓名、与孩子的关系以及要说什么事情。当然，如果孩子不在家可以例外，但是一定要在尊重对方的情况下，采取一定的技巧。比如，你可以说：等他回来需要我告诉他吗？有什么事情我能转达的吗？如果对方确实有事情，他一定会如实向你汇报姓名、关系、内容。

2. 充分信任你的孩子

不要用怀疑的眼光看待你的孩子，尤其是异性来电话的时候。不要偷听孩子的电话内容，如果他需要你拿主意，那么他一定会主动告诉你，否则就代表没有什么大不了的事情。通话结束后，不要刨根问底地询问孩子电话的内容，对方的姓名，相信孩子会处理好一切。如果孩子不在家，你接听了电话，那么一定要如实向孩子转达，他一定会很感谢你，并且更信任你。

3. 培养孩子打电话的礼貌

除了一些礼貌用语外，要告诉孩子：对方的家长很可能很好奇你们的关系，你们谈话的内容，学会体谅对方家长的苦衷。让孩子在对方家长接听电话时主动告知：自己的姓名、与对方孩子的关系以及主要的来电原因。时间长了，孩子不但学会了基本的礼貌，而且会更理解你，同时，同龄人的效仿能力也会让你孩子的朋友与你孩子具有一样的表现。这样，通过教育自己的孩子来达到同样的目的，不是更好吗？

父母心语

很多家长都希望孩子像个水晶人一样是透明的，但是实践告诉家长这是不可能的。孩子越大越不透明。有的家长为了多了解孩子，就偷听孩子的电话，这对于孩子来说是一种伤害，孩子会认为"你不信任我"。

第九章 遵守心灵契约，给孩子一个自由空间

不可碰触的关闭之门

张妈妈的儿子今年17岁，是个很叛逆的孩子，光转学都转了好几次，张妈妈只要一说他，他就特别烦，整天不理家人，要不干脆整夜不回家，一回家就回自己的房间睡觉。现在天天泡在网吧，连学都不上了。他还要搬出去住，说要自己赚钱养活自己，把所有的行李都带走了。他1.80米的个头，张妈妈拦也拦不住。他离开家已经一个星期了，从没和家里联系过。

进入青春期，少男少女结束了"少年不知愁滋味"的孩童时代，进入了"多事之秋"。此时由于心理的不断发展，他们的情绪自控能力比孩提时有了较大的提高，学会掩饰、隐藏自己的真实情绪，出现心理"闭锁"的特点。过去爱说爱笑的孩子，进入青春期可能会变得沉默寡言。他们常把自己关在房间里，很少和父母交谈，甚至拒绝父母的关心和爱抚。

虽然父母可能希望他们的孩子打开心房、毫无秘密；但研究却发现，对于孩子的语言发展而言，让他们能选择独处及拥有隐私权是极其重要的。

你是否记得在孩提时代，有时会隐匿在属于自己的世界里？

当你回忆这些孩提时代所拥有的梦时，你会感到满心的愉悦。你可能希望你的孩子和你当年一样能发现独处的快活。同时，你也可能对孩子会有其他的期望——希望他们能与他人友善相处，与家人亲近，更希望他们能与你分享他们的情绪思维。很多研究证据都支持孩子需要与他人有社交性的接触，但是最近研究者也发觉保留隐私对孩子相当重要。

有些研究指出，那些拥有自己独处机会的孩子，会有较高的自我评价。还有一些研究显示缺乏隐私权可能会导致攻击性或心理退缩。有一个研究发现：生活在拥挤的空间的孩子，比那些生活空间大且有更多隐私机会的孩子，在学校里表现更多的攻击行为。

孩子们知道他们需要拥有一些独处的时间。例如，在美国加州曾让小孩

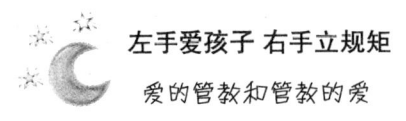

们来帮忙设计一个游乐场，结果发现除了一些游戏的公开空间外，他们还希望能提供包括岩石暗礁、洞穴、树林等可以藏身的场地。儿童发展心理学专家马里兰博士曾要求孩子们去安排整顿他们的教室，结果发觉他们喜欢设计一个安静的阅读角落，以书架为屏风，而且有舒适的家具或枕头可以靠卧。

孩子以各种不同的方法寻求独处。乡下的孩子比城市的孩子拥有更多属于他们的空间，也因此他们拥有更多可以享受独处的场所。城市里的孩子则可能以在心中保持一个秘密，或者是避开其他人与噪音等方式寻求独处。

在很多情况下孩子可以感受到他们的隐私权，但最重要的是——他们是否可以选择或决定这种机会。很多孩子都会认为父母不该在他们没有允许之下侵犯了他们的私人空间或私密，孩子希望父母能尊重他们！

父母亲常常保有自己的隐私，但是却认为必须时时知道孩子的一切——他们在做什么？想什么？如果孩子拒绝分享他们的秘密，父母会因而生气且觉得受到伤害。12岁的国龙觉得很矛盾："有时我希望能安静地看看书或玩玩单人棋，但是我却不知道如何去告诉爸爸妈妈，我担心会伤他们的心。"结果孩子日后可能会认为独处或拥有自己的秘密是不对的，唯有父母让孩子从小就享受他们应有的权利，他们才能快乐健康地成长，事实上，给孩子独处的机会，让他们有些幻梦，对他们的确有帮助。

其实当青春期的孩子独处时，他们往往会想一些不存在的事，甚至自我批评。例如："我很胖""佩佩不喜欢我""我总是浪费时间，我应该做功课的"。但是除了这些负面情绪外，研究发现青少年1天之中醒着的时候约有1/4的时间是独处的，而事实上他们也从其中获得助益；他们可以计划更多的事。他们或许会认为孤独令人难受，但往往"良药是苦口的"。

虽然隐私权有其正面的影响，但是父母仍然会担心孩子之所以希望独处，可能是想做一些父母并不赞同的事。这个怀疑可能导致父母与青春期孩子之间的战火。而父母侵犯孩子的隐私有时让孩子感到自己有罪，对他人产生防御心，甚至更加退缩。为了让孩子能有很好的自我价值观，父母应该获得孩子的信赖。

有时当孩子们希望能独处时，他们往往寻找借口而不直接地表达出来。

第九章 遵守心灵契约，给孩子一个自由空间

他们可能告诉你：他们很疲倦或者是身体不舒服。与他人玩耍时的紧张不安也可能是他们需要一点独处时间的征兆。有一位母亲说："当女儿们吵嘴时，我会建议她们去看书、听音乐，或者去散步。"

孩子到底需要多久的独处时间？对于青少年而言，通常1周15~30小时是最恰当的。如果他们常常孤独一人，这时你就必须去了解他们做些什么。青春期的孩子若是一天到晚只看电视、重复地听同一首歌或者常发呆，那么你不妨试着引导他们对其他活动的兴趣；然而，如果他们只是专注于自己的嗜好或是特别有趣的事，你就无需担心了。

让孩子了解保有自己的隐私权并不表示你不关心他们，只要当他们向你寻求帮助和支持时，你能给予温暖的回应，他们就会体会出你的关怀。让孩子能决定自己的秘密、独处的机会，你将会发觉这是你们彼此信赖的起点。

1. 提供时间与场地让孩子享受独处

在邻里间、学校里、游戏场上，孩子都难以随心所欲地享受独处时光。"家"对于孩子而言，实在是一个享受宁静的重要场所，如果你会告诉孩子进你的房间之前应先敲门询问，那么你不妨也这么做，让孩子知道你尊重他们的隐私权。

2. 在公共的房间给予孩子自己的领域

你可以让他们安排家具的位置，让他们布置自己的小天地。你也可以提供他们属于私人的抽屉或书架。这个目的并不是必须给孩子买同样的东西，而是为了要给他们提供一个选择机会——是否要将自己的时间或所有物与他人共享。

3. 察知孩子在何时需要独处

当孩子对于你"今天发生了什么事"的问题予以一令人感到挫败的回答——"没事"时，这可能意味着"给我一些时间，我现在还不能告诉你"。如果你能了解孩子话中的含意，他们将会告诉你更多内心秘密。

4. 给予孩子合适的独处空间

或许你会认为野餐或露营是很好的全家性活动，但是对于住在城市或

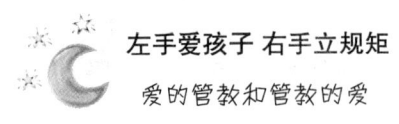

公寓的孩子,这样的旅游并不能让他们自由自在地纾解内心情感。倒不如让他们自己在公园里、河边安静地待那么一晚,让他们有更多的时间向大自然倾诉。

父母心语

让孩子了解保有自己的隐私权并不表示你不关心他们,只要当他们向你寻求帮助和支持时,你能给予温暖的回应,他们就会体会到你的关怀。

女孩男孩的青春期秘密

变了,完全变了!梅子站在穿衣镜前,反复打量着自己:修长的大腿、浑圆而微翘的臀、纤细的腰、隆起的胸……她惊喜不已,惊喜中又分明掺有一丝丝恐慌——她不明白,那个在世上晃荡了整整15个年头的"丑小鸭",怎么一夜之间就变成美丽的"白天鹅"了,而且在成长中如此悄无声息,背后的奥秘究竟是什么?

其实,穿衣镜展现给她的还只是外观,深层次的变化更令她惊慌,如每月的例假来潮、隐秘部位的体毛萌发,还有心灵深处对异性的那一缕兴趣与依恋……

更让梅子烦恼的是,现在她的脾气性情与原来有了很大的改变,生气、烦躁的时候多了,有时更会莫名其妙地与父母发生争执。

青春期是女人一生中的第一个关键时期。在这个时期,她们的身心发生巨大变化,这些变化很多是由性生理的成熟引起的,及时地、科学地对她们进行性教育,对于帮助她们顺利地渡过青春期,健康地走进成年期,是十分重要的。作为母亲,对女儿进行性教育,有不容推卸的责任。做母亲的如果不是把自己放在长者的位置,而是与女儿平等地相处,以朋友的身份出现,母女之间就可以无话不谈了。

如果你家里正有一个青春勃发的女孩，那么请你认真看下面的要点。

1. 帮助女孩正确认识自己身体的变化

正视孩子的身体变化，并且因为女儿自身的变化而感到高兴，可以告诉她你作为母亲看到女儿成长的成就感。告诉她用一种正常的眼光来看待自己生理上的变化，让孩子敢于抬头挺胸地走路，正确对待每月的"好朋友"，不要害怕，不要鄙视自己。

2. 传授一些避孕知识

对孩子演示避孕套的使用方法，告诉稍大一些的女孩要随身带好避孕套，以备不时之需，保护好自己的身体最重要。

3. 对女儿多一些体贴

留心女儿的经期时间，告诉女儿在经期要避免剧烈运动及生冷辛辣的食物，为女儿准备较好的卫生棉，帮助女儿选择合适的胸衣。

4. 让女孩学会呵护自己

让女孩注重外生殖器的清洁。平时要注意让孩子用温开水擦洗，洗时注意大小阴唇和阴蒂附近的垢腻。月经期最好早晚清洗一次，但不宜进行盆浴，以防感染。内衣的选择方面也要注意，化纤内裤不通风，容易引起异味或外阴炎、阴道炎，故宜给孩子买些宽松及易透气的棉质内裤，还要注意内裤不要过紧，若涂喷香料要防止皮肤过敏。

5. 告诉女孩特殊的"家规"

明确告诉女孩哪些是你能接受的，哪些是你坚决反对的。这些说教有时候是轻松的，有时候是强硬的。制定一些家规，比如：要求女儿晚上必须8点之前归家，有特殊情况必须事先商量。对于低胸、吊带衣服，做母亲的可以和她共同评论，并告诉她这些衣服等她成年了才能穿。

6. 和孩子共同探讨

作为母亲，想给你的女儿一些青春期性教育，那么先要自己补课，通过阅读青春期科普读物来了解孩子的心理以及做好充分的准备。还可以在和孩子共同阅读中一起探讨，这样，既避免了不知从何谈起的尴尬，又能更好地了解女儿此时的心理、想法。

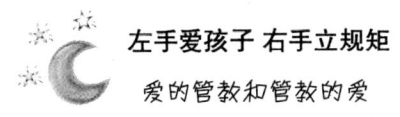

当男孩的发育日臻成熟，出现第二性征的时候，当他好奇地徘徊在伊甸园门口，想窥探其中奥秘的时候，作为家长的你是否意识到，你的孩子已经步入青春期。

性成熟过程主要发生在青春发育期，这时，机体在生长、发育、代谢、内分泌功能及心理状态诸方面均发生显著变化。女性性成熟的特殊标志是月经来潮，而男性则为第一次遗精，往往为梦遗。同时两者均有心理上的重要变化，如对异性的向往、希望异性注意自己、开始有性兴奋等。

男孩青春发育期没有严格的界限，一般在10~14岁。父亲应多关心儿子的成长，潜移默化地告诉他男人应该如何做事，男人的情感应是什么样。父亲要在儿子面前注意言辞的文明、仪表的得体等。总之，多体现男性的阳刚美和父亲的权威。但如果做父亲的太过于严厉，或者冷若冰霜，儿子就很难接近。

对于男孩正常的生理、心理现象，家长要让孩子正视这种变化。如果母亲不好意思开口，不妨由父亲做好男孩的指导说明工作。

父亲应多给孩子一些关爱。如果做父亲的很少关心儿子的生活和学习，孩子同样可能偏离正常轨道。因为他还小，外界的因素又很多，孩子的自控能力还相当地弱。另外，孩子逐渐懂事了，了解的东西也多了，父亲也有必要再充电，使得自己和儿子的交流不出现代沟。其实，性教育不单纯是性知识的教育，也包括人格、品德方面的内涵。

孩子进入青春期往往不愿意和父亲一起去洗澡。孩子不肯和父亲一同去洗澡，说明他已经进入青春期后期，身体开始发育成熟了。有些正常现象，像遗精，他并不懂得是怎么一回事，相反还认为是自己干了"坏事"，怕父母知道。在这个时候，做父亲的应注意：不要责骂，不要因为他拒绝同去洗澡就发脾气或指责孩子，而应祝贺儿子发育成熟了。如果你的态度选择得不合适，孩子将对性产生恐惧和罪恶感；自然大方地教给儿子一些性知识，告诉他应该怎么正确面对来临的生理变化。在性教育中，父亲应是儿子最好的老师。下面支点招数。

1. 在这样一个特殊的时期，需要细心呵护孩子的"面子"问题

一觉醒来，发现嘴唇周围突然多了一圈毛茸茸的小胡子，有些男孩因为一时不能接受，就采取一些极端的手段。粉刺长出来了，去挤，胡须长出来了，去拔。岂不知这是非常危险的。男孩的胡须是宜刮不宜拔的。人的面部，尤其是口唇部位被称作"危险三角区"，是最容易感染病菌的地方，就连刮胡子也应该小心翼翼，以防刮破而感染患病。所以，我们应该帮助孩子欣然接受自己的生理外貌。告诉孩子，无论是长胡须还是长痘痘，都只会使他看起来更有男子汉气质。

2. 教导孩子注意保持卫生习惯

男孩的生殖器常受大小便、汗液及精液的浸渍，因而细菌、病菌、脱落细胞、污垢易积聚。男子的阴茎包皮内和阴茎头的交接处，分布着许多小皮脂腺，能不断分泌黄色的油性物质，若不经常清洗，可引起包皮发炎，出现红肿和疼痛，甚至引起包皮粘连或包皮结石。对于以上"卫生死角"，要让孩子天天"打扫"，以保证性器官及外阴部的卫生，预防一些疾病的发生。

3. 从细节上体贴男孩

让孩子多穿运动型的衣服，少穿牛仔裤。晚饭不要让孩子吃得过饱，避免让孩子生活在过于闷热的房间里，帮助孩子养成侧卧睡觉的习惯，让孩子穿宽松的棉织睡衣。一旦发现孩子出现了遗精现象，就为孩子准备干净的内裤以及小垫子，并将卫生纸放在孩子的床头。

父母心语

作为母亲，对女儿进行性教育，有不容推卸的责任。做母亲的如果不是把自己放在长者的位置，而是与女儿平等地相处，以朋友的身份出现，母女之间就可以无话不谈了。

千万不要忽视了父亲在男孩性教育中的作用。和儿子正式地谈一次，从生理到心理，然后你要做的就是多一点细节上的体贴。

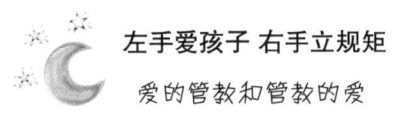

左手爱孩子 右手立规矩
爱的管教和管教的爱

尊重孩子的权利，让孩子健康成长

有一位母亲当过30多年老师，却犯了一个后悔莫及的错误。一天，她发现儿子在自己的屋子里烦闷地走来走去，非常替孩子着急。她隐隐知道，上高中的儿子在谈恋爱，碰到了什么挫折，她暗暗祈祷：儿子啊儿子，你要有点出息，别为这么点儿事想不开！一会儿，儿子出门了，妈妈再也按捺不住急切的心情，想方设法撬开了儿子的抽屉，取出了儿子的日记。可是，当她翻开日记时，手却像被烫了一样——原来儿子在日记中夹了一张纸条，上面写着："妈妈，我料定您会来偷看我的日记，我瞧不起您！我有烦恼是自己的事，您不必管我，我能挺过这一关！"这位母亲说："道高一尺，魔高一丈。我低估了孩子的能力。还是应该尊重孩子啊。"

孩子不是玩具、附属品，他们有天赋的人权，但孩子的诸多权利却常常被忽视。孩子在成长的生命里，只是被保护、被限制、被约束、被处罚，可他们该有的应该被尊重的权利却很少被提及。孩子常常被父母用于满足自己未曾圆满的梦，于是他们没有自己的理想，有的只是大人的期待。

尊重孩子，是因为孩子一出生，就是一个独立的个体。孩子不是父母的附属物，他们的人格尊严受法律法规的保护。所以父母应该尊重孩子。

从另一角度说，只有被人尊重，孩子才可能获得自尊，并可能学会尊重别人，而自尊和尊重他人是成为一个具有健康人格的人的首要条件。由于孩子年幼，自尊意识处于稚嫩状态，特别容易受到伤害，所以更应当给予保护。可以说，是否尊重孩子，将对孩子一生的发展起重要作用，值得父母们予以特别的重视。

但是在家庭中，在对待孩子的教育上，很多家长认为孩子们年幼无知、体力缺乏、毫无经验，完全在自己的保护伞下，并对他们负有完全的责任，因而也就有了权力来指挥他们，于是表现为独断专行、主观片面，站在成年人的立场去体味孩子的感觉。在这种思想的指导下,父母过分看重了自己的权利而忽略了孩子们的权利。每一个孩子都是独立的个体,因而也就有了权利。即使孩子在很小的时候,也不能忽视他的权利。

1. 尊重权

尊重权就是要尊重孩子的生存权、发展权、受保护权以及参与家庭、文化和社会生活的权利。根据我国《未成年人保护法》,这些权利一概受到法律的保护,当然还包括儿童的隐私权。

2. 平等权

孩子是世界和平的象征,在孩子的世界里没有国界、阶级、种族、职业、性别、偏见等,但成人世界的不平等观很快会感染孩子。所以老师应该传授孩子真正的平等权,一种不以成绩、不以长相、不以家中财富作指标的平等。跑不快的孩子也可以享受与人竞逐的快意;图画画不好的孩子依然可以绘出他心中的天地。唯有平等的待遇,孩子才不至于在挫折中流失掉学习、生活的乐趣。平等地看待每个孩子,孩子方能学会平等地看待自己。

3. 分享权

孩子有权把在学习中所看见的、所听见的、所想的一切"报告"给成人,包括宇宙的变化、天地的迷惑、世界的困境,这叫分享。孩子是很善于与他人分享的,只要你给他这份权利。反而是我们成人把这项有趣的法宝早早地遗忘殆尽。而分享应该是双向的,家长快乐的事也可以和孩子说一说。别说这只是个人的想法,孩子从不这样认为,他们以能分享家长的心事为荣,只要你给他们机会,孩子会很乐于聆听。

4. 体验权

体验是孩子汲取智慧的泉源,是促进儿童心智发展的花园。但我们的父母、老师却常常会不由自主地阻挠孩子体验世界,在自觉不自觉中我们剥夺了孩子与日月星辰、山川泥土"肌肤相亲"之权,也剥夺了孩子感知生命的权利。所以尽管今天的孩子带着很多的知识来到学校,他们带来了对身边和遥远世界的广阔的视觉认识,带来了大量的图像、事实和幻想,然而今天的

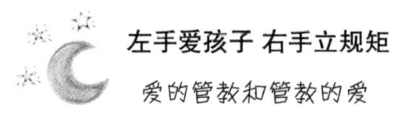

孩子在他们的成长过程中,却越来越远离自然界。所以,让我们把体验权还给孩子,告诉他们:读万卷书,不如行万里路。

5. 探索权

人总是在各式各样的探索中找出自己的定位。然而父母的担忧、禁忌,却是妨碍孩子探索的最大元凶,孩子的探索或许会因此而停止。所以孩子说:"我想知道鱼睡觉闭不闭眼睛,家里的灰尘为什么特别多,蜜蜂是如何采蜜、筑巢、做蜂蜜的,茶是怎么种、怎么采、怎么做的……"父母不要给予太多的限制,也不要说这与孩子的学习毫无关系。探索是顽皮的,父母应该给予容忍;探索是危险的,父母应该给予安全。太多的限制只会毁灭孩子的智慧,会妨碍他们成长为真正的人。

6. 独立权

独立的孩子比较有主见、喜欢争论、不听使唤、常常特立独行,既有的成规不一定能应用在他们身上,他们不喜欢受到束缚,更不想听从天命、墨守成规,如果孩子时时响起与家长不合拍的不和谐之音,必然会令人头疼。所以,父母宁愿提供枷锁,也不愿让孩子放手一搏。给孩子独立权,让孩子做自己,容许孩子有自己的想法和主见,容许孩子可能犯错误,容许孩子跌跌撞撞。

此外,孩子还有很多的权利,如生气权、快乐权、运动权、被鼓励权等。家长只有做到真正从人性出发,尊重孩子一切的权利,尊重意味着孩子有权决定自己的选择,在尊重环境里成长的孩子才能更好地成长。

父母心语

当父母尊重孩子的权利,并引导孩子珍惜自己的权利时,真正有益的教育才能开始。

第十章

穷养男富养女,让孩子在不同规矩中茁壮成长

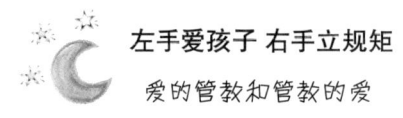

溺爱是孩子成长的毒药

现在父母因为只有一个孩子的缘故，于是孩子要什么有什么，凡事有求必应。每个孩子都像是上帝赐予的恩物，是父母的天之骄子，不但受到长辈们疼爱，更受父母用心的关照。因此从孩子出生到会抓取物品、会爬行、会登高、会走路，孩子所有的一举一动、所用的一衣一物，父母总是想尽办法满足他们的需求。因为在父母眼中，孩子就是宝贝，是心头一块肉，如此也渐渐养成孩子予取予求的霸道行为。而当孩子有霸道行为出现时，父母又认为没关系，认为他只是个孩子，而未能加以辅导并给孩子适当的纠正；因此，日积月累之后，孩子就会觉得凡事都理所当然，也因此变得越来越霸道。

教育男孩，最怕溺爱。一个在溺爱中长大的男孩，别指望他会有出息。爱孩子，只能放在心里，表现出来的时候，该狠还是要狠一点。要舍得让孩子吃一点苦头，不要对孩子的要求全部给予满足。一味地溺爱，以孩子为中心，是不利于孩子的身心健康的，对他们的成长不利。一般来说，在家庭中，家长溺爱孩子，最典型的表现有以下几个方面。

1. 特殊待遇

由于重男轻女的思想以及独生子等原因，男孩在家庭中的地位高人一等，处处受特殊照顾，如吃"独食"，好的食品放在他面前供他一人享用；做"独生"，爷爷奶奶可以不过生日，孩子过生日得买大蛋糕、送礼物……这样的孩子自感特殊，习惯于高人一等，必然变得自私，没有同情心，不会关心他人。

2. 轻易满足

有的父母对儿子的要求无原则地满足，儿子要什么就给什么。有的父母甚至不顾给自己造成沉重的负担，满足儿子过分的需求。这样儿子必然养成

不珍惜物品、讲究物质享受、浪费金钱和不体贴他人的坏性格，而且毫无忍耐和吃苦精神。

3. 剥夺独立

作为男孩，应该具有强烈的独立精神。可是有的父母为了绝对安全，不让儿子走出家门，也不许他和别的小朋友玩。更有甚者，让儿子变成了"小尾巴"，父母或老人时刻不离开一步，搂抱着睡，偎依着坐，驮在背上走；含在嘴里怕融化，吐出来怕掉了。这样的男孩会变得胆小无能，丧失自信，养成依赖心理，还往往成为"把门虎"，在家里横行霸道，到外面胆小如鼠，造成严重性格缺陷。

4. 大惊小怪

本来"初生牛犊不怕虎"，顽皮淘气是男孩的天性。他们不怕水，不怕黑，不怕摔跤，不怕病痛，摔跤以后往往自己不声不响爬起来继续玩。可是，有的父母却忽略了这些，儿子稍微有点闪失，就惊慌失措，大呼小叫。从此，就给孩子打下了懦弱的烙印。

5. 当面袒护

有时爸爸管教孩子，妈妈护着："不要太严了，儿子还小呢。"有的父母管教孩子，奶奶爷爷会站出来说话："你们不能要求太急，他大了自然会好。你们小的时候，还远远没有他好呢！"这样的男孩当然是"教不了"啦！因为他全无是非观念，而且时时有"保护伞"和"避难所"，其后果是孩子性格扭曲，有时还会造成家庭不和睦。

以上的溺爱方式不是每个家庭全部都有，但是一般家庭会占有几种，或各种都有轻度表现，这是值得警惕的。为了男孩的健康成长，我们要给他以充分的爱，但是不问是非曲直，一味地迁就他，这爱就成了溺爱。而溺爱和放任一样，对男孩的健康都是有害的。

父母心语

爱孩子，那是做父母的天性。但是，千万不可溺爱，溺爱只会害了孩子。特别是男孩，千万不要让溺爱成为男孩成长的毒药。

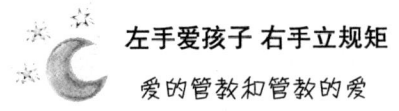

左手爱孩子 右手立规矩
爱的管教和管教的爱

让孩子从小经历苦难的洗礼

男孩将来不仅要承担家庭的责任，社会责任和压力也与日俱增，他们要面对学业、婚姻、工作及家庭等社会和人生课题。每个人的人生都不会是顺境，更多的时候是逆境，孩子能不能吃苦在很大程度上决定了他人生的成败。所以，父母即使再富有，也要对儿子"穷"着养，不要让富裕的生活毁了儿子。

有这样一篇报道：一对夫妻把儿子辛辛苦苦养大，儿子大学毕业后上了班，有了收入，父母就不再给他零花钱。可是进入社会的儿子不但要用好的、吃好的，还要追流行，钱根本不够花。最后，他对父母说："如果你们不能给我提供一辈子的优裕生活，为什么让我从小就养成这种习惯？"

男孩要在未来的生活和社会竞争中取得成功，不仅需要掌握各种科学知识和职业技能，还要有肯吃苦、负责任的精神。男孩的天性让他们从襁褓期开始就不会像女孩一样心安理得地接受挫折，也不喜欢坦然接受他人的帮助，但由于父母的娇宠和溺爱，很多富裕生活中成长的男孩都受不住挫折，依赖心理特别强。

李嘉诚对两个儿子的培养教育抓得很早。他要求儿子生活上克勤克俭，不求奢华；事业上注重名誉，信守诺言。他特别教导儿子要考虑对方的利益，不要占任何人的便宜，要努力工作。

当李泽钜和李泽楷长到八九岁时，李嘉诚召开董事会，就让儿子坐在专门设置的小椅子上列席会议。开始兄弟俩觉得新奇好玩，瞪大眼睛，认真听父亲和各位董事讨论工作，有时大家争得面红耳赤、吹胡子瞪眼，兄弟俩吓得哇哇直哭，李嘉诚说："孩子别怕，我们争吵是为了工作，这是正常现象，木不钻不透，理不辩不明嘛！"

有一次李嘉诚主持董事会讨论公司应拿多少股份的问题，他说："我们

第十章 穷养男富养女，让孩子在不同规矩中茁壮成长

公司拿10%的股份是公正的，拿11%也可以，但是我主张只拿9%的股份。"

董事们有的赞成、有的反对，争论不休。这时李泽钜站在椅子上说："爸爸，我反对您的意见，我认为应拿11%的股份，能多赚钱啊。"弟弟李泽楷也急忙说："对，只有傻瓜才拿9%的股份呢！"

"哈哈，"父亲和同事们忍俊不禁，他说："孩子，这经商之道学问深着呢，不是1+1那么简单，你想拿11%发大财反而发不了，你只拿9%，财源才能滚滚而来。"

实践证明李嘉诚的决策是英明的。公司虽然只拿了9%的股份，但生意兴隆，财源茂盛。

后来李泽钜和李泽楷在美国斯坦福大学以优异的成绩毕业了，想在父亲的公司施展才华，干一番事业。李嘉诚沉思了片刻说："我的公司不需要你们！"兄弟俩都愣住了，说："爸爸，别开玩笑了，您那么多公司不能安排我们工作？"李嘉诚说："别说我只有2个儿子，就是有20个儿子也能安排工作。但是，我想还是你们自己去打江山，让实践证明你们是否有资格到我公司来任职。"

兄弟俩这才恍然大悟，原来父亲是把他们推向社会，去经风雨、见世面，锻炼成材。

兄弟俩到了加拿大，李泽钜开设了地产开发公司，李泽楷成了多伦多投资银行最年轻的合伙人。李嘉诚在香港常常打电话问兄弟俩有什么困难他可以帮助解决。兄弟俩总是说："谢谢爸爸的关心。困难是有的，我们自己可以解决。"

其实李嘉诚不过是随便问问，并不真的想帮助他们解决什么困难。当然兄弟俩对父亲的为人最清楚了，你真的求他帮助解决困难，他也不肯帮助。父亲"冷酷"得似乎不近人情，但兄弟俩理解他的良苦用心……

兄弟俩在加拿大克服了许多难以想象的困难，把公司和银行办得有声有色，成了加拿大商界出类拔萃的人物……

两年后，李嘉诚把兄弟俩召回香港，满面春风地说："你们干得很好，可以到我公司任职了。"并面授他们一些经验说："注重自己的名声，努力

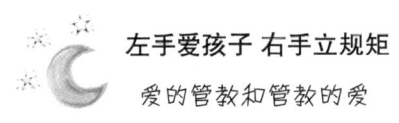

工作，与人为善，遵守诺言，这会有助于你们的事业。"

李嘉诚欣慰地看到两个儿子的迅速成长和出色业绩，终于可以放心地分出不少担子给他们了。每当人们称赞兄弟俩时，李泽钜说："感谢父亲从小对我们的培养教育，它是最好的商业教师，尤其在教授'不赚钱'这点上。我从父亲身上学到的最主要的是怎样做一个正直的商人。"

让孩子学会吃苦、学会做人，不是一件容易的事，更不是一个简单的过程，需要父母"狠"下心来，加强对孩子的吃苦教育，帮助孩子树立敢于吃苦的坚定信念。

对于新的教育方式，一些顾虑重重的家长并不买账：孩子还在长身体的时候，怎么经受得住这样的折腾？如果影响到孩子健康成长，谁来担负这个责任？

而一些持赞同观点的家长却认为：平日家里都对唯一的孩子疼爱有加，吃什么，穿什么，用什么，都尽量满足孩子，不想让孩子受委屈，但是日子一长却发现孩子越来越难管了，所以，让孩子适当吃点儿"苦"，总比将来他走上社会了吃大亏好吧！

其实，给孩子适当吃些"苦头"未必是件坏事，有句老话"由俭入奢易，由奢入俭难"，要让孩子认识到劳动价值所在，培养出社会义务感、责任感。

另外，孩子更能懂得遇到困境要坚强、独立地生存下去，毕竟生活对每个人来说都不是一帆风顺的，想在顺境中享受就必须先学会在逆境中成长。而且，适当的"苦头"有助于把孩子培养成一个有爱心的人。

父母心语

要想培养真正的男子汉，让孩子将来有一个辉煌的人生，就必须让他们从小经受苦难的洗礼。

第十章 穷养男富养女,让孩子在不同规矩中茁壮成长

教孩子学会乐观

理想的人生应当是快乐的、向上的、有成就的、幸福美满的,没有比这样的人生更令人向往、更值得追求的了!孩子正处于人生的起步阶段,每对父母都希望自己的孩子将来学有所成、人生幸福美满,为此,就必须从小培养他们快乐活泼、积极向上的性格。这种性格最具有生命活力。

生活从来不是十全十美、万事如意的,乐观者从不怨天尤人,而总是让生活伴随着憧憬和追求。高尔基说过:"追求进步,这才是生活的真正目的。让整个一生都在追求中度过吧,那么在这一生里必定会有许多美好的时刻。"

在遇到困难和挫折的时候,乐观者会像普希金写的诗句那样:

假如生活欺骗了你,

不要忧郁,也不要愤慨!

不顺心时暂且克制自己,

相信吧,快乐之日就会到来。

乐观者总能在灾难中看到希望,而悲观者却在希望中看到灾难。人生怎么可不乐观呢?

在学习和工作取得一点成功的时候,积极快乐者决不会忘乎所以,即使取得像牛顿和诺贝尔那样伟大的成就,也不忘继续进取。

牛顿说:"我不知世人对于我是怎样的看法,不过我自己只是觉得好像在海滨玩耍的一个小孩子,有时很高兴地拾着一颗光滑美丽的小石子,但真理的大海,我还没有发现。"

诺贝尔说:"在我们这个被称为银河系的小小的宇宙旋涡中,大约运行着一百亿颗太阳,但太阳如果知道了整个银河系有多大,它肯定会因为自己的渺小无比而感到羞愧不如。"

这是何等宽广的胸怀!

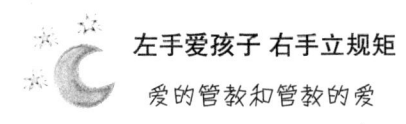

左手爱孩子 右手立规矩
爱的管教和管教的爱

生活中，不论是遇到困难、挫折、失败、灾难还是取得成就，一个人只要拥有开朗、快乐而进取的性格，就能拥有永久的幸福。这样的人不论处于何种境况，都会像伏契克说的："为了欢乐而生，为了欢乐而战斗，为了欢乐而死。永远不让悲哀同我们的名字联在一起。"

中国孩子的思维方法往往是遇事先想困难，少想益处。在家庭教育中，家长应鼓励孩子先考虑问题的有利方面。但最主要的是，要让孩子知道快乐的源泉在哪里。诗人亚历山大·蒲柏把快乐称作是"我们生存的终极和目标"。这一点，必须在家教中得到最完整、最彻底的贯彻，把快乐既作为家教的手段，也作为家教的目的，应当教给孩子的是：真正的快乐是人生的意义之所在。

如果要使孩子获得快乐，做家长的必须先要知道什么是孩子的快乐。这就是：孩子主观上能处于一种安乐的状态，即心理平衡而满足的内在感受。当孩子快乐的时候，他们会喜爱自己、热爱生活，能够从每一天当中得到乐趣。脑科学的研究表明，快乐的能力似乎受到生物和遗传的影响。大脑额前皮层产生的电波活动越强，人就可能越快乐。科学家在对同卵双胞胎的研究过程中发现，我们每个人天生有一个快乐的"设定点"，一个人的平均水平几乎总是遗传而来的。

但是，这并不意味着我们要停留在上天赋予我们的水平上。我们可以通过家教采取增进孩子快乐和消除孩子不快的方法来超越"设定点"，采取的方法主要有以下几个。

1. 教育孩子学会"抓住今天"

人们往往会想："当孩子的要求得到满足时会快乐的"或者"当孩子考试得了满分的时候会快乐的"等。但是，如果想要使孩子快乐，就必须教育孩子"抓住今天"，因为人所掌握的唯一时间就是现在。要告诉孩子，时间就是生命。生命的意义、生命的价值就体现在对时间的占有、把握与利用上。从宏观讲，人生只有三天：昨天、今天、明天；从微观上讲，人生是由若干个今天组成的。回顾昨天，是为了总结成败得失，让今天活得更美好。遥想未来、憧憬理想，也为的是让今天活得更有价值。要真正让生活有

第十章 穷养男富养女，让孩子在不同规矩中茁壮成长

滋有味、充实美好，必须珍惜每一个今天。一心只沉溺于对昨天的眷恋，今天将黯然失色；一心只迷于对明天的幻想，今天将轻飘浮躁。真正热爱生命的人，必将对每一个今天情有独钟；或许可以不必追求每一个今天过得有意义，但一定要使每一个今天活得有意思。

父母可以教给孩子的方法有：

（1）学会享受每一刻。比如，看到别人对你甜美地微笑或者你帮同学解决了一个哪怕是微不足道的小困难，一种喜悦的感觉就会油然而生。

（2）学会把握每一分钟。教育孩子应该学会确定一个大目标，并落实在每天的行动中。在行动中要努力寻找积极的感觉，不要使消极的情绪靠近自己，因为它会使人沮丧气馁。

（3）学会善待身边的每一个人。经常回忆朋友给自己带来的乐趣。

（4）学会到室外活动放松自己。室外活动是对付压力和焦躁情绪的一剂良方。

（5）学会休息。懂得只有好好休息才能精力充沛，而保持精力旺盛的秘诀便是休息。

（6）学会经常微笑。经常微笑能在大脑中留下幸福的回忆，并能引起幸福快乐的感觉。

2. 教育孩子学会追求快乐

当我们把孩子的日程安排得过满，总使他慌慌张张地处理计划清单上的事，然后筋疲力尽地倒在床上时，孩子是没有快乐可言的。所以，在家教中要把快乐放在重中之重的位置上。甚至不妨把"孩子，你要快乐"这句话写在一张纸上，把纸贴在孩子的书桌上，这样，孩子每天早上都能看见它。它会提醒孩子珍惜生活中所有能带给他快乐的东西。父母还要告诉孩子，快乐就隐藏在生活的细微琐事当中，如果不仔细审视，它就会无影无踪，但只要留意，快乐就不会离你而去。

3. 教育孩子学会罗列值得感激的事

俗话说：知足者常乐。这对孩子同样适用。但是，当今的世界并不鼓励我们珍视自己已经拥有的一切。所以，要教育孩子学会列举所有大大小

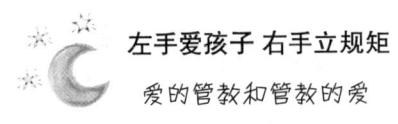

的、能使生活充满意义的事情,包括他的天赋,所喜爱的每个人的优点,所居住城市或社区的令人喜闻乐见的事物,甚至大自然的恩赐,比如树木、花草、动物等表现出来的趣事。

4. 教育孩子学会如何改变

要让孩子懂得:既要努力让生活按自己的意愿发展,也要乐于接受已经发生的一切。因为快乐就是这两者之间的一种平衡。家长如何对两者加以区分呢?可以认真想一想孩子的学习、同学关系和其他重要问题。冷静客观地考虑一下可以调整什么,最好接受什么以及必须改变什么。如果是和同学难以交流沟通,那就有针对性地给孩子讲一些人际沟通的技巧;如果是对自己的学习感到厌烦,那么仔细寻求原因,和孩子一起分析原因并找准解决办法可能就是明智之举。一旦决定改变,就要鼓励孩子按照决定采取行动,坚持下去。这样,快乐就会增加。

5. 教育孩子发展兴趣爱好

英国作家奥尔德斯·赫胥黎曾说过:"快乐是一种副产品。"快乐其实是你在做其他事情的过程中获取的东西。父母要告诉孩子,快乐的人未必是最忙碌的人,但是,他们通常忙于自己所热心的事情。当你专注地从事某项活动时,你就会进入快乐。

父母心语

家庭的气氛,家庭成员之间的关系,在很大程度上会影响孩子性格的形成。研究表明,孩子在咿呀学语之前就能感觉到周围的情绪和氛围,尽管当时他还不能用语言来表达。可以预见,一个充满了敌意甚至暴力的家庭,绝对培养不出开朗乐观的孩子。

第十章 穷养男富养女,让孩子在不同规矩中茁壮成长

重视男孩毅力的培养

看一个男孩将来能否成才,毅力就是一项非常重要的指标。毅力作为意志的一种基本品质,是人们为了实现理想目标而去克服困难的心理过程及其行为的表现。生活中,困难、挫折往往与成功相伴相生,一个人要想在学习上出类拔萃,工作上有所成就,事业上要想有所建树,没有坚强的毅力,没有战胜困难的勇气,是不可能的。

一些父母养成了孩子要什么就给什么的习惯,孩子只要一张口,父母就慌慌张张、手忙脚乱马上满足他,这样培养出的孩子往往带有娇气,难以适应社会的需要。所以,父母不要让孩子感觉太容易了,要让他知道好的生活来之不易,应当珍惜和感激,学会自己去争取,学会说谢谢。比如,在零花钱问题上,不是让孩子任意挥霍,而是培养他节约、克制和理财能力。

在管教孩子的问题上,父母也要保持一致。孩子做了错事该批评就批评,该惩罚就惩罚,但不要伤及孩子的自尊心和自信心。要让孩子体验到做错事的畏惧心理,这种畏惧心也是人生健康的心理素质之一。不允许的事,从一开始就不允许,不要时紧时松,让孩子说到做到,学会自我控制。这不但增强他的意志力,也使他没有痛苦。如孩子不该看的电视剧就不能看,到了睡觉的时间就得按时去睡,父母与客人谈正事时,孩子不能打扰就不准打扰,规定的作息时间不能破坏,等等。此外,如果孩子发生受伤、疼痛、吃药、打针等情况时,父母即使心里着急,表情上仍要平静,不可流露出慌张、害怕、担忧的神情。这样做,会让孩子在不知不觉中学会忍受病痛和折磨,变得勇敢坚强。

因此,父母在生活中必须重视培养孩子坚强的毅力。父母应从以下几个方面进行。

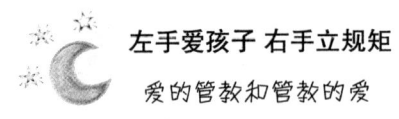

1. 要培养男孩战胜困难的勇气和信心

父母要通过激将法、诱导鼓励、树立榜样、故事熏陶、展开竞争等方法，经常鼓励孩子，不断增强孩子克服困难的勇气，树立自信心，使孩子不畏惧所面临的困难和挫折，并以积极方式去克服。

2. 要培养男孩追求理想的强烈愿望

人总是把不同的追求作为自己最大的满足，愿望是一切行动之源，一个人的愿望越强烈，行动就越会更迅捷、更彻底、更到位。顽强的毅力与强烈的愿望是紧密联系的，要成功，必须先有强烈的成功愿望，这样行动才会产生极大的毅力。

3. 要培养男孩树立明确的奋斗目标

伟大的目标产生伟大的毅力。一个人成长的过程，就是不断寻找、追求理想目标的过程。目标越明确，越贴近实际，成功的可能性就越大，因此，父母要让孩子明白实现目标必须要付出艰苦的努力，指明行动的方向。

4. 要培养男孩积极行动

俗话说"多走一步，多一份成功的机会"。行动是成功的起点，行动决定一切。要鼓励孩子认准目标后就要付之以积极的行动。只有积极的行动，才能应对困难和挫折；只有不停地行动，才是实现愿望的最佳选择。

5. 要培养男孩克服消极的心理，用毅力克服困难

克服困难的过程，也就是培养、增强毅力的过程。万事开头难，每一次新的尝试都不会一帆风顺，当孩子遇到挫折时，要鼓励他学会用积极的心态对待，始终保持一定的自信心和对成功的渴望，这样才能保证孩子有足够的毅力实现目标。

父母心语

要想培养有毅力和忍耐力的孩子，就必须让他们苦其心志，勇敢地接受困难的洗礼，帮助他们树立完成目标的决心。

第十章 穷养男富养女，让孩子在不同规矩中茁壮成长

勇敢的小孩是最帅的

在成长的过程中，男孩终归要有面对失败的时候。如果孩子还小，家长们就会一笑了之，抢着帮他把问题处理掉，或者干脆让孩子放弃，认为他的能力还不足以完成这个任务，等他再大一些，就完全能够胜任了。

英国的麦克夫妇却不这样认为，他们常常会让孩子去做些力所不及的事情。麦克说："失败是成功之母，只有经历过失败，才能享受到成功的喜悦，也只有一步步成功，孩子才能真正地长大。"

麦克的儿子查理就是这样长大到10岁的，如今这个小男孩不但会自己照顾自己的起居生活，修理家里的水管、电器，就连修汽车也能说个头头是道。

查理第一次做事，是在2岁的时候，他看到麦克正在洗碗池里洗碗，感到很好奇，拉着麦克的腿，不愿和妈妈回到客厅去。见此情景，麦克干脆把查理抱到洗碗池上："来吧，查理，你来洗碗好了，看看你能干得怎么样！"查理挺听话，马上跳进洗碗池里干了起来。这是在洗碗，同时也等于是在洗澡，衣服裤子都湿了个透，碗不但没有洗干净，而且还掉到地上，摔碎了一个。

麦克没有制止他，也没有指点他该怎么做这种工作，一直站在旁边，笑着看着查理的一举一动。

开始时，查理还在笑，觉得坐在洗碗池里玩是件有意思的事。可是，慢慢地，他觉得这一点也不好玩，油污涂了满身，凉水粘在身上，很不舒服。他求助似地看了看麦克，麦克把头转到了窗外。查理无聊地把水泼到水池外面，把碗推到洗碗池一角，把水笼头打开……终于，他再也忍不住地哭了起来。直到这时，麦克才把他抱出来，送他去洗澡，换了干净衣服，把他放到洗碗池旁边，自己戴好围裙，把洗碗液挤到水里，然后，在查理的注视下，

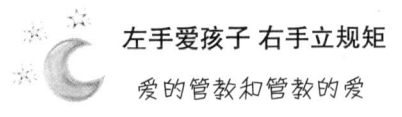

一个个地把碗洗干净，抹干。接着，把查理的玩具碗筷放到了水池里。

查理这一次洗玩具碗筷，衣服只湿了一半。第三次时，只有袖子湿了一点点。麦克又教他怎样把碗洗干净的方法，查理做得也就越来越好了。

这不过是小儿科，比较危险的是烧水。

水壶放在煤气灶上，壶里的水被烧得滋滋响，麦克用一块手巾垫在手下，把壶拿了下来。

查理也要做。那时他4岁，对于他来说，这是件非常危险的事，不但可能烫到手，还可能会把整壶水倒到身上，造成大面积烫伤，甚至由此引发生命危险。麦克知道，查理对已烧开的水壶很感兴趣，他原本也同意像妻子所说的那样，不让查理接近水壶就行了。可是，他能保证查理在自己视线之内，不动那装满了开水的水壶，但谁又能保证，查理在大人们的视线之外，不去动那个水壶呢？因此，麦克决定，教查理正确的拿水壶的方法，让他知道，会发生什么危险，并具备躲开这种危险的能力。

他把水壶里的水换了温水。告诉理查，水开时的水汽会将水壶把蒸热，所以要垫上毛巾才能拿，水很热，要注意，不能让水壶倾倒下来。第一次尝试时，半壶水都倒在了查理身上，由于是温水，所以只不过烫红了查理的胸腔和手臂。

"这是因为你的力气不够，"麦克说，"你需要用两只手。"

说完，麦克又为他换了壶温水。"不，爸爸，我再也不拿水壶了，"查理胆怯地后退着，"我知道，这很危险，我再也不碰了。""你一定要再试一试，你有这个能力。"麦克鼓励他，"用我教你的方法，你一定行的。"

在麦克的指点下，查理又试了一次。这次，他安全地把水壶取了下来。

麦克的想法非常简单："要给孩子失败的机会，面对失败，一次次改正错误，直到成功，这不只是教孩子学习并掌握能力，同时也是教他一种人生态度。"他成功了，因为，他的想法是正确的。

男孩的胆量生来是不一样的。有些孩子天生不爱说话，害怕生人，不敢表现自己，我们宁可把这看成是他的性格特点，而不要简单地看成是缺点。有些男孩胆小，父母也有责任。父母安全意识过强，老是吓唬孩子，孩子干

第十章 穷养男富养女，让孩子在不同规矩中茁壮成长

什么父母都说"危险"。久而久之，孩子就会总结出一条经验，最可靠的办法是什么也别摸、什么也别干，在我们成年人看来，这样的男孩自然就是胆小怕事，没有勇气。

现在的孩子根本不具备应付挫折和压力的能力。如果父母忽略了对孩子适应新环境的教育，忽视了安慰和鼓励孩子，孩子就很容易变得胆小怕事，只有退缩到自己的世界里以躲避外在世界的伤害。

心理学家斯科特·派克说："在这个世界上，只要你真实地付出，就会发现许多门都是虚掩的！微小的勇气，能够完成无限的成就……如果你幸运地拥有勇气这种品性，那么很值得恭贺；如果你还没有养成这种性格，那么尽快培养吧，人的生命很需要它！"勇气是一个人成功的必备素质，是男孩主动进取的动力，是男孩成长的活水之源。要培养勇敢的男子汉，就要激发男孩内心的勇气。选择勇敢，将来才能成为一个有作为、有出息的人。

父母心语

只有激发男孩内心的勇气，让他们不再害怕，选择勇敢，将来才能成为一个有作为、有出息的人。

让孩子学会自我约束

有这样一则小故事，威特6岁时，父亲带他去附近村子的牧师家做客，并在他家住了几天。第二天吃早餐时，威特弄洒了一点牛奶。按威特家的规矩，撒了食物是要受罚的，只能吃面包和盐。威特很爱喝牛奶，加上牧师全家都非常喜欢他，给他的牛奶是经过特意调制的，此外还有上好的点心。威特的脸红了一下，迟疑了一会儿，但终于没有喝牛奶。

父亲假装没看见，牧师家的人看到这种情况，沉不住气了，再三要他喝

牛奶，可儿子还是不肯喝。牧师家的人不明白他为什么不喝，就一再劝说，威特终于说："我洒了牛奶，就不能喝了。"牧师家的人都说："没关系，喝吧，一点关系也没有。"父亲只顾吃自己的点心，仍然假装没看见。威特还是不喝，于是，牧师全家推测，威特一定因为怕父亲责备才不敢喝，就向威特的父亲发起了进攻。

这时，威特的父亲让威特出去一下，然后向牧师全家说明了原因。他们听了都说："一个才6岁的孩子，因为一点小过错就不能吃他喜欢吃的东西，你的教育也太苛刻了吧。"威特的父亲解释说："不，威特并不是因为怕我才不喝的，而是因为从心里认识到这是约束自己的纪律，所以才不喝。"可牧师一家还是不相信，威特的父亲只好说："既然这样，那么我离开餐厅，你们把威特叫来，再劝他喝，他肯定还是不会喝。"说完就离开了。

他们把威特叫进去，热情地劝他喝牛奶、吃点心，但毫无作用。接着他们又换了新牛奶、拿出新点心对威特说："吃吧，你爸爸不会知道的。"但威特还是不吃，并一再说："就算爸爸看不见，我也不能撒谎。"他们又说："过一会儿我们就要去散步，你不吃东西，半路上要挨饿的。"威特回答说："没关系。"牧师一家实在没有办法，只好把威特的父亲叫进去，儿子激动地流着泪如实地向父亲报告了情况。父亲听完后对他说："威特，你对自己良心的惩罚已经够了。我们马上要出去散步，你把牛奶和点心吃了，不要辜负了大家的心意，过一会儿我们好出发。"儿子听父亲这么说，才高兴地把牛奶喝了。

一个6岁的孩子就有这样的自制力，牧师全家感到十分不解。

读了这个故事，不知你有何感想，大家可能和牧师家的人一样，也认为威特的父亲教育太严格了。是的，从某种意义上说他的教育确实很严格。通常，严格的教育会给孩子带来很多痛苦，但他的教育却没有。这是因为他的教育方法合理。对孩子的教育就是这样，只要从小抓起，孩子就不会感到有任何的痛苦。孩子之所以害怕严格的教育，是因为刚开始时的教育方法不当。教育孩子，就像砌砖头一样，一定要打好基础，威特的父亲正是很好地做到了这一点。

第十章　穷养男富养女，让孩子在不同规矩中茁壮成长

按这样的教育思路，威特的父亲从一开始，就对儿子要求很严格，家规始终如一。要知道有时允许孩子这样做，有时又不允许，反而会给孩子带来痛苦。正如席勒所说，"我们不会对未曾得到的东西感到不满足"。不允许做的事，一开始就不允许，孩子也就不会觉得有什么痛苦了。威特的父亲根据这个道理，从威特1岁时起，就严格要求，从未考虑过什么"孩子太小可以放宽一些，长大后再严格一些"。

作为男孩，更要从小培养他的自我约束与控制力，这样才能使他有毅力去摆脱各种诱惑，一直行走在正确的生活道路上。

父母心语

作为男孩，更要从小培养他的自我约束与控制力，这样才能使他有毅力去摆脱各种诱惑，一直行走在在正确的生活道路上。

塑造女孩的优雅千金气质

在"富养女孩"的教育理念里，一个女孩子的气质比她的外部形象更受关注，更具有魅力。

富养女孩，更重要的就是培养女孩自身的气质，这就需要女孩对外表有正确的看法，不过分追求外表美。

端庄优雅是母亲给女孩最金贵的礼物。端庄优雅，仿佛是盛开在女人身上的花朵，芳香四溢；更像雕塑家手中的刻刀，从内心到外表雕琢着女人；端庄优雅是一种恒久的时尚，它不因岁月的流逝而消失，也不因时空的转变而淡漠。

池莉是我国当代文坛上有着极高知名度的女作家，她的代表作《来来往往》《口红》《小姐你早》等作品一经搬上荧屏就成为观众热烈追捧的收视热点，均取得了艺术和市场的巨大成功。池莉的作品关注市井生活，文字能

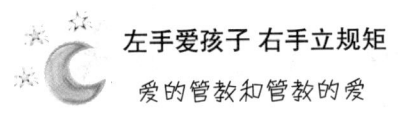

够与读者坦诚相见。其新作《生活秀》一问世，便同时被改编成电影和电视剧。电影《生活秀》获得多项大奖，充分展现了池莉作品的独特魅力和市场价值，这与她习惯探究和思考生活本质，去碰触社会与人性的灵魂有莫大的关联。

她不但是一个懂得思考生活的人，在家庭教育上也有自己的独到见解。她曾说："我希望我的女儿，首先能够从真实不虚的生活中懂得生命意义。如果她慢慢懂得了衣食是一种大事，勤俭是一种美德，心静是一种大气，宽容是一种真爱，知晓是一种最好，那天下还有什么功课她拿不到A的呢？"

池莉这样的教育心境，让孩子得到一个宽松的学习环境和成长空间，这样没有约束的教育、只有潜移默化的影响，让她的女儿亦池最终成了一个端庄优雅的女孩，不管遇到什么麻烦的事情都能冷静对待，礼貌处理。

亦池上初三的时候，一次课间休息，学生们在操场上运动玩耍。他们班的一个男同学打篮球热了，脱下棉袄，要亦池帮忙照看。亦池就将男生的棉袄接过来，挂在旁边的树枝上。忽然上课铃声响了，男生大叫："我的棉袄。"亦池急忙拉下棉袄，扔给男生。可是，不小心，树枝挂破了棉衣的下摆。男生立刻气势汹汹，要求索赔，因为那是一件新买的正宗德国名牌阿迪达斯，价值好几百元呢。亦池安静地回答他两个字："好的。"

周末的时候，亦池把男生的棉袄带回了家，把事情的经过讲给了妈妈听，最后她幽默地对妈妈说："你缝一缝自己穿吧，买件新的我赔给他。妈妈穿上小男生的衣服肯定很神气。"

后来男生的家长知道了这件事情，觉得自己的孩子做得不对。带着孩子登门道歉，最后是峰回路转，男孩的家长把池莉缝好的衣服拿了回去。之后，亦池无一句闲话。

看到孩子这样的处世方式，池莉心中升起了一种骄傲。随着亦池渐渐长大，她的这种骄傲从来就没有减少过：那就是孩子高贵的心底和端庄优雅的品格，她的浑然大度和忍让。这让池莉收获了幸福。她感到很欣慰，女儿的端庄优雅的品格，那是最宝贵的财富。

什么是端庄优雅呢？母亲应该拥有怎样的优雅和端庄才是美丽的呢？其

实端庄优雅是一种味道,由内而外散发着迷人的芳香。端庄优雅的母亲言语中尽是启发人的智慧,举手投足间散发着优雅的气息。端庄优雅不是先天的,它是悬浮于物质表面一种气度的展示。端庄优雅也许带有遗传基因的因素,更重要的是来自后天的修为,靠阅读和培养,靠不断的领悟和思考,更由生活的态度所决定。端庄优雅是装不出来的,举手投足、微笑也许不会出卖你,但是言谈行为和思想能决定是否被别人认可为你是端庄优雅一类。

端庄优雅是一种感觉,这感觉更多地来源于丰富的内心,智慧、博爱,还有理性与感性的完美结合。

一个容貌美丽的母亲未必优雅端庄,而优雅端庄的女人一定"美丽",因为她的知识和智慧让朋友信任,她的细腻与关爱让孩子依赖。而这智慧、细腻、关爱,你会从她充满迷人韵味的举手投足、一颦一笑间体味。

一个端庄优雅的妈妈的家庭教育会注重对孩子神态的培养,这样孩子才会在交往中表现出对他人的尊重、理解和善意;一个端庄优雅的母亲也很重视孩子的礼貌教养;她会让子女养成使用文明礼貌用语的好习惯,如经常说"您好、谢谢、请、对不起、没关系"等;一个端庄优雅的妈妈会在恰当的时候告诉孩子,沉默寡言、啰唆重复,都是不正确的语言表达方式。

一个端庄优雅的母亲在教育孩子的过程中体现的就是一种优雅气质,当她向孩子讲解优雅举止的标准时,不会用教训、命令的口吻,而是循循善诱、谆谆教导。如此这样,母亲的端庄和优雅举止会影响孩子养成一种不自觉的习惯,孩子卓尔不凡的气质也就形成了。

1. 气质在心不在身,把修养渗透到骨子里

一个有气质的人是行为大方的,装扮得体的。但这仅仅是一个人的外在美,真正有气质的人是从内到外散发魅力的人,有内在修养的人更有气质。因此,现代父母在生活中必须提升自身的修养,具有涵养的父母才会养育有修养的女孩。

所谓修养,体现在日常生活当中,与人相处或是独自一人时,所思所言

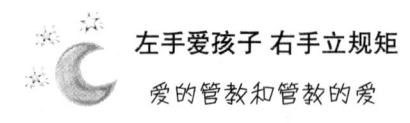

都是修养的体现。父母与女儿朝夕相处,因而女孩身上大多数的修养,还是在父母的影响下点点滴滴培养而成的。父母尊老爱幼,女孩自然就会上行下效;父母彬彬有礼,女孩自然就会谦虚谨慎……

父母的修养会在大事上体现出来,比如女孩在选择前途上的尊重和理解,处理自己周边的人际关系上。而更多的是体现在细节当中,有些并不引人注意的细节会摧毁父母的形象,摧毁父母为女孩一手营造的快乐生活。

有很多人认为,生活中一个无关紧要的细节,却上纲上线到"修养"的问题上,未免有些小题大做了。但是,仔细想一想,我们生活中大部分的快乐都是通过有修养的行为得到回报的。我们每时每刻都在从内心判断、评价一个人。陌生人的一个微笑、一句真诚的感谢,立刻会赢得我们由衷的赞赏:"真有修养,真有礼貌。"同样的道理,无论你在做什么,每一个场合,每一分钟,只要有人存在,你的一举一动、一言一行都在表现着自己的修养,人们根据你的举动来判断你是否有修养。其结果再简单不过了:有修养,人们就喜欢你;没有修养,人们就厌恶你。

2. 人的内在美的核心在于一个人的修养

一个人的外形不管修饰得多么靓丽,如果没有内在美也是不会有风度、气质和魅力的。正是认识到内在美是修养来决定的,所以很多人也都在注重内在的修养了。

父母应该时刻注意对真善美的追求,因为这是提高修养的一部分。相信一个在生活中不矫揉造作,处处以真情处世的母亲不会遭到别人的厌恶。一个把别人从痛苦的深渊中拯救出来的母亲,她的善意不但会打动周围的人,还会深深地感动孩子。一个希望给别人留下美好印象的母亲,先自己要追求美,才能把美化为自己形象的一部分。

3. 教给女孩追求真善美,培养女孩宽容平和的性格和心态

这样的女孩谦虚而有自信,积极向上而不嫉妒别人,欣赏别人的美而不自卑。追求真善美的父母会让自己的女孩了解自己的长处而不嚣张,勇于负责而不跋扈,从而让女孩举止自然从容,落落大方。

第十章 穷养男富养女，让孩子在不同规矩中茁壮成长

父母心语

对于自己的女儿，要培养她注重个人形象的习惯。从生活中的细节入手，从一点一滴的小事做起。

将快乐这种能力传递给女孩

观察一下你身边，就可以发现，那些阳光自信、充满乐观情绪的女孩们，几乎无一例外地都拥有极其疼爱她们并乐于赞美的父母。父母的爱与热情，正好将这种力量激发出来，使之发挥出最大价值。父母夸奖孩子、关注孩子情绪的变化、在意孩子心情是否愉快等，并且会把这种快乐的心态传达给孩子。

韩国18岁少女喜儿弹奏的钢琴曲非常动听，吸引了不少听众。

喜儿的双腿比正常人短，而且每只手上只有两根手指头，她并不聪明，只有7岁小孩的智力。但这个少女似乎对自己的命运很满意，她丝毫没有察觉自己的缺陷，还经常面带微笑和别人交流，而且非常刻苦地练习弹钢琴。在她看来，正是因为自己只有4根手指头，所以很多人才喜欢听她演奏，她觉得幸福极了。

她喜欢自己，接纳自己，丝毫不在意旁人怪异的目光。这种健康快乐的心态取决于她有一位懂得教育的妈妈。

曾经有记者采访喜儿的妈妈："当您第一次看到孩子的手指时，您是什么感受？"

妈妈说："我觉得我们家喜儿很漂亮，当她晃动两根手指时，就像绽放的花朵一样美丽，我经常对喜儿说，'宝贝，你的手指真漂亮，咱们换手指，好吗？'"

喜儿的妈妈丝毫不在意别人对喜儿的评价，她总是不停地告诉喜儿：

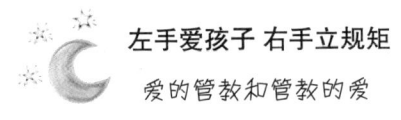

"你的手指是世界上最漂亮的手指。"因此喜儿丝毫没有被身上的缺陷所伤害，她总是快快乐乐的。

喜儿的妈妈传达给孩子的不仅仅是一种快乐的情绪，更是一种积极的快乐的生存态度。喜儿也凭借这快乐的态度演绎出了自己的精彩。

生活中难免会遇到许多不如意，环顾身边的人，聪明能干的人不少，却很少有生活得十分快乐的。不是对生活不满，便是在追求许多东西的过程中丧失了快乐。快乐的人也许不是出色的人，但却是掌握人生要义的人。他们知道怎样热爱生活，怎样让生命更有意义地度过。他们可能生活得很平凡但却有滋有味。拥有快乐的女孩是这个世界上最富有的人，所以父母应该将快乐这种心态植入孩子的心。

正所谓："人生不如意者，十有八九。"在生活里，当你的孩子遇到不能改变的困难时就告诉孩子改变自己的心态，让她们给自己装一个"快乐引擎"，让她们从日常平凡的生活中寻找和发现快乐，就一定会获得幸福。因为大多时候，"快乐"并不是别人带给你的，也不会凭空从天上掉下来，而是靠自己去寻找。

父母自己的努力能让孩子在生活中找到自己的快乐。下面教你几种调制快乐的方法，在日常生活中传达给孩子。

1.父母在日常生活中，要引导女孩不要害怕改变

快乐的人不害怕生活中的改变，她们甚至会离开让自己感到安逸的生活环境，去寻求全新的生活感受，从来不求改变的人自然缺乏丰富的生活经验，也就难以感受到快乐。

2.妈妈要让女孩懂得，不抱怨的人才会有快乐

快乐的人并不比其他人拥有更多的快乐，只是因为他们对待生活和困难的态度不同，他们从不问"为什么"，而是问"为的是什么"，他们不会在"生活为什么对我如此不公平"的问题上做长时间的纠结，而是努力去想解决问题的方法。

3.友情是生活中的快乐元素之一，懂得感受友情的女孩才幸福

一个人如果没有朋友的友谊，就会感到孤独寂寞，不可能有更多的欢

第十章 穷养男富养女，让孩子在不同规矩中茁壮成长

乐。因此，人的生存需要有朋友和朋友的友谊。遇到不愉快的事情或矛盾时，你要多和朋友交流，商讨解决问题的办法。闲暇时，也可和朋友做一些有意义的活动，充实生活。事实证明，真正的友谊会给你带来幸福和快乐。

快乐很简单，简单生活的孩子更能抓住快乐的尾巴。生活越简单，他们就会变得越快乐。

父母心语

平常要多关注女孩的内心状态和情绪表现，培养快乐的心态对女孩的心灵成长和健康是非常重要的。快乐的女孩才赢得他人的喜爱和欢迎。

做优秀的导航手，引导孩子为梦想而努力

张凡学习成绩一直不大理想，其他方面也是表现平平。他经常认为自己长大以后没什么出息，在父母和同学面前时常流露出对前途没有信心。

平时，张凡总让人感觉缺乏生气。他不知道自己为什么要学习，因此学习也不努力，有时想起来了就做几道作业题，但其实他也并不特别爱玩。

有一次，老师布置了作文《长大以后》，张凡不知道怎么写，因为他不知道自己长大以后要干什么……

理想是孩子人生的奋斗目标，也是孩子不断进取的动力。没有理想的孩子就会失去前进的动力，会表现出缺乏学习的热情和激情，终日无所事事，碌碌无为地度过每一天。

孩子理想的形成有一定规律：小学时期处于理想的准备、萌发期，中学时期处于理想的形成期，高中时期则是理想的确定期。可见，中小学是孩子形成理想的关键时期。因此，父母要注意引导孩子树立崇高的理想。

有一次，李云经带着年幼的儿子李嘉诚到了汕头的海边。他一边指着

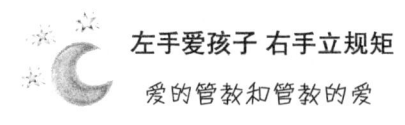

港口来往如梭的巨轮,一边给李嘉诚讲生活的道理。但是,年幼的李嘉诚对父亲讲的生活道理并没有放在心上,反而对停泊在码头的巨轮产生了兴趣。

他觉得这么大的轮船可以稳稳当当地在海上航行是非常不可思议的。于是,他指着大船对父亲说:"爸爸,我将来也要做大船的船长!"

父亲高兴地对儿子说:"好孩子,真有志向!但是,做一个船长非常不容易,他必须考虑很多问题,思考必须很全面。"

父亲把手放在李嘉诚的肩膀上,说:"你看,现在天气很好,船只在海中航行就比较安全。但是,如果出海后,风暴来了怎么办?做船长的人,就得提前想到这种情况,提早做好一切准备工作。其实,做任何事情都要像做船长一样,预先考虑周全,随时准备应付一切问题。"

李嘉诚从小就树立了做船长的意识,并向着这个目标而不断努力。虽然,他最终没有做成船长。但是,他一直以做船长的意识去经营他的公司和人生。他喜欢把自己的人生比作一条船,喜欢把自己的李氏王国比作一条船。他曾经自豪地说:"我就是船长,我就是这条航行在波峰浪谷中的船的船长!"

父母应该通过各种方法来了解孩子的理想。比如,在日常生活中,父母可以询问孩子:"你将来希望成为怎样的人?""你觉得学习是为了什么?"等;在观看电视、电影的时候,父母可以借机问孩子:"你觉得这位模范人物怎么样?""他有什么值得你学习的地方?"父母也可以与老师取得联系,从孩子的作文、周记等方面去了解孩子的理想。了解孩子的理想可以让父母了解孩子的心态,及时引导孩子树立远大的理想。

如果孩子经常谈论他的理想或者目标,聪明的父母不要嘲笑孩子的理想,而是应该鼓励孩子把理想说出来,同时引导孩子向着自己的理想去努力。

例如,一个8岁的孩子会说自己的理想是当个科学家,这时,父母要引导孩子把这个理想写下来,并把它当成行动的计划,去做一些能够实现理想的事情,这样才能把理想变成现实。比如,父母要教育孩子好好学习科

第十章 穷养男富养女，让孩子在不同规矩中茁壮成长

学知识，可以让孩子在一年内学习两册科学知识读本。当然，并不一定是要树立当科学家、政治家之类的远大理想才有意义，实际上，理想没有高低贵贱之分，不管孩子的理想是什么，只要他能够坚持自己的理想不断努力，这才是最关键的。更何况，在实际过程中，许多人年幼时的理想往往会在成年后发生改变，这非常正常。而理想的作用，只是给孩子树立一个努力的方向。

在现实生活中，父母们往往喜欢为孩子设计理想。从上小学开始，就为孩子的理想一步步规划好了，甚至想好了孩子以后上哪个大学、学什么专业。为此，许多父母不顾孩子的理想和爱好，强迫孩子按自己设计的轨道去发展。

这样的做法是不明智的，孩子会因为缺乏自己的理想而失去努力的内在动力，明智的父母应该尊重孩子的理想。而且，父母不要在孩子树立理想的初期给孩子太多的压力和警示，这样很容易打击孩子的积极性，让孩子轻易就放弃理想。

当孩子有了自己的理想时，父母应该告诉孩子："你树立了理想，我们支持你，相信你通过自己的努力一定会实现！""你想实现自己的理想，就要从小事做起，这样，你就会离自己的理想越来越近！"

"理想"是每个孩子都挂在嘴边上的词语，但并不一定每个孩子，都理解其中的内涵，但家长一定要明确，从小树立正确的理想，其价值将贯穿孩子的一生。在孩子树立理想的过程中，家长要做一个优秀的导航手。

父母心语

家长一定要明确，从小树立正确的理想，其价值将贯穿孩子的一生。在孩子树立理想的过程中，家长要做一个优秀的导航手。

第十一章

以爱为起点,铺设孩子通向真善美的路径

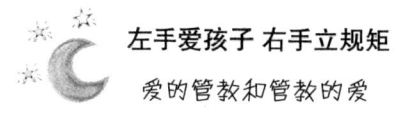

左手爱孩子 右手立规矩
爱的管教和管教的爱

让孩子在爱的环境中成长

放学时段的公交车站。公交车还没停稳,就见几个学生模样的孩子拼命地挤,丝毫不顾及这样的推挤会伤到人。排在公交车前面的人,看到他们像潮水似地涌来,不得不自动避让。

在一片左推右拉中,大家都上了车,此时车上已座无虚席。只听有个男学生笑着和身边的同伴说:"如果不是我助你一臂之力,你哪有位置坐啊?"

同伴感激地点头道:"是啊!多亏了你刚才那不顾一切的一推。"

那几个孩子好像很兴奋,在车上大声地聊着学校、班级发生的新奇事儿,一会大笑,一会喊叫。

在车厢中间,有个阿姨抱着一个熟睡的小孩。看到孩子们根本没有安静的一刻,终于忍不住了,转身对坐在她旁边的男孩说:"你们可不可以说话小声点儿!我的小孩在睡觉。"

男孩一听,顿时不高兴了,依然对同伴说:"公交车是公共场所,又不是卧室。凭什么让我们小声说话啊!"

"就是!我们公民有言论自由。"

又过了一站,上来一个老奶奶,看情形是个外地人,因为她提着个大包。

售票员一看,急忙广播请乘客给老人让个座位。

听到售票员这样喊,车厢里突然变安静了,原来那几个孩子有的"睡着了",有的闭着眼睛听音乐,只当没听见也没看见。

这几个孩子的表现,就是当前孩子缺乏爱心的典型行为。

通常,孩子缺乏爱心主要表现为:年级高的欺负年级低的;找低年级的孩子收"保护费",或者拦路"抢劫"低年级的孩子;不懂得尊老爱幼;不懂得助人为乐。

第十一章　以爱为起点，铺设孩子通向真善美的路径

孩子是未来社会的主人，是我们民族兴旺发达的希望。虽然我们给孩子提供的物质生活水平大大提高了，但是孩子的精神生活水平却没有得到相应的提升。因为孩子在向他人索取的同时，没有想到去回报，没有想到自己作为某方面的强者，也应该像父母爱自己一样，去爱他人。

法国文豪雨果说："人世间没有爱，太阳也会死。"爱自己的孩子，这是为人父母都懂得的道理。但如果父母对孩子只是一味的付出而不求孩子对自己的回报，不知道教育孩子把爱播撒给需要的人，就有可能将孩子培养成只知索取而不知奉献的人。

因此，夺走孩子爱心的我们，应该把爱心还给他们，积极地培养他们的爱心。

美国心理学家哈洛做了一个独特的婴猴实验：哈洛把刚刚出生的婴猴从母猴所在的笼中取出，放到另一个装有两个人造母亲的笼子里。一个纯金属丝的人造母亲胸前安有一个奶瓶，另一个的表面包裹着柔软的布，但不安奶瓶。按理说，婴猴应该经常爬到安有奶瓶的金属丝妈妈的身上，然而结果却相反，婴猴只是在肚子饿要吃奶的时候才爬到金属丝妈妈身上，而大部分时间都爬到布妈妈身上。如果在布妈妈身上也安上奶瓶，那么婴猴就几乎不接触金属丝母亲了。如果在婴猴下地玩耍的时候，突然放入一个自动玩具，就会看到婴猴吓得马上逃到布妈妈身上。

这个实验推翻了人们传统思想中，"有奶便是娘"的认知。从这个实验可以得知，婴猴对母猴的依恋主要不是食物，而是柔软、温暖的接触。推而广之，小孩子依恋母亲并不仅仅是为了喝奶，他更需要柔软而温暖的皮肤接触的感觉，小孩子只有在母亲温暖的怀抱里才能健康地成长。就像小猴子不喜欢只能提供食物的"金属妈妈"一样，孩子也不喜欢只能提供食物、金钱的"机械母亲"，他更需要的是母亲的爱。

父母是世界上最无私的人，他们的爱没有条件，父母几乎是世界上唯一可以对孩子毫无保留的人。父爱母爱缺失的孩子也很容易多疑，不相信任何人，对生活也没有眷恋和感激。一个孩子若从小就没有得到被器重、被全心全意保护的感觉，将很难建立起对他人的信任，很难有爱心。冷漠的人或许

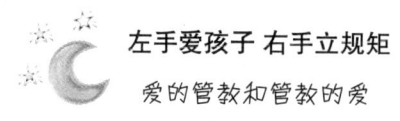

可以成就大事，但他能从生活中体会到多少快乐呢？父爱母爱的缺失，会影响孩子的一生。

世界上没有不爱孩子的父母，可是，却有很多不知道该如何去爱孩子的父母。有的妈妈认为，给孩子住最好的房子，让他们上最好的学校，给他们花不完的零花钱就是爱，可是，物质上的富足只能带来生活上的愉悦，当孩子得到那些所谓的爱后，还是不可遏制地产生了诸多常见的问题：和父母之间日益生疏，产生沟通障碍；物质上的富足而感情上的空白让孩子误入歧途；让孩子感情冷漠，形成错误的人生观……

这些问题的产生，能说是因为父母没有给孩子足够的爱吗？当然不是，只是不恰当的爱产生了适得其反的效果。

爱的内容不是空洞的，爱应该是生动丰富的，爱是融入了生活，看得见、摸得着、感受得到的！

作家毕淑敏曾经做过许多年医生，但是为了爱孩子，有一次，在儿子感冒发烧的时候，她狠了狠心，让儿子自己去医院看病。她在《教你生病》一文中，记述了当时的经过：

"你都这么大了，你得学会生病。"我说。

"生病还得学吗？我这不是已经病了吗？"他大吃一惊。

"我的意思是你必须学会生病以后怎么办。"我说。"我早就知道生病以后怎么办，找你。"他成竹在胸。"假如我不在呢？""那我就打电话找你。""假如……你最终找不到我呢？""那我就……就找我爸。"

也许这样逼问一个生病的孩子是一种残忍，但我知道总有一天他必须独自面对疾病。既然我是母亲，就应该及早教会他生病。

"假如你最终也找不到爸爸呢？""那我就忍着。你们早晚反正会回家。"儿子说。"有些病是不能忍的，早一分钟是一分钟。得了病以后，最应该做的事是上医院。""妈妈，你的意思是让我今天独自到医院去看病？"虽然在病中，孩子依然聪明。"正是。"我咬咬牙，生怕自己会改变注意。"那好吧……"他扶着脑门说，不知是虚弱还是在思考。

"你到外面去'打的'，然后到医院。先挂号，记住，买一个本……"

第十一章 以爱为起点，铺设孩子通向真善美的路径

我说。"什么本？"他不解。"就是病历本。然后到内科，先到分号台，护士让你到几号诊室你就到几号，坐在门口等。查体温的时候不要把人家的体温表打碎。叫你化验你就到化验室去，先划价，后交费。等化验结果的时候要竖起耳朵，不要叫到你的名字没听清……"我喋喋不休地指教着。"妈妈，你不要说了。"儿子沙哑着嗓子说。

儿子摇摇晃晃地走了。我内心里经历了一个艰难的过程，我后悔、责怪自己，忍耐着时间慢悠悠地向前滑动。

终于，走廊上响起了熟悉的脚步声，只是较平日有些拖沓。我立刻开了门，倚在门上。"我已经学会了看病。打了退烧针，现在我已经好多了。真是件麻烦的事。不过，也没有什么。"儿子骄傲地宣布，又补充说："你让我记的那张纸，有的地方顺序不对。"看着他，勇气又渐渐回到心里。我知道自己将要不断磨炼他，在这个过程中，也磨炼自己。

爱分很多种，孩子们需要的无疑是心灵的共鸣和满足。文中的儿子并不会因为妈妈的"残忍"而认为母亲不爱自己，相反，这种为了锻炼孩子而采取的特殊方法会让孩子变得更加坚强，孩子自然能理解妈妈的一番苦心。

对于有些人来说，他们出色，他们能干，在外人的眼里他们还特别坚强，似乎自己就是台永远马力十足的发动机。生活中能够理解他们的人很少，有时就连父母也会以为孩子精明能干，不用操太多的心。其实，在他们的内心深处，常常有种高处不胜寒的感觉。他们好强的性格和不善于听取他人意见的习惯注定他们不会轻易得到知己，当他们因学习的压力和生活的疲惫而力不从心时，并没有太多倾诉的机会和对象。此外，争强好胜、喜欢以坚强面示人的他们也不会轻易容许他人"觊觎"自己的内心世界。于是所有的疲惫和孤独都像火药一样聚集在内心深处，一旦遇到某件成为导火线的事情，便会让结果变得一发而不可收。

有时候，在家庭教育的过程中，孩子需要的不是丰富的物质生活，而是父母的理解和关怀。比如失败后一句安慰的话语："这没什么，妈妈相信你下次会做得更好。"演讲台上慷慨激昂的陈词后，爸爸在观众席上给予的一个鼓励眼神："你还是那么棒。"有时候，他们需要的不是舒适豪华的房

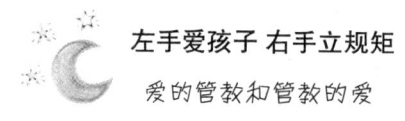

子，也不是吃不完的美食、花不完的零花钱，温暖他们的心，才是对他们最好的爱。

父母心语

孩子需要的不是舒适豪华的房子，也不是吃不完的美食、花不完的零花钱，温暖他们的心，才是对他们最好的爱。

培养孩子感恩的心

"我来自偶然，像一颗尘土，有谁看出我的脆弱，我来自何方，我情归何处，谁在下一刻呼唤我，天地虽宽，这条路却难走，我看遍这人间坎坷辛苦，我还有多少爱，我还有多少泪，要苍天知道，我不认输，感恩的心，感谢有你，伴我一生，让我有勇气做我自己，感恩的心，感谢命运，花开花落，我一样会珍惜……"一首《感恩的心》，唱得让人为之动容！

2008年5月12日，下午2时28分，在中国四川省汶川县，发生了一场里氏8级的强烈地震，瞬间，房屋都倒塌了，夺去了成千上万人的生命。四川、重庆、甘肃、陕西、云南等地已有几万人遇难。这是继1976年唐山大地震以后，中国遭受自然灾害伤亡最重的一次，全国人民为之震惊，无数人为遇难的同胞哀悼。这一天，对所有的中国人来说，都将成为一个永远无法抹去的记忆。

汶川大地震发生以后，一个又一个震撼人心的抢险救灾画面深深地感动着每一个国人。这其中，就出现了"小男孩郎铮敬礼"的感恩故事。

在5月13日早晨，在北川灾区一片仍在冒烟的废墟上，一个左臂受伤、满脸是血的3岁小男孩郎铮被救灾人员从废墟中救出。当所有人都只想把他转移到安全地方时，一个令人无法意料的感恩场面出现了，躺在担架上的小郎铮艰难地举起他那稚嫩的右手，向解放军敬了一个标准的少先队队

第十一章 以爱为起点，铺设孩子通向真善美的路径

礼。小郎铮在这个痛苦的时刻还不忘向解救他的叔叔敬礼的感恩举动，令13亿国人为之震撼。

面对这种成人都无法承受的灾难，一个3岁的小孩子竟然在被人从废墟中救出时，还不忘向救援人员敬礼。敬礼的举动如果是在平时，人们也许只会淡然一笑，说他调皮，但是在此时郎铮的举动让我们欣慰，纵然是受到这样巨大的伤害，他还是不忘保有一颗感恩的心。

我们是否扪心自问过，作为没有遭遇到这场灾难的孩子，是否也会像小郎铮一样懂得感恩呢？当我们享受父母的爱或他人的爱的时候，是否把他们的爱看作是理所当然而无动于衷呢？

当你要求父母要疼爱自己、关心自己的时候，你是否想到要以同样的方法来疼爱和关心他们呢？你是否过于苛求父母要如何溺爱自己，是否会为父母一次没有满足你而发脾气？当你在觉得自己被忽视、受到伤害的时候，是否主动站在他人的角度来考虑呢；是否主动地倾听过别人的心声；是否想到可能是因为自己不懂知恩图报？而伤害到那些真正关心、疼爱自己的人呢？

一个3岁大的孩子，本该是在父母的怀里撒娇、不懂世事的孩子。然而在无情的天灾的磨砺下，让他幼嫩的心变得深沉而成熟，他凭一个"小男人"的阳刚之气，读懂了人性的不可动摇和意志坚定——地震虽然可以毁坏我们的家园，但是永远无法毁灭我们坚强的意志，举国上下、万众一心、众志成城为抗击灾害而努力，我们中华人民钢铁般血性在此次救灾中得到了最真实、最完美的展现和感受。

曾有人感慨地说：这次地震，孩子的表现是最坚强的。是的，在这次地震中摧毁最集中的场所之一就是学校，面对这突如其来的地震，孩子表现出的冷静和刚强，常常令人看到为之流泪，不仅是小郎铮这样，其他孩子也都是这样。

"谁言寸草心，报得三春晖""滴水之恩，当涌泉相报"，说的都是感恩。但在如今社会的人们对感恩似乎有点陌生，年轻一代的孩子不懂得要寻找感恩的原因，更不谈去感恩，孩子之所以会出现这样的状况，最值得深思的就是每一位家长。

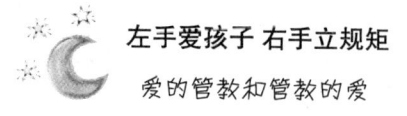

教育学家说，由于人与人相处之间出现功利化，如今有些孩子缺少感恩思想，冷漠与自私心理严重，造成这样的原因是多方面的，这与家庭教育、社会教育、学校教育是有着直接的关系的。

许多孩子认为父母有责任让自己过舒服的日子，善待自己是理所当然的事。其实，孩子这种思想是错误的。不知道感恩，就是对人性的一种背离，不会感恩的人，只会带给他人一种冷漠和残酷。因此，作为家长，从小培养孩子对周围的人或事物的感受能力很重要，同时，还要让孩子学会用一些适当的方法去表达情感。

我们的孩子，要让他们知道：常怀一颗感恩的心，就是要对自己的现状感到满足，同时他人为你做事时也要有一种感激之情。如果你接受了别人帮助或恩惠时，即使你认为不是很重要，你也要有一点感激之情，要抽出点时间，向对方表示感谢。让孩子学会在得到他人的关爱与帮助时向对方表示感谢。

怎样让孩子学会感恩呢？首先父母自己要明白感恩的意义，其次才能知道应该怎样去教育孩子。作为父母一定要清楚两点：一是你的付出是对方所需要的；二是你的付出不是为了能得到他人的回报。

先说"给"，父母在"给"的方式上出现了问题。大部分的父母都是这样想，自己所付出的一切，都是孩子必须要接受的，其实父母的理念是错误的，有时父母所付出的不一定就是孩子需要的，有时还会是令孩子厌恶的，当父母辛辛苦苦地为自己的孩子付出，而孩子一点感激都没有，这也是令很多父母感到绝望的事："我们为他付出了那么多，孩子却不领情。"但是父母有没有想过，你们在为孩子付出时有没有去征求一下孩子的意见？在与孩子商量的过程中，孩子才会感觉到父母是在为他付出，只有在相互理解的基础上，你的付出才有效。

除了弄清孩子的需求外，还要让他清楚，父母的付出并不是要他们知恩图报。许多家长总是会这样在孩子面前说："爸爸妈妈这么辛苦都是为了你啊！"其实从表面上看，父母是想通过这种方法来告诉孩子，我们为你付出很多，但是这样做，反而还会给孩子造成心理负担，它暗示了"我为你付出的,你势必要记得报答",这样孩子就算知道感恩也不是出于一种真心的,只不过是一种形式罢了。

再说"受"这一方,体会到对方对你的用心,接受的一方必须要懂得珍惜。父母可以这样做,即适当地给孩子受一些"苦",这个苦就是别太急着让他满足,只有当他真正需要的时候才给,可惜这一点往往是我们许多的家长无法做到的,当孩子还没有提需要时,就早已为他们全部考虑好了。孩子从来没有缺少过什么,当然也就不知道"有"与"没有"的区别,想得到的东西轻易就得到了,自然就不会珍惜了。

父母心语

要让我们的孩子知道:常怀一颗感恩的心,就是要对自己的现状感到满足,同时他人为你做事时也要有一种感激之情。

得到和付出友爱,都是一种幸福

"作为孩子,最幸福的事就是得到爱。孩子只有感受到被爱的幸福,才会想着去回报,才会给予他人爱。"所以在学校里,老师先把爱给学生,让他们感受到爱,感受到幸福,然后再教育他们去感恩,去给他人爱。如果一个人没有吃过糖,没有感受过糖的香甜,他是不会轻易把自己的糖给别人品尝的。

1. 友爱是世界上最纯洁的爱

友爱是世界上最纯洁的爱。很多人都会认同这个观点。曾经有人这样说:"人生难得有这样一个无忧无虑的童年时代,难得有这样一个人人平等的时期。为什么我们不好好用自己的爱,让它长时期地保持呢?"

最容易萦绕在一个人脑海里的就是童年时代,因为在此期间形成的友谊是两小无猜的。大家不会勾心斗角,不会费尽心机去争夺什么权势、地位、

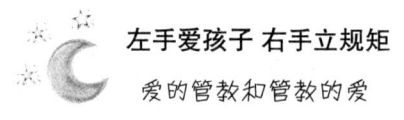

金钱。大家最珍爱的就是无忧无虑,能够整天享受安宁、快乐的日子。如果我们长大了,就会不得不改变自己去适应社会,而现在这个社会经常"引诱"你脱离自己的轨道。也许你能坚持住,但是那是很辛苦的。可是,我们现在只要付出一点友爱,就能收获更多的爱,难道这不是幸福吗?

没错。从很多的父母那里也能感觉到,他们最讨厌的就是同事聚会,因为同事聚会除了吃饭就是跳舞,没什么正经事,而且还得小心谨慎,以防有人告密,说你"结党营私"。可是同学聚会就不一样了。父母对于同学聚会每次都是高兴地去,快快乐乐地回,他们说那是人生最幸福的时刻之一,什么压力、烦恼都没有。

所以,家长要教育孩子好好珍惜和同学的友爱之情,同时也要让孩子把最纯洁的爱给他们,让这爱成为孩子一生中最值得珍藏的回忆。

朋友之间的友爱是最纯洁的,很少受利益、身份、权势、金钱的侵蚀,所以这种爱最容易让人感到幸福、净化人的心灵,让人觉得自己也应该把同样纯洁的爱献给对方。

卢克斯是从美国来的小留学生,在北京的一所双语学校读书。初来乍到卢克斯对一切都充满新奇,觉得中国特别好。然而,因为性格太内向,他到北京都1年了,还是没有交到朋友。虽然班级里的同学对他都很好,也特别照顾他。可是,卢克斯需要的不是这些,他希望大家能够像对待普通朋友一样对待他,而不要像对待客人似的。

然而,他却不能直白地和同学说:你们这样做让我感到不舒服。因为他怕如果这样说了,大家觉得他没有感受到集体的温暖,会更加额外照顾他。

被这个问题困扰了许久的卢克斯,终于鼓起勇气去找学校的心理医生帮忙。心理医生李医生听了卢克斯诉的苦,笑着说:"卢克斯,你是不是太想告诉你的朋友,你是个大人了,不需要大家格外关照你?"

卢克斯说:"我希望得到同学的友爱,是朋友的那种,而不是现在这种像哥哥姐姐对待小弟弟的这种。先生,你明白吗?"

医生说:"我明白了。其实,你知道大家为什么这样格外照顾你吗?

第十一章 以爱为起点，铺设孩子通向真善美的路径

因为大家每次那样特殊地照顾你，你都很高兴地接受了，以至于大家以为你很需要这种帮助，以为你很乐意接受这种帮助。如果你想得到大家平等的友爱，那么就应该直接告诉他们，你需要的是什么样的友爱。不过，卢克斯，你要记得，能够得到同学的友爱，本身就是一种幸福。"

卢克斯点了点头："我明白了！"

回到班里，卢克斯就请老师召开一个会议，他说希望老师能够给自己一个机会，向大家表示感谢。会议上，卢克斯高兴地说："我亲爱的同学，首先我非常感谢大家这一年来对我的热情帮助。我也很希望继续得到大家的帮助，因为你们的帮助让我感受到了我存在的意义——证明了我的中国朋友都是善良的人，是乐于帮助他人的人。不过，我也希望大家能够给我一个机会，那就是向大家表明我们美国人也同样善良、乐于帮助他人。不知道大家愿不愿意给我这个机会？"

同学面面相觑，不知道卢克斯为什么会突然冒出这样的想法。

正在这时，班主任老师说："大家需要做的就是，不要把卢克斯当作我们的国际友人，只要把他看作普通人就可以了，就像对待班级的其他同学那样。"

此时有个同学不明白地问："是我们对卢克斯不够好吗？"

卢克斯赶紧回答："不！因为大家对我太好了，让我享受到了友爱的幸福。真的，我现在特别幸福，但是我希望我也能给大家这种幸福，算是我对大家给予我的幸福的回报！"

老师开玩笑地说："是啊！我们给卢克斯的爱过火了，已经烧得他不能不释放出自己的爱了，否则他会爆炸的。同学们帮帮忙吧！卢克斯，我说得对不对？"

"对！是那样的。我被幸福'冲昏了头脑'，所以特别希望和大家共享！"卢克斯也很幽默地回答。

后来，卢克斯和朋友说："得到友爱，是一种幸福。所以，为了'安然'享受这幸福，你必须要求自己也给你的朋友同样的友爱。只有这样，你得到的友爱、享受的幸福才能长久。"

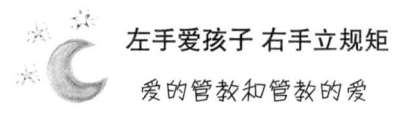

2. 教孩子主动地去爱同学

鉴于友爱对于孩子的重要性，我们应该教育孩子发自内心地去爱同学，而不是因为自己的某种需要。其实他们能够如此地去爱他人，就说明他们已经在感恩。而且对于这个年龄段的孩子来说，可以算最大的感恩之举。对于孩子主动地去爱同学，我们可以给予高度评价。

细细一想，在我们很小的时候，父母就教我们念儿歌、背唐诗。《三字经》的前几句是"人之初，性本善；性相近，习相远。"孩子刚刚出生时，是非常善良的，可是随着孩子的成长、接受教育，孩子却形成了迥然有异的差别。

每个人对这个世界的认识、了解既然是天生就需要的，那么父母就应该努力让孩子在这张等待描绘的白纸上画出五彩缤纷的图画。让孩子知道：描绘图画的颜料，就是友爱。如果没有这些友爱，就肯定会感到孤单、寂寞，有种被遗弃的感觉。所以，孩子就应该打心眼里自动自发地去和同学搞好关系，让他们感觉到你的友爱之心。而自动自发的友爱之举，从另一层面上讲，也是在感激他们对你的友爱之举。

只有"你给予我，我给予你"的良性循环，孩子才能真切地享受到这人世间最纯正的爱，而这种爱才能激发大家内心深处最温柔部分的情感，进而让这种情感去感化世间的一切黑暗、肮脏与丑恶。待到那时，孩子的世界将是充满阳春三月的温暖。

"爱可以消灭一切黑暗的东西，而友爱可以消除一切隔在同学之间的障碍。"因此，我们应该让孩子明白这点，让他和同学建立良好的关系，享受友爱的滋润。

父母心语

在每个人的生命中都不能缺少爱，没有爱的孩子是孤独的，没有爱的成人是冷酷的。

第十一章 以爱为起点，铺设孩子通向真善美的路径

滴水之恩，涌泉相报

有这样一则小故事，讲到一位辛苦持家的主妇，操劳了大半辈子，却从来没有从家人身上得到过任何感激。

有一天，她问孩子："如果我死了，你会不会买花向我哀悼？"

她的儿子惊讶地说："当然会啊！不过，你在胡说些什么呀？"

妇人一本正经地说："等到我死的时候，再多的鲜花都已经没有意义了，不如趁我还活着的时候，送我一朵花就够了！"

有时候，一朵花就可以表达谢意，给对方喜悦及希望。可惜的是，有些人并非不愿意表达感恩，而是天性木讷、害羞，不好意思大声说："谢谢！"或是不懂得如何适当地向对方表示，尤其是不知道该怎么向父母表达感恩。

也许，对方并不期待回馈或报答，但并不表示受惠的人就可以因此而忽略对方的付出。长期辜负别人的付出，其实是自己的损失。没有道谢，就无法体会彼此的好意和互动中的幸福，也很可能因而无法再继续得到对方的恩惠。

其实，表达自己的感恩或接受对方的感恩，都需要练习，并且需要将它培养成为一种自然的习惯。"大恩不言谢"只是客套话，恩惠不论大小，受惠人都应当"滴水之恩，涌泉相报！"

为了感恩，请向父母送上一句"谢谢"、一张贺卡、一封信、一个电话、一声问候、一份礼物……

尊重长者、孝敬父母是中华民族的传统美德，但是，这种美德在一些独生子女的身上很少表现。常常可以看到这样的家庭生活镜头：吃过饭后孩子扭头看电视或出去玩耍了，父母却在那里忙碌着收拾碗筷；家里有好吃的东西，父母总是先让孩子品尝，孩子却很少请父母先吃；孩子一旦生病，父母

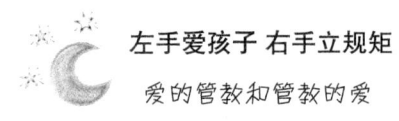

便忙前忙后，百般关照，而父母身体不适，孩子却很少问候。凡此种种，值得忧虑。

有无孝敬父母的习惯，不单单是子女对父母的关系，其实质是一个能否关心他人的大问题。在家里能养成孝敬父母的好习惯，到社会中，才有可能做到关心同事，也才有可能做到对祖国的忠诚。因此父母千万不能忽视培养孩子尊敬长者、孝敬父母的好习惯。

当孩子呱呱坠地到能够自己快乐地玩耍，以及后来独自踏上求学之路、走上社会开始独立生活……这其中包含着父母不尽的关心与支持，暗含着父母无数的心血与汗水！

父母对孩子的爱，出自天然；孩子对父母的爱，也应该是与生俱来，因为是父母给了孩子血肉之躯和那颗爱心。

父母爱孩子，孩子爱父母，这是中华民族的传统美德，是孩子施爱于他人的起点。因此，在日常生活中，作为父母，不仅要爱孩子，还要让孩子爱父母。

邻居家有个女孩叫林林。一次，一位朋友吃完饭到她家玩，看见林林一个人在吃饭，妈妈还在厨房收拾。一会儿，爸爸也过来吃了。这样，原本刚好的三条凳子因朋友的到来而少了一条。于是，爸爸让林林再去房间拿一条板凳给妈妈坐。

谁知，林林一边吃自己的饭，一边回了一句："妈妈自己不会拿吗？还说自己的事自己做呢！"

"你这孩子怎么这样，妈妈上班回来就给你烧饭，多辛苦啊！让你给妈妈拿条凳子，就那么难吗？"

朋友原本以为林林会起身去拿。没想到她竟然把碗一扔，放声大哭起来。

像林林这种明知父母很辛苦，却连为妈妈拿条凳子都不情愿的行为，就是一种典型的对父母缺少爱心的表现。

现实生活中，孩子缺少对父母的爱心表现主要为：不珍惜父母的劳动成果，比如对妈妈做的饭菜挑三拣四，说它"不合胃口"。不懂得体贴父母，比如父母下班后，不知道帮他们倒杯水、递拖鞋。对父母提过分的要求，比

第十一章　以爱为起点，铺设孩子通向真善美的路径

如明知父母能力有限，还让他们给自己买名牌物品。

父母给了孩子无限的关怀与疼爱，孩子多是在众星捧月的家庭环境中成长，因此在孩子的心里，总认为大家对他的爱是天经地义、理所当然的。于是，对于父母的爱，他们总是不停地索取，甚至毫不珍惜，从没有想过要如何去回馈父母，让父母感受到来自儿女的爱。更有甚者，有些孩子对父母的爱感到厌烦，觉得那是一种约束，是"紧箍咒"，这样他们自然更不懂得、也不会去爱自己的父母。

可是，如果孩子不懂得爱自己的父母，又怎么可能去爱他人？不懂得爱他人的孩子，又怎么会得到他人的爱？又怎么会有一个幸福的人生？

所以，在教育孩子时，家长不妨记住这句话："教会孩子爱父母，他才会爱别人，也才会被人爱。"因此，父母在给予孩子爱的同时，不妨教育孩子爱父母，从孩子那里索取一点爱。

那么，家长怎样培养孩子对父母的感恩之心呢？

1. 言行引导

父母可以用言行举止来引导孩子，让孩子懂得爱父母。比如当孩子享用美食时，你不妨说："这蛋糕看上去真好吃！儿子给妈妈尝尝好吗？"通常孩子会给你一部分。这时，你就要赞赏或感激他的行为，让孩子感受到爱父母会给自己带来快乐。

还有一种情况就是，孩子舍不得给你吃。出现这种情况，你不要一笑了之，而应该继续引导孩子，比如给孩子讲道理，告诉他好东西要大家共同分享。

教孩子体味爱的过程也是教孩子学会爱的最好时机。所以，家长大可抓住自己给予孩子爱的时机，向他们讲授回馈爱的乐趣，教孩子学着爱他人。

2. 让孩子学会帮父母分担

让孩子做力所能及的事情，比如周末自己洗自己换下来的衣服、鞋子；收拾自己的房间、图书，让孩子为父母分担一些力所能及的家务，让孩子在劳动中爱父母，也让孩子感受父母为了他们的成长无私付出，让孩子自然地生出对父母的爱心。

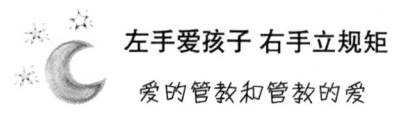

3. 让孩子更多地了解父母

从出生到上学甚至到工作，在父母的眼中，孩子永远是孩子，永远是需要照顾的。而事实上，如果父母一味地只知照顾孩子，而不给孩子机会了解自己的辛苦，就不会让孩子体会到爱父母的必要。

因此，家长可以给孩子创造适当的机会去了解自己的工作。比如休息日，让孩子观看自己忙忙碌碌地操持家务的情景；或者在条件许可的情况下，带孩子去自己工作的地方，让孩子亲眼目睹父母工作的繁忙。

这样，也可以激发孩子对父母的爱，促使他们改变以往不珍惜父母劳动成果等不良习惯，同时还会激发他们努力搞好学习，以优异的学习成绩来回报父母的爱心。

父母心语

爱父母不是一种义务，也不仅仅是一种亲情的回报，而是源于孩子对父母天然的爱，家长需要让他们明白这个道理。因此，我们要随时随地教育孩子像父母对他们一样，去爱父母、爱别人、爱社会。

教孩子学会同情和爱护他人

我们总说现在的孩子都是以自我为中心，不管是做事还是说话，都会从自己的立场出发。从这个角度来说，孩子确实是最关心自己的人。但事实上却并非如此。

因为我们这里所说的关心自己，是指会关心自己。想关心自己与会关心自己，两者之间是有很大的差别的。

"会关心自己"，从认知上来说是比较了解自己，有比较健全的自我意识；从情感上来说，是对自己的肯定，对自己的信任；从行动上来说，则具有较强的自我保护能力，善于照顾自己和保护自己。

第十一章 以爱为起点，铺设孩子通向真善美的路径

让孩子学会关心自己并不是说不让他们关心他人，同情他人。这种关心自己是相对于不会关心自己而让家长、老师来关心自己而言的。

换句话说，家长在教孩子学会关心自己的同时，还要培养孩子同情别人的心，让他们学会同情别人。

晨晨上初中后，因学校离家较远，所以住校。以前事事都由父母安排，如今要独立生活，他还真有点不习惯，而没有了父母的管制和唠叨，他的生活也变得没有规律。后来他竟然迷上了网络游戏。由于经常上网无心学习，成绩一落千丈。父亲知道是游戏导致他的成绩下降后，非常生气，而他母亲则苦口婆心地劝说。

开始几天，晨晨也认识到了错误，开始认真学习。可是因为之前落下的功课太多，以至于很难听懂老师上课的内容，没过几天，他又"犯瘾"了，又沉迷于网络游戏当中了。

小小的年纪，晨晨就不懂得珍惜生活，关心自己，长此下去，他还能做个关心自己、同情他人的好孩子吗？

通常，孩子不会关心自己、同情他人，主要表现为自己的生活料理不了，比如生病了，不懂得看医生吃药；情绪不稳时，不知道如何调适；对于需要帮助的人，不懂得如何帮助，甚至没想过帮助。

前苏联教育家苏霍姆林斯基说过："正确处理亲人、朋友和同志这一小范围内的纯属个人与个人之间的关系，是每个孩子必上的人道主义精神的第一课，让孩子从童年起就对别人多尽一些义务是十分重要的。"

关心自己、同情他人是一种人与人之间新型的关系，是社会主义人道主义教育的一项重要内容。

可是，对于这些娇生惯养，习惯了别人对自己照顾，却不懂得关心自己，不会同情他人的独生子女，我们应该怎样弥补他们的情感缺失呢？

1. 培养关心他人的意识

家长和教师可以通过正确的指导、积极的鼓励培养孩子关心他人的意识。孩子始终是孩子，虽然他们对人与事的认识能力较低，知识面、社会经验也比较少，但是他们的心是单纯的，只要成年人在认知上给予他们正确的

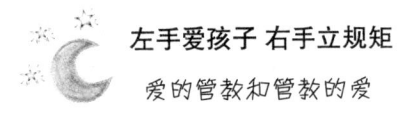

指导、积极的鼓励，就能激起他们关心他人的意识。

比如，当孩子告诉家长今天把零食分给了隔壁的小弟弟时，家长就不要过于思考事情的大小，是否理所当然，而应及时表扬和鼓励孩子，让孩子坚定关心他人的思想意识。

2. 增强孩子的情感意识

一个人关心他人，多是因为与对方产生了感情，这种感情可以很宽泛，可以是亲情、友情、师生情、同学情，甚至是对陌生人的同情。

因此，想让孩子学会关心自己、同情他人，就必须培养孩子的感情，让孩子变得"多情"起来。比如家长可以通过让孩子种植花草、饲养小动物，培养孩子的情感。这种"移情"方法是借助了人可以把对某一事物或者某一人的情感迁移到另一事物或者另一人身上的心理。

在孩子的世界里，花鸟鱼虫也是有思想和感情的，甚至他们会把它们当作伙伴，与其谈心，对它爱抚有加。家长可以利用孩子的这种思想、行为，鼓励和培养他们的珍爱、同情、怜爱、关心之情。

3. 从学会关心自己开始

爱人要先爱己。如果一个人不懂得自爱，不懂得关心自己，我们很难想象他会主动地关心、同情他人。因此，家长要教孩子学会关心自己的方法与技能。

4. 培养孩子的善良之心

在成长过程中，孩子还会遭受不良思想、言论的影响和"围攻"，使自己的善良之心逐渐减弱。为此，家长有必要帮助孩子去伪存真、去粗取精，留下那些真诚、善良的意识与思想，以培养孩子的善良之心。善良的孩子才会有同情心，才会爱己及他。因此，家长要注重培养孩子的善良之心。

5. 从情感上强化孩子的同情心

从情感上强化孩子的同情心，是指当孩子做了同情他人、关心他人的好人好事时，父母和老师应该及时予以肯定，对他们的行为表示认可，让他们认识到自己行为的正确性。

这种认可与肯定，对于帮助孩子树立关心自己、同情他人的行为标准，

第十一章 以爱为起点，铺设孩子通向真善美的路径

养成关心自己、同情他人的道德品质，是十分重要的。

反之，如果孩子做了伤害他人的事，父母就要及时予以制止，加以引导和教育，同时还要让孩子对伤害他人的事情负责，做出补救。

不会关心自己的人，往往有很强的依赖性，而造成这种依赖的根源还是在于父母。正因为父母过于无微不至的照顾，才剥夺了孩子关心自己、管理自己的权利，以至于久而久之，养成了孩子一切以"我"为中心的不良心理，从而不知如何去关心自己，同情他人。

因此，想让孩子更快更好地融入班级、社会的家长，当前最需要做的事情，不仅要给予孩子爱，更要让孩子多做自己能做的事，学着关心自己，同情他人。

父母心语

想让孩子更快更好地融入班级、社会的家长，当前最需要做的事情，不仅要给予孩子爱，更要让孩子多做自己能做的事，学着关心自己，同情他人。

培养孩子热爱大自然

家长应该多带孩子去大自然走走。当孩子身处自然景色中，小鸟的叫声、野花的芳香，都会使孩子感到新鲜，陶醉其中，孩子的身心都会得到享受、放松。在大自然里，家长可以引导孩子对植物、动物、日月星辰的探知和学习。因为在孩子看来，这一切对他们来说都是那么的好奇、新鲜，并且在学校里是看不到的。

平时在家里或在学校里，孩子要遵守的"不能"和"不准"太多了，而带孩子到大自然中去爬山、追逐、嬉戏，可以滑坡、钻爬，随心所欲，可以适当地解除一些"规矩"，使孩子能在大自然的环境下真正地放松身心，在

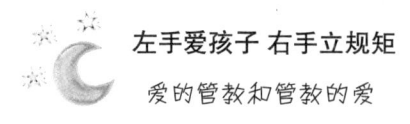

自然环境中去呼吸新鲜的空气,沐浴明媚的阳光,会促进身体的新陈代谢,这样不仅能促进孩子开朗活泼的性格的培养,对孩子身体发育也很有利。

作为家长,我们要通过下面的几种方法来培养孩子对大自然的热爱。

1. 让孩子对大自然充满好奇

好奇是孩子学习的动力,是获得知识经验的前提。凡是好奇心强的孩子,创新性也很强。好奇心推动着想象和智慧,孩子对世界上一切新鲜的事物都会非常好奇,会怀着一种探索奥秘的愿望,总是带着观察、想象、疑问。例如:泥土是孩子感兴趣的东西,家长可以选择一些适当的时间带孩子去大自然中去探索、认知泥土的特征。让孩子对不同的土质,对它们的颜色、柔软程度进行区分。家长还可以引导孩子把水加入泥土里,把泥和好,然后再凭着自己的想法,用泥捏出自己喜欢的东西。

2. 让孩子了解大自然,欣赏大自然

陈鹤琴先生说过:"大自然、大社会是活教材。"现在的孩子在书本与影视中对大自然了解的知识,往往与现实都有着一定的距离。小红到乡下奶奶家去,看到奶奶家里养的猪,竟然大喊:"妈妈,怎么奶奶家里养只大象啊!"妈妈都懵了!孩子在书本或动画片里看到的很多动植物都是经过"变形"的,与现实中的猪相差很大,因而孩子把猪认为是大象其实也不奇怪。我们家长应该多带孩子去大自然走走,让孩子在自然中学习,让他们爱上自然!

3. 培养孩子观察大自然的能力

带孩子走进大自然,必须先要让孩子有观察大自然的能力。孩子在没有掌握一些自然的基本知识和规律,仅凭自己的好奇心,靠自己的兴趣去看待大自然,是无法准确发现自然界中种种现象的。我们家长要随时跟孩子讲述一些重要、特别、带有规律性变化的自然现象,如:雷电、暴风、暴雨、龙卷风、彩虹或四个季节的变化、花开花落等。让他们了解在不同的季节里的草木、虫兽、云淡雾浓的变化,让他们去探索这其中的自然变化和规律。

不过,有时即使孩子有很浓厚的兴趣,他们也没有办法像科学家那样系统、准确地描述出大自然的现象,准确地掌握自然的规律和知识。所以,家长和老师就要适时地提醒孩子该怎样去注意一些特别带有规律性的自然现象。例如：暴风雨过后就会有彩虹，适合不同季节生长的花，诱导他们观察不同季节的各种现象的变化。

4. 在大自然中增加孩子的环保意识

孩子对环保的认识很容易滞留在浅层，家长应多带孩子去大自然中走走。当孩子看到被人类乱砍伐的树林，被污染的河水，他们一定会对这些都深有感触。这时家长就可以让孩子充分发挥想象，想想要怎样对污水排放进行处理，怎样让大自然里的树木不再被乱砍伐，如何去保护我们的地球？

家长还应该告诉孩子：大自然是大家的，我们每个人都有保护大自然的责任。要爱护花草树木，不要乱扔果皮，不要让清清的河水被污染；要爱护动物。我们只有共同保护好环境，生活才会变得更美。

5. 让孩子在大自然中学习

卢梭说："儿童不要从书本上学习，倘使他们能从经验中学，必须让儿童使用大自然赋予他们的一切力量，到实地去参观、去学习。"大自然是本很好的教科书，对孩子是最好的教育，纯真的孩子对大自然都会有一种与生俱来的亲近感，他们怀着一颗纯真的心、真实的情感去和大自然对话。对孩子的早期教育应该是一种"自然教育"。我们要开阔孩子的视野，开阔教育的空间，将孩子引进大自然，让他们身临其中，在大自然中健康快乐地成长。

6. 为孩子提供一些养殖花草树木的地方

除了带孩子经常去大自然走走以外，家长还可以为孩子提供一些可以养殖花草树木、小鸟的地方，带孩子去田野劳动，去农村锻炼。当他们看到自己种的花草长得越发美丽，动物很健康时，他们的内心就会充满喜悦，会更清楚只有热爱大自然才会更加热爱人生。

父母心语

让孩子热爱大自然吧！希望每一位家长都能适时带领孩子走进大自然，让他们去领略大自然无穷无尽的风光和生活情趣。

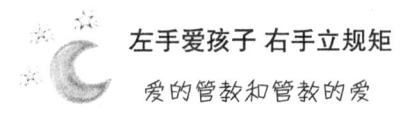

教孩子学会善待生命

北大新闻系有一个男孩,20多岁,研究生快毕业了,在一家时尚杂志社工作。但是因为导师给他的压力太大,他跳楼了。很多人都觉得这是导师压榨研究生的一个缩影,他是现代教育制度的牺牲品。但也有人说,这个孩子的心灵太脆弱了。

谁来告诉孩子们珍惜生命?要回答这个问题,先要知道,是谁让孩子有了生命意识。如果这个人能够在第一时间把积极的生命意识传达给孩子,告诉他们在任何时候生命都是很宝贵的,那么社会上就会少很多因一时冲动而酿成的悲剧。有的孩子因为老师的一句"胖得像猪"跳了楼,如果她能意识到这句话在生命面前多么不值一提,就不会这样做了!

孩子的生命老师是谁?当然还是父母。那父母自己的生命意识怎样呢?父母怎样看待生命是一种生命观,这种观念直接影响着孩子。那么,珍惜生命的父母,该怎样把这种生命观传达给孩子呢?那就要善待自己。但是在现实生活中,父母总是把温暖留给家人,把辛苦留给自己。用一个全职妈妈的话说:"全职妈妈就是老公和孩子的高级保姆,只是这个称呼听起来好听一些而已。"那这些在家庭第一线终日忙碌的妈妈,不知不觉就进入了一个"保姆"的角色中,事情永远做不完,谈何善待自己?

父母总是会把最好的东西留给孩子,也给孩子补充各种营养,但不要忘了,我们自己也需要很好地调理,越是觉得自己的责任重要,越有必要照顾好自己的身体。很多父母认为保养就是吃营养品,喝各种口服液,其实并非如此。早上起床的时候喝一杯蜂蜜水,晚上睡觉之前一杯牛奶,偶尔喝一点红酒,一点也不奢侈,反而能让孩子和家人看到自己用心调理,从而给家人留下很好的印象。

妈妈整天要处理家务,常常穿得很随意,这也不是在善待自己的青春

第十一章 以爱为起点，铺设孩子通向真善美的路径

和美丽。韩剧中大部分都是居家生活，但是我们看到那些漂亮的围裙和居家的衣服时，都会觉得赏心悦目。为自己挑一个可爱的围裙或者一双可爱的拖鞋，既能提高自己的生活质量，也能让家人眼前一亮。

父母平时没有时间娱乐，但是可以读书看报，和家人交流自己的感想。如果你从来都是默默地做事情，可能会被孩子当成一个"家务机器"，但是如果你能和他说说最近发生的新闻，谈谈你的感想，就会让他认识到你是有想法、有深度的父母。

有了家庭，并不意味着要放弃社交，放弃朋友。如果有条件，把朋友请到自己家里，和大家开开心心地聊天，说一些过去有趣的事情，这在孩子的心中有很重要的意义。他会看到友情的美好，意识到每个人都能有几个好朋友。他也会积极主动地去认识新的人，并且申请带回家来。有了很多朋友，我们就不用担心孩子太孤独、太悲观了。友情能让人的生活变得丰富很多。

父母善待自己，这并不是自私自利。如果你连自己的生命都不能善待，孩子又怎么会感受到人生的美好呢？

父母心语

父母善待自己，这并不是自私自利。如果你连自己的生命都不能善待，孩子又怎么会感受到人生的美好呢？